中国土地金融的理论与实践研究

孟繁瑜◎著

LAND FINANCE
THEORY AND
PRACTICE IN CHINA

知识产权出版社
全国百佳图书出版单位

图书在版编目（CIP）数据

中国土地金融的理论与实践研究/孟繁瑜著. —北京：知识产权出版社，2019.7
ISBN 978 - 7 - 5130 - 6361 - 6

Ⅰ.①中… Ⅱ.①孟… Ⅲ.①农业用地—土地流转—农村金融—研究—中国
Ⅳ.①F832.35

中国版本图书馆 CIP 数据核字（2019）第 136415 号

内容提要

地方政府与土地相关的资金问题的形成与发展是多方面因素共同作用的结果，本书从土地资源管理学科的研究视角出发，在谨慎界定研究问题和核心概念的基础上，对政府、土地和土地金融多个社会经济主体之间相互作用和影响的理论与实践进行详尽的分析、归纳和逻辑解释，预期研究成果将较好地充实文献量缺少的本选题学科知识累积，并对社会实践中地方政府融资、土地财政、地方债务以及农村土地金融创新等有较好的指导意义。本书适合作为土地管理、政府投融资等多个相关专业参考文献，也可用于专业人才培养和从业人员选学。

策划编辑：蔡　虹

责任编辑：张利萍　　　　　　　　　责任校对：潘凤越

封面设计：邵建文　马倬麟　　　　　责任印制：孙婷婷

中国土地金融的理论与实践研究
LAND FINANCE THEORY AND PRACTICE IN CHINA
孟繁瑜　著

出版发行：知识产权出版社 有限责任公司	网　址：http：//www.ipph.cn
社　　址：北京市海淀区气象路 50 号院	邮　编：100081
责编电话：010 - 82000860 转 8387	责编邮箱：65109211@qq.com
发行电话：010 - 82000860 转 8101/8102	发行传真：010 - 82000893/82005070/82000270
印　　刷：北京九州迅驰传媒文化有限公司	经　销：各大网上书店、新华书店及相关专业书店
开　　本：720mm×1000mm　1/16	印　张：19.5
版　　次：2019 年 7 月第 1 版	印　次：2019 年 7 月第 1 次印刷
字　　数：308 千字	定　价：78.00 元

ISBN 978-7-5130-6361-6

前　　言

国有土地市场化出让制度的确立，以及快速城镇化带来的房地产市场高度繁荣，使地方政府获得了长期持续稳定增长的土地出让收入。以土地出让收入为还款保证，地方政府通过设立融资平台公司，向金融机构进行信贷融资，在资本市场上发行公司债券进行公司债券融资，形成了土地型的债务融资结构。以长期持续稳定增长的土地出让收入和以土地出让收入为支撑的土地型债务融资收入，在地方财政收入中的地位日益重要，地方政府对它们的依赖性也日益增强，形成了畸形土地财政。畸形土地财政的形成促使地方政府更加期待土地出让收入和土地型债务融资收入，从而形成了地方政府土地型债务融资与畸形土地财政相互强化的局面。这一方面导致地方政府债务规模不断扩大，威胁到地方财政的稳健性，潜伏着巨大的财政金融风险；另一方面，造成房地产行业高度繁荣和持续过高的住房价格，既抑制了其他行业的健康发展和产业迈向中高端水平，也挤压了消费支出，降低了人民生活质量。

为破解地方政府畸形土地财政与土地型债务融资相互强化的局面，缓解和消弭其潜在风险，2014 年以来，中央出台了一系列政策措施，初步搭建起权益融资与债务融资并重、债务融资暂居主导地位的地方政府投融资结构。其中，地方政府债务融资以地方政府专项债券为主要工具；地方政府权益融资主要包括 PPP（Public-Private Partnership，公私合营）模式、产业投资基金、间接股权融资和资产证券化融资等主要形式。

在新的地方政府投融资结构中，高额债务融资从长期看依然不可持续；权益融资尚在培育阶段，需要继续成长壮大。未来的方向应当是用权益融资优化地方政府融资结构：通过做优 PPP 模式、更好地发展产业投资基金作用、多样化间接股权融资、积极稳妥地推进基础设施资产证券化融资等方式，构建和完善权益融资与债务融资并重、权益融资为主体的地方政府融资结构。

只有建构合理稳健的地方政府融资结构，才能使地方政府获得稳定可观的融资收入，以满足其投融资需要，从而根治地方政府土地财政"依赖症"。合理稳健的地方政府融资结构是能使地方政府以尽可能低的融资成本，获得稳定可观的融资收入，并且不对其财政稳健性和可持续性产生不可控的不利影响的融资结构。

合理稳健的地方政府融资结构，应当是权益融资与债务融资并重的融资结构。调整中的地方政府融资结构已经具备这样的雏形，其中，债务融资以更低成本的地方政府债券为主要形式；权益融资包括 PPP 模式、以地方政府引导基金为主要形式的产业投资基金、以地方优质国有企业公开上市为主要形式的间接股权融资、基础设施资产证券化融资等，通过加强发展地方政府权益融资，可以进一步优化地方政府融资结构。

以下同学均在各自的在学期间，结合学习、不同程度地参与了本书相关子题的课题研究和素材写作，他们是：刘红海、李新瑶、李金骏、徐嘉祺、陶建芝、龙鸿雁、龙珂，特此说明，并征得他们的同意不再另行具体注明。感谢这些同学的学习热忱和无私支持，祝福他们事业远大，生活幸福！

CONTENTS

目 录

第1章 政府、土地与土地金融

　　土地是财富之母，是传统社会中最重要的生产要素，既是民生之本，也是治国之基。政府、土地和土地金融涉及诸多学科和研究领域，本书仅从以地方政府融资为核心的角度对其进行研究。

1.1 研究问题与核心概念界定

1.1.1 研究问题界定

　　地方政府与土地相关的资金问题的形成与发展是多方面因素共同作用的结果：一是经济持续高速增长和城镇化快速发展形成的地方政府投资需求，同快速增长的地方性公共物品需求带来的地方财政刚性支出，共同形成了急剧增长的地方政府支出需求；二是财税体制改革后，地方政府事权与财力不匹配，使得地方财政可支配财力相对不足更为凸显；三是地方政府正常融资渠道不畅，使其无法获得低成本、低风险、稳定可观的融资收入；四是土地管理制度剪刀差和土地市场持续繁荣，使地方政府可以通过转让广义土地使用权获得稳定可观的土地出让收入；五是地方政府以土地出让收入为支撑，以所属融资平台公司为载体进行间接债务融资，获得了大量债务收入。

　　21世纪以来，特别是2010年以来，由地方政府强烈融资需求和房地产市场空前繁荣形成的地方政府畸形土地财政及其日益凸显的财政金融风险和对经济社会发展产生的诸多不利影响，成为社会各界反映强烈的焦点问题，也引起了中央政府的深切关注。这促使党和政府采取了一系列政策措施积极审慎应对，以便稳妥有效地消弭地方政府畸形土地财政可能产生的财政金融风险，并最大限度地降低乃至消除地方政府畸形土地财政对经济社会发展的不利影响。在经济快速发展的环境中，地方政府支出需求及其增长都具有刚性，可以压缩的经常性开支所能腾挪出的空间也是杯水车薪，因此，解决地方政府土地财政主要应从地方政府收入方面下功夫：一是增加地方政府一般公共收入。主要措施有依据科学的中央与地方事权关系划分，合理分配中央政府与地方政府一般公共收入；规范和完善政府间转移支付制度，通过中央政府转移支付，增加地方政府可支配财力；为地方政府开辟新的一般公共收入来源，如将土地出让收入替换为房地产税等。二是使地方政府获得可观稳定的融资收入。通过建构合理稳健的地方政府融资结构，使地方政府融资收入长期持续稳定增长。债务融资中有以地方政府债券为主要形式的直接债务融资和以地方政府融资平台公司为主要载体的间接债务融资。权益融资中有 PPP 模式、产业投资基金融资、间接股权融资、基础设施资产证券化融资等。

本书主要是从地方政府融资方面入手，研究地方政府土地财政，并以建构合理稳健的地方政府融资结构为落脚点。研究主要涉及地方政府土地型融资、地方政府土地财政、地方政府债务融资、地方政府权益融资、地方政府融资结构，以及多种具体的地方政府融资方式等问题。

1.1.2 核心概念界定

本书以地方政府土地财政为切入点，以地方政府融资结构为落脚点，涉及地方政府土地型融资、地方政府土地财政、地方政府债务融资、地方政府权益融资、地方政府融资结构等若干核心概念。为了研究方便，在这里逐一进行概念界定。

地方政府土地型融资是指，地方政府以土地为依托进行的融资活动，包括土地权益融资和土地债务融资两种类型。地方政府土地权益融资是指，地方政府通过转让土地使用权这一财产权益而获得收入的融资方式，其主要表现形式为土地出让收入。地方政府土地债务融资是指，地方政府以土地出让收入为还款保证，以所属融资平台公司为载体，向以商业银行、政策性银行等为主体的金融机构进行信贷融资，或者在资本市场上发行公司债券直接向投资者融资资金的一种债务融资方式。由于土地价值是土地出让收入来源，土地出让收入是土地债务融资中信贷融资和公司债券融资的基础，两种融资类型的基础都是土地，所以，称之为土地型融资。

地方政府土地财政是指，土地出让收入和土地债务融资收入在地方财政收入中占有十分重要的地位，以至于地方政府的大量支出都由这些收入来安排，从而造成地方财政高度依赖土地出让收入和土地债务融资收入的一种财政运作模式。这种财政运作模式的形成与土地出让收入的持续稳定增长密不可分，同样是以土地作为基础的，因此，称为土地财政。

地方政府融资结构是指，在地方政府融资收入中，地方政府权益融资与地方政府债务融资各自的规模和相互比例关系，以及两种融资类型中不同融资方式各自的规模和相互比例关系。不同融资类型和融资方式各有优劣，综合考虑，合理稳健的地方政府融资结构应当是权益融资与债务融资并重、权益融资为主体的融资结构。

地方政府债务融资是指，地方政府通过金融机构信贷、所属融资平台公司债券、地方政府债券等形式，向社会和公众借入资金，并承诺在期限届满时还本付息的融资类型。地方政府土地型融资的本质就是债务融资。在地方政府融资制度比较成熟的经济体中，地方政府债务融资的主要形式是地方政府债券。

地方政府权益融资是指，地方政府通过 PPP 模式、产业投资基金、间接股权融资、基础设施资产证券化等方式，集中民间资本用于地方性公共物品生产和提供，民间资本投资者在参与地方性公共物品生产和提供中获得经营管理收益，并自负盈亏的融资类型。这种融资类型具有增加地方政府有效资金来源和分散转移部分项目风险的双重优势，是一种高效率、低风险的地方政府融资类型。

1.2 我国土地金融实践中的突出问题

1.2.1 地方政府融资需求

1994 年，以分税制为主要内容的财税体制改革，提高了财政收入占国民收入的比重、中央财政收入占全部财政收入的比重，显著增强了国家的财政汲取能力和宏观调控能力，较好地实现了改革目标。但与此同时，当时为保证改革顺利进行而遗留下来的问题却始终未能得到根本解决，政府财力向中央政府集中后，支出责任并未进行相应调整，且不断向下级政府转移，地方政府财力与事权不匹配问题日益突出。

改革开放以来，以 GDP 为核心的政绩考核体系逐步形成，并对地方政府特别是地方政府主要领导人升迁产生决定性影响。在以 GDP 为核心的政绩考核体系激励下，地方政府以快速推动地方 GDP 增长为目标的投资活动迅速增长，地方政府大规模投资带来的资金需求急剧增长。与此同时，社会和公众对数量更多、质量更高的公共物品和服务的需要，使得政府支出需求也日益旺盛。

自有财力有限和支出需求旺盛，使地方政府产生强烈的融资需求。虽然以弥补地方政府财力不足和促进地方基本公共服务均等化为目标的转移支付制度日益完善，且转移支付规模不断扩大，但仍无法满足地方政府对大量资金的渴求。

1.2.2　地方政府土地财政的形成与风险凸显

国有土地使用权出让制度和房地产市场空前繁荣带来的土地市场持续火爆，使地方政府获得了数额可观、稳定增长的土地出让收入。稳定可观的土地出让收入，为地方政府以土地出让收入为支撑，通过所属融资平台公司进行银行信贷融资和公司债券融资，提供了坚实的资金基础，推动了地方政府土地债务融资的形成与发展，增加了地方政府债务融资收入。长期稳定增长的土地出让收入和土地债务融资收入，在地方财政收入中日益占有重要地位，多项地方财政支出都由这些收入来安排。这样，土地出让收入和土地型融资收入对地方财政收支影响重大，地方财政对土地市场的依赖程度越来越高，最终形成土地财政。

地方政府土地财政的形成对经济社会产生了诸多不利影响：一是造成地方政府债务规模持续扩张和风险累积；二是推动地方政府大力发展房地产行业，房地产行业对资源的大量占用抑制了其他行业的发展，形成了房地产行业主导的不合理经济结构，阻碍了产业转型升级和迈向中高端水平的进程；三是地方政府全力支撑下的房地产高度繁荣，形成持续非理性上涨的住房价格，限制了大城市居民生活质量的提高，并使因收入差距减小而开始缩小的贫富差距，受到财产价格差距急剧扩大的影响，而进一步扩大，造成中低收入群体心态失衡，引发社会怨怼。

1.2.3　地方政府融资结构建构

2013 年下半年以来，中央政府采取了一系列政策措施，更加积极审慎地应对地方政府土地财政潜在风险。除了赋予地方政府通过发行地方政府债券方式依法举债的权限，进行地方政府债务置换，规范清理地方政府融资平台等债务融资措施外，以 PPP 模式融资、以产业投资引导基金为主要依托的风险资本融资、以国有企业混合所有制改革为主线的股权融资、以基础设施等基础资产的资产证券化融资等权益融资政策体系初步形成，最终目标可能是逐步形成合理稳健的地方政府融资结构，使地方政府获得持续稳定的融资收入，以弥补地方政府财力的不足，从而缓解乃至最终消除地方政府畸形土地财政可能产生的风险，并满足地方政府提供公共物品和服务的资金需要。

但地方政府权益融资仍然处于探索和初步发展阶段，要实现形成合理稳健的地方政府融资结构，使地方政府获得持续稳定的融资收入，以满足地方政府提供公共物品和服务的资金需要的目标，任重而道远。这就需要对地方政府土地型融资、地方政府土地财政、地方政府债务融资、地方政府权益融资、地方政府融资结构等相互交织的问题以及现有政策实践进行深入全面分析，总结经验，形成和发展理论，为建构合理稳健的地方政府融资结构提供有益借鉴。

1.3　农村土地金融

作为国家经济社会发展的重要基础，农业的健康发展与我国经济发展的全局息息相关，解决好农业、农村、农民"三农"问题始终是党和政府工作中关注的重点内容。农地是开展农业生产的基本投入要素，也是农村经济发展的根本和农民赖以为生的依托，与农户的切身利益息息相关，甚至影响农村社会乃至整个国家的安定有序。因此，在不同的历史时期，我国实行了不同的土地制度，以提升土地经营水平，改善农民生活，实现农村经济进步。

在新中国的不同历史时期，我国农村的土地经营制度也发生了多种变化。如土地改革时期的农民私有、社会主义改造时期的土地公私合营、人民公社时期的完全公有以及 20 世纪 70 年代以来的以家庭承包经营为基础、统分结合的双层经营体制。其中家庭联产承包责任制适应了当时的生产力发展需要和水平，使农民的生产积极性大为提高，实现了农业生产水平和农村经济质量的"飞跃"。但社会转型进步带来了农村经济结构的极大调整，家庭联产承包责任制的弊病逐渐浮现和加剧，已成为限制农村经济进一步转型和发展的因素。稀缺的土地要素和过多的农村劳动力形成了农业内部过高的人地比例，并成为我国农地资源的重要特征之一。家庭联产承包责任制的推行落实则加剧了这一现象，导致了农村耕地碎片化的出现，由此产生了农地经营规模小、效率低、机械化水平低、新技术新经验难以有效推广等一系列问题。

然而，改革开放政策的实施，在极大地促进了我国经济体制变革的同时，也打破了城乡之间长期存在的藩篱。农业生产富余的劳动力开始以空前的规模和速度进入城镇生产就业，城镇单位使用的农村劳动力数量得以增长（如图 1.1 所示）。农村劳动力的转移客观上导致了农村留守务农人力缺乏、土地利用效率降低的问题，从而推动农村土地逐渐向少数人流转集中，也催生出多种类型的新型农业经营主体，如家庭农场、适度规模经营的种养大户等。作为我国工业化、城镇化起步较早、发展较快的地区之一，近年来江苏大量农村劳动力向第二、三产业转移，农村土地流转逐步加速发展。据统计，截至 2014 年年底，江苏已流转的农村家庭承包耕地达 2959 万亩，土地流转率达 58.4%；流出承包耕地的农户数量达 588 万户，占江苏家庭承包经营农户总数的 46.3%；而从流入方面来看，农业经营专业大户流入的耕地面积达 1347 万亩，占流转耕地面积的 45.5%；流入专业合作社的耕地面积达 879 万亩，占比 29.7%。

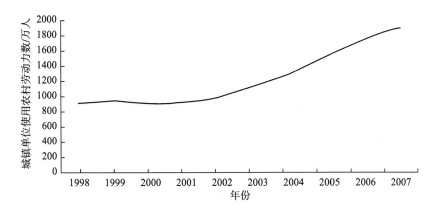

图1.1 我国城镇单位使用农村劳动力数量趋势（1998—2007年）

数据来源：相关统计网站收集汇总。

土地流转是农村生产力发展到一定水平的必然产物，是对家庭联产承包责任制的补充和完善，顺应了传统农业向现代化农业转变的趋势。在土地流转过程中，农业生产要素重新得以优化配置，土地规模经营在一定程度上得以实现，从而带动了农业生产成本降低、农业投资增加以及农业综合效益和产业化经营水平的提升，也进一步催生出更加旺盛的资金需求。

农业是国民经济的基础，而金融则是现代经济的核心，资金是现代农业的一项基本投入要素。作为传统的基础产业，弱质性是农业的一大特征，一直以来，发展农业都需要极大的资金投入和金融支持。在以家庭为单位分散经营的状态下，农业发展整体的巨大资金需求被分散到一家一户的农民身上承担，单个农户的资金投入少，额度小，尚可勉强承担。但随着土地流转的发展，规模经营农户、家庭农场等新型农业经营主体不断出现，农业需要更多的基础性投入和流动性投入，农业和农村的资金需求大为增加，且呈现出多样化和层次化的特点，仅仅依靠农业经营主体自身积累的内源资金远远无法满足和实现，这就在客观上要求进行农村金融产品和服务的创新，拓宽农业经营主体的外部融资渠道，增强金融信贷资金对农村金融需求主体的支撑力度。

然而现实却是，土地流转过程中日益增长的融资需求并没有得到很好的满足，农业经营主体普遍存在"融资难"的问题，农户增长的融资需求和农村有限的金融服务供给之间产生了失衡，具体表现为农村日益严峻的金融漏出现象（如图 1.2 所示）。据相关调查统计，1978—2005 年从我国农村以财政渠道流出的资金累计达 19061.95 亿元（武翠芳，2009），以金融机构存贷差形式流出的资金累计达 54734.1 亿元（武翠芳，2009）；1978 年我国农村资金外流金额约为 120 亿元，1993 年增至约 1370 亿元，2011 年则剧增至约 28100 亿元（李万超，2014）；根据宗杰（2014）的测算，2014 年我国农村大约存在 32000 亿元的绝对资金缺口（如图 1.3 所示）。大量农村资金外流，导致农业经营主体规模经营资金匮乏，对农业的资本投入和金融供给不足，严重制约着我国农业的产业化和现代化发展。

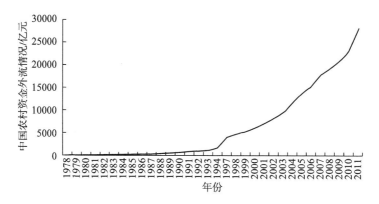

图 1.2 1978—2011 年中国农村资金外流情况

数据来源：相关统计网站收集汇总。

因此，如何增加农村有效金融供给，破解农民融资难的困境，成为推动土地流转，促进农业新发展亟须解决的问题。现代化农业生产经营活动产生的旺盛资金需求是无法仅通过农业农村的内源融资来满足的，加之农村金融机构提供的涉农金融服务与产品又十分有限，作为农村最有价值和最有抵押潜力的资产的农地，自然被认为是解决农村金融供需矛盾的关键突破口和抵押担保方式创新的重点。我国于 1988 年就曾在贵州湄潭进行了利用农地进行融资的尝试，虽然试点未能继续成功推行，却为探索发挥农地的金融资产价值及其他地区近年来开展的农地承包经营权抵押贷款试点做出了有益的尝试，积累了宝贵的经验。

为了充分发挥农村土地在解决新型农业发展的资金难题、突破农村生产结构转型的瓶颈方面的作用，自 2008 年以来，党和政府逐步放宽对农村

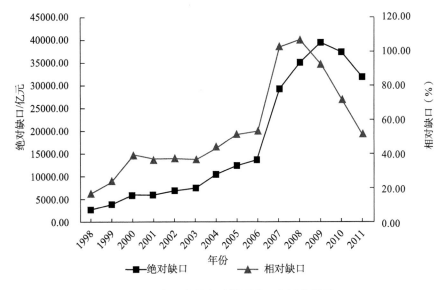

图1.3 中国农村金融供需缺口发展趋势图

数据来源：相关统计网站收集汇总。

土地产权抵押贷款的限制，积极探索促进农地承包经营权抵押贷款发展的政策制定和实施。2008年10月，土地经营权抵押贷款第一批试验区在东北三省和中部六省划定落地；2013年党的十八届三中全会进一步指出，要在稳定农村土地承包关系和坚持耕地保护制度的前提下，赋予农民对承包地占有、使用、收益、流转及承包经营权抵押、担保权能；2015年第十二届全国人大常委会第十八次会议正式提出，在北京市大兴区等232个试点县（市、区）行政区域，允许以农村承包土地的经营权抵押贷款。党的十九大报告提出，要巩固和完善农村基本经营制度，深化农村土地制度改革，完善承包地"三权"分置制度；2018年发布的《中共中央国务院关于实施乡村振兴战略的意见》也指出，农村承包土地经营权可以依法向金融机构融资担保、入股从事农业产业化经营❶。

　　在国家政策的大力推动下，各省市结合地区实情，推出多种金融服务"三农"的产品类型和实践模式，积极开展落实农村土地经营权和宅基地使用权抵押贷款试点工作。2011年以来，农业、农村、农民领域的金融投

---

❶ 国务院官方网站，http：//www.gov.cn/zhengce/2018－02/04/content_5263807.htm。

入不断增加，涉农贷款余额长期呈现增长态势（如图1.4所示）。截至2016年年底，我国银行业金融机构涉农贷款余额已由2010年的11.77万亿元增长至28.2万亿元，同比增长7.1%❶；农村金融机构贷款余额13.95万亿元，同比增长11.52%。

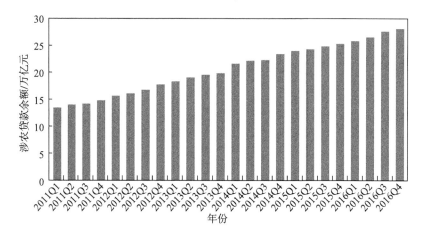

图1.4　银行业金融机构涉农贷款余额（2011—2016年）

数据来源：相关统计网站收集汇总。

1.4　土地金融理论与实践研究的研究意义和研究方法

本书涉及地方政府土地型融资、地方政府土地财政、地方政府债务融资、地方政府权益融资、地方政府融资结构、农地金融改革、农村土地制度改革、PPP模式融资、产业投资基金、资产证券化问题等诸多理论和实践热点问题，会对完善相关理论有所裨益，并形成若干具有实践意义的政策建议。

1.4.1　研究的理论意义

1. 城市土地的公共财政逻辑

将地方政府、土地问题与土地金融问题作为整体进行研究，可以更为

---

❶ 《中国金融稳定报告2017》，中国人民银行金融稳定分析小组。

清晰地厘清三者关系，从而更深刻地认识问题根源所在，完善地方政府土地财政问题研究与地方政府融资问题研究的理论体系。可以对地方政府权益融资和地方政府融资结构理论，形成比较全面的概括和初步探索研究，弥补先前理论研究中主要关注地方政府债务融资并且仅从地方政府债务融资方面研究地方政府融资问题的不足，初步形成较为合理和全面的地方政府融资结构理论及其基本架构。

通过对地方政府权益融资方式的进一步研究，对适用于地方政府的权益融资方式形成较为深刻的认识，初步形成结构合理、平衡性较强、可操作性强、融资效果满意的地方政府权益融资方式的理论体系。改革开放以来，经济建设成为政府工作的中心内容，建立在地方竞争基础上的、以GDP为核心的政绩考核体系逐步形成，并对地方政府特别是地方政府主要领导人升迁产生决定性影响。在以GDP为核心的政绩考核体系激励下，地方政府以快速推动地方GDP增长为目标的投资活动迅速增长，地方政府大规模投资带来的资金需求急剧增长。与此同时，社会和公众对数量更多、质量更高的公共物品和服务的需要，使得政府支出需求也日益旺盛。

自有财力有限和支出需求旺盛，使地方政府产生强烈的融资需求。虽然以弥补地方政府财力不足和促进地方基本公共服务均等化为目标的转移支付制度日益完善，且转移支付规模不断扩大，但仍然远远无法满足地方政府对大量资金的渴求。

按照土地原有用途对原土地所有人和使用人进行补偿，通过招标、拍卖、挂牌等市场化方式出让国有土地使用权，且土地出让收入一次性由地方政府获得的国有土地使用权出让制度，为地方政府通过土地使用权有偿出让以弥补财力不足提供了制度支撑。

国有土地使用权出让制度和快速城镇化带来的房地产市场高度繁荣，形成了地方政府畸形土地财政和土地型债务融资相互强化的局面，国民财富长期快速积累，快速城镇化带来的人口向大城市集中形成的高度旺盛的住房需求，为应对国际金融危机而形成的宽松货币环境和积极财政政策带来的巨额政府投资，造成房地产市场，特别是大城市房地产市场空前繁荣，住房价格快速上涨，土地出让量价齐升。

地方经济和城市开发的发展，使地方政府土地出让收入急剧增加，土地出让收入在地方政府收入中占有相当高的比重，在部分城市，这一比重甚至超过50%。地方财政高度依赖土地出让收入，形成畸形土地财政。

畸形土地财政危害严重。一方面，持续快速增长的土地出让收入，为地方政府通过土地直接举债融资、以土地出让收入为偿还保证通过融资平台公司举债融资，提供了有力支撑，导致地方政府债务急剧扩张。根据国家审计署《全国政府性债务审计结果》（2013年12月30日公告）数据，截至2013年6月底，地方政府负有偿还责任的债务108859.17亿元，负有担保责任的债务26655.77亿元，可能承担一定救助责任的债务43393.72亿元。如此庞大且仍在不断增长的地方政府性债务，使得地方财政的稳健性和可持续性面临极大压力，再加上地方政府债务性融资主要渠道仍为商业银行体系，在房地产行业持续调整造成土地出让收入上涨不可持续的背景下，财政和金融风险更为凸显。另一方面，畸形土地财政反过来强化了地方政府推高土地出让价格和维持畸高住房价格冲动，并促使其积极行动。持续高企的住房价格，既挤压了实体经济生存和发展的空间，导致产业迈向中高端水平的发展目标无法实现；也阻碍了在城市工作和生活的居民生活质量的提高，同时阻滞了城市外来人口融入城市文明的进程，也就是阻碍了新型城镇化的顺利推进，这也终将使房地产市场的持续健康发展因失去基本面支撑而不可持续，最终造成畸形土地财政不可持续。

地方政府畸形土地财政强化起来的债务融资占绝对主导地位的地方政府融资结构和持续高企的住房价格对经济社会产生的不利影响，相互叠加，相互强化，使得可能产生的财政金融风险和经济社会发展重大不利冲击挑战十分严峻。

2013年下半年以来，我国经济发展进入以"增长速度换挡期，结构调整阵痛期，前期刺激政策消化期"三期叠加为主要特征的阶段，实现"保持经济中高速增长，推进产业迈向中高端水平"的双目标需要，促使我们更加审慎积极地应对以地方政府债务为集中表现的地方政府畸形土地财政和土地型债务融资的潜在风险。除了赋予地方政府通过发行地方政府债券方式依法举债的权限，进行地方政府债务置换，规范清理地方政府融资平台等债务融资措施外，以PPP模式融资、以产业投资引导基金为主要依托的风险资本融资、以国有企业混合所有制改革为主线的股权融资、以基础设施等基础资产的资产证券化融资等权益融资政策体系初步形成，最终目标可能是逐步形成合理稳健可持续的地方政府融资结构，使地方政府获得持续稳定的融资收入，以弥补地方政府财力的不足，从而缓解乃至最终消除地方政府畸形土地财政可能产生的风险，并满足地方政府提供公共物品和服务的资金需要。

以权益融资优化地方政府融资结构从而缓解地方政府畸形土地财政和土地型债务融资潜在风险的政策体系初步形成，但仍然处于探索和初步发展阶段，要实现形成合理稳健可持续的地方政府融资结构，使地方政府获得持续稳定的融资收入，以满足地方政府提供公共物品和服务的资金需要的目标，任重而道远。这就需要对地方政府畸形土地财政、地方政府债务、地方政府融资结构、地方政府权益融资等相互交织、相互强化的问题以及现有政策实践进行深入全面分析，总结经验，形成和发展理论，为合理稳健可持续的地方政府融资结构的形成，提供有益借鉴。

2. 农地金融创新理论的建立

在我国，农地承包经营权抵押贷款尚处于起步阶段，虽然国内学者对此研究领域已有了一定的关注，但面对土地流转和农地经营新趋势带来的实践中不断出现的新问题，相关的理论研究和认识还有待完善。本书在土地产权理论、制度变迁与制度效率理论、农村金融模式发展理论、金融抑制与金融深化理论的基础上，以江苏为例对农地承包经营权抵押贷款的金融绩效进行分析评价，有利于开阔探讨视角，丰富农地金融领域的研究。

城镇化和土地流转的发展使我国的农业生产逐步走向规模化，农业经营主体进而产生更大的融资需求，而这一融资需求仅依靠其自身力量是无法满足的。但实际上城乡二元发展体制的长期限制使农民不像城市居民一样拥有能够进行抵押融资的不动产产权，无法提供外源融资所必需的有效抵押担保品，导致其融资需求难以得到满足。而作为基本生产要素和主要资产的农地所具备的资产功能则赋予了其优质抵押品的特性，其融资功能的释放有利于为农业生产发展提供信贷资金支持，对改善农业生产条件、提升农业资本化水平、推动农业现代化发展具有重大意义。

1.4.2　研究的实践意义

通过进行深入翔实的全面理论研究，总结地方政府土地财政和地方政府债务问题应对和解决的实践经验，形成比较完善的以权益融资和债务融资为双驱动的地方政府融资理论体系，为促进合理稳健的地方政府融资结构的形成提供理论支撑，并为最终缓解和消弭地方政府畸形土地财政可能带来的财政金融风险以及重大经济社会不利冲击，提出若干具有可行性的政策建议。

尤其是农村金融，正处在探索构建阶段，自党的十九大提出实施乡村振兴战略以来，关系到国计民生根本性问题——"三农"问题再次成为社会普遍关注的热议话题，尤其是其中涉及的完善农村承包地"三权分置"制度，允许农村土地承包经营权向金融机构融资担保等内容。农村土地具有保值性、增值性和不可灭失等特点，在政策日益强化对农村资金投放的激励约束导向下，面对土地流转带来的农业规模化现代化经营的新趋势以及日益增长的农业农村发展资金需求，对农地承包经营权抵押贷款进行研究有着十分重要的现实意义。

首先，有利于土地资源的流转和优化配置。发展农地承包经营权抵押贷款一方面有利于实现农地资产的资本化，为涉农金融机构向农村批量发放贷款创造激励与支持机制，从而有力地撬动商业化金融资源，引导信贷资金投入支持农业发展，满足新型农业经营主体融资需求，推动土地流转；另一方面，农地承包经营权抵押贷款的核心是土地抵押，当抵押人逾期无法清偿债务时，其抵押的土地经营权就归债权人，此时农地承包经营权抵押贷款则发挥了土地流转中介的作用，使得土地能够与劳力、资金等其他生产要素重新组合，优化土地资源配置，有利于实现土地规模经营，提高土地资源的配置效率。

其次，有利于深化农村金融体制改革，健全农村金融体系，完善农村金融市场。虽然我国农村基本形成了包括商业性、政策性、合作性金融机构在内的，以正规金融机构为主导，以农村信用社为核心，以非正规金融机构为补充的农村金融体系，但这一体系仍不健全，导致了农村金融供给不足、供需错位等问题。发展农地承包经营权抵押贷款、完善农地金融服务体系是适应我国经济发展新常态、全面深化改革的重要内容。农地作为农业经营主体必备的生产要素，其承包经营权的抵押贷款可以基本实现对贷款需求主体的全面覆盖，引入商业金融资本，扩大金融支持范围和力度，完善农村金融市场。

1.4.3 研究方法与研究思路

本课题在城市土地金融方面的研究主要运用文献分析法进行理论分析与政策分析，研究对象主要是地方政府土地财政与土地型融资、地方政府现有融资结构、地方政府权益融资，以及新的地方政府融资政策体系等，将地方政府土地型融资与土地财政作为一个整体进行研究，分析现有法律制度和政策文件、研究文献等，着眼于构建和完善新的地方政府融资结构。将地方政府融资问题作为破解地方政府土地财政问题的主攻方向，主张通过发展地方政府权益融资将地方政府债务融资为主体的融资结构转变为权益融资与债务融资并重、权益融资为主体的融资结构，以保证地方政府获得持续稳定、低成本的融资收入。

研究主要涉及地方政府土地财政与土地型融资、地方政府融资结构、地方政府权益融资等若干问题，整体研究思路如下：

一是运用公共物品理论与基础财政理论，分析地方政府融资需要；基于土地产权理论，分析地方政府土地型融资，并进一步梳理地方政府土地型融资与土地财政形成的关系；较为全面地分析土地财政的不利影响；运用政府融资结构权衡理论分析地方政府土地型融资结构，并提出转变地方政府融资结构是解决土地财政的有效选择。

二是通过分析近年出台的政策体系，全面展示建构中的地方政府融资结构；运用政府融资结构权衡理论分析建构中的地方政府融资结构，并详细分析这一融资结构存在的具体问题；提出用权益融资优化地方政府融资结构，并详细阐述具体的政策建议。

通过进行深入翔实的全面理论研究，总结地方政府畸形土地财政和地方政府债务问题应对和解决的实践经验，形成比较完善的以权益融资和债务融资为双驱动的土地金融理论体系，为促进合理稳健可持续的地方政府融资结构的形成提供理论支撑，并为最终缓解和消弭地方政府畸形土地财政可能带来的财政金融风险以及重大经济社会不利冲击，提出若干具有可行性的政策建议。

在农村土地金融部分也首先查阅文献资料，了解农地承包经营权抵押贷款相关研究进展及理论基础，并进行综述，为本书提供思路参考，并为后续研究奠定理论基础。基本研究思路是，随着城镇化和土地流转的发展，我国农业经营出现了新趋势，新型农业经营主体的融资需求大为增加，农村有限的金融服务供给远远无法满足这一需求，二者之间存在着较大的差距和缺口。为缓解这一供给矛盾，有必要发挥作为基本生产要素和主要资产的农地的资产功能，为其注入金融活力，发展完善农地承包经营权抵押贷款，提高农地承包经营权抵押贷款的金融绩效。因此，围绕该研究主题，在土地产权理论、制度变迁与制度绩效理论、农村金融发展模式理论以及金融抑制与金融深化理论的指导下，以江苏省为例，对其农地承包经营权抵押贷款的发展现状进行梳理，并从供给方（主要是涉农金融机构）的角度对其农地承包经营权抵押贷款的金融绩效进行评价，提出相应的完善对策建议。

伴随城镇化率的不断提升，我国农村地区的土地流转也将持续推进，新型农业经营主体数量的增加，农业适度规模化经营的提升和农村一、二、三产业的融合发展依旧是国家实施乡村振兴战略在较长时期内需要重点和持续关注的问题。而作为土地和资金两种基本生产要素的结合体的农地承包经营权抵押贷款，在其中则有着不可或缺的关键作用。因此，我们十分有必要对农地承包经营权抵押贷款的实际金融绩效进行分析，进而为其绩效的改进提升以及农业、农村、农民的发展提供对策建议。

具体来说，对于农地承包经营权抵押贷款的理论基础，主要阐释了农地承包经营权抵押贷款的相关概念及特点，并从土地产权理论、制度变迁与制度绩效理论、农村金融发展模式理论以及金融抑制与金融深化理论角度提供理论分析与支撑。并以江苏省农地承包经营权抵押贷款试点业务的开展为案例，一方面，系统梳理农地承包经营权抵押贷款相关制度政策的演进过程，并阐明制度变化对江苏农地承包经营权抵押贷款发展产生的影响；另一方面，选取江苏省各地区具有代表性的农地承包经营权抵押贷款实践模式，从定性研究的角度对江苏省农地承包经营权抵押贷款的现状进行总结论述。

第2章 土地金融领域的研究进展介绍

2.1 地方政府融资的研究进展

地方政府融资需要促使地方政府发展出土地权益融资和土地债务融资并重的土地型融资结构，其中土地权益融资表现为土地出让收入，土地债务融资则是以土地出让收入为担保和还款来源获得的各种债务收入。土地出让收入和土地债务融资收入在地方财政收入中所占比例越来越高，由此形成了地方政府土地财政。随着国有建设用地指标日益减少和地方政府债务不断累积，地方政府土地财政不可持续问题日益凸显，潜在财政金融风险可能暴露。要解决地方政府土地财政问题，必须使地方政府无须依靠土地就能获得稳定可观的融资收入。以平衡协调的多样化融资类型和融资方式为主要内容的、合理稳健的地方政府融资结构，是地方政府获得稳定可观的融资收入的保障。因此，本节研究涉及地方政府融资、地方政府土地财政、地方政府债务、地方政府融资结构等诸多领域，需要对上述领域已有的研究进行梳理和总结。

关于地方政府融资的研究主要集中在地方政府债务融资方面，主要内容包括地方政府融资的必要性、现状与问题、对策与措施等。其中，地方政府融资的必要性主要在于履行经济职能的需要、财力与事权不匹配等；地方政府融资现状与对策研究主要是地方政府债务风险凸显，主张建立健全地方政府公债制度，引入民间资本，发展政策性金融，加强预算管理等。

2.1.1 地方政府融资必要性研究

现有研究多从政府经济职能和财税分配体制不合理的角度论述政府融资的必要性，主要是政府宏观调控、城镇化建设、地方政府财权与事权不匹配等。一方面与催化经济有效增长、促进经济结构优化、强化宏观调控能力等方面息息相关，这也论述了政府融资和投资的合理性和必要性。事实上政府在城市基础设施投融资中扮演着多元化角色，这样的角色定位为政府融资提供了理论支撑。更重要的是城镇化过程中地方政府财力与事权不匹配，矛盾之下促使地方政府积极开拓财政的资金来源渠道。面对由于城市开发中中央政府投入不足的问题，地方政府形成了以土地为主要工具积极融资的局面，但以土地为主且单一的融资模式并不是治本之策，这是地方政府融资渠道不畅的结果：其一，地方财政支出大于本级财政收入的现象相当严重；其二，中央严格控制土地出让；其三，向商业银行贷款困难加大，最近几年商业银行改革力度很大，为了提高加入世界贸易组织后的国际竞争力，商业银行将以追求市场效率作为经营的基础；其四，发行市政债券的设想短期不可行，因此许多学者曾把解决地方政府融资难题寄希望于发行地方市政债券。

总的来说，众多研究结论普遍认为，地方政府因城镇化建设资金需求量巨大，但在现行财税体制下，财力不足使其不得不开辟新的财源。

2.1.2 地方政府融资的现状、问题与对策

地方政府融资一度以土地型债务融资为主要方式，这种融资方式存在体制性问题，集中表现在地方政府融资平台债务风险较大。由于地方政府投融资体制存在的问题是体制性的，因此需要重新构建地方政府投融资体制。面对地方政府以债务和土地融资为主体的基本融资模式存在的问题，一些学者提出了以融资目标、渠道、主体的再设计为主要内容的建议。从中国地方政府融资历史与现状来看，地方政府融资平台的确存在较大债务风险，清理融资平台并为地方政府融资创造宽松的环境是良策。也就是说，地方政府以融资平台公司为载体的土地型债务融资模式，无论怎么进行完善，都是存在较大风险的，不适合作为地方政府融资的主要方式，必

须转变为新的融资方式。

针对地方政府融资形成的较大的债务风险，现有研究主要提出了加强预算管理、允许地方政府发行债券、引入社会资本、发展政策性金融等建议。应当通过强化地方投融资预算管理，来控制和缓解土地融资和不可控债务融资带来的风险与隐患。另外，结合公共财政理论、政府职能理论、分税制理论可以印证地方债发行的正当性和合理性，因此可以通过完善的地方债发行机制，为地方政府进行债务融资创造条件。面对较大的地方政府债务风险和可能出现的债务危机，地方政府债务融资的存在更具有合理性，应尽快使之合法化，并引导其向项目收益债券方向发展，以更好地满足地方基础设施建设融资需求。建立中央政府监管下的地方公债制度，并为其创造良好的法律、市场、制度环境，也是缓解和化解地方债务融资带来的风险的手段之一。回顾地方政府投融资平台发展历程、兴起原因、存在的问题和风险，创新信贷融资模式、发展股权融资、创新债券融资模式、引入社会资本也是解决这一问题的有效方式。面对地方政府投融资平台面临的困境和政策性金融发展不足问题，整合地方政府投融资平台，并重构政策性金融体系是关键。总的来说，现有研究主要着眼于将地方政府土地型债务融资转变为地方政府债券型债务融资，发展股权融资和引入社会资本等权益融资方式，也日益受到关注。

法学对地方政府融资问题的研究主要着眼于，修订现有法律禁止地方政府发债的规定，建立和完善地方政府债券融资的法律制度。从经济法视角看，地方政府融资的基本原理、历史与现状、困境的症结与出路、需求控制、市场约束（信贷市场视角和债务市场视角）均存在法理基础，但法学界对此问题往往集中于地方政府债务融资，并将允许地方政府发债作为解决地方政府债务的突破口。这样看来，地方政府债务融资也是法学研究地方政府融资问题的主要视角。

综上所述，关于地方政府融资的研究主要是地方政府债务融资研究，或者集中于债务风险，或者集中于建立和完善地方政府债券融资制度，尚未对地方政府权益融资进行全面深入的研究。

2.2　地方政府土地财政相关研究

关于地方政府土地财政问题的研究主要是地方政府土地财政的形成原因和发展历程，地方政府土地财政的风险与对策等。总的来说有以下内容：地方政府土地财政的形成是地方政府行政首长追求自身利益最大化、不科学的政绩考核体系、房地产开发带来的巨大收益、财税体制不完善等因素的共同作用；地方政府土地财政潜藏着较大财政金融风险，并造成产业结构失衡；为解决上述问题，必须改革政府间事权与财权关系，同时加强对地方政府的约束。

2.2.1　地方政府土地财政成因与发展

中国土地财政现象的产生和形成，是中国特定制度环境和经济发展阶段综合作用的结果，其实质是在中国社会主义土地公有制的条件下，集体土地国有化和国有土地加速资本化，而政治晋升激励、征地拆迁成本弥补不充分等因素也起到推动作用。房地产开发带来的巨大经济利益、地方政府行政首长追求自身利益最大化、财税体制不完善、不科学的政绩考核体系等，是地方政府土地财政形成与发展的重要推动力量。地方政府在房地产开发中，将从中取得大量收益，从而弥补地方经常性和建设性经费的不足，并可以提高地方政府的执政能力。通过使用地方长官收益最大化模型可以论证土地财政形成的经济动因和制度可行性，从中可看出土地制度与财政体制联动改革才是土地财政改革方向。从央地关系角度看，财政分权强化了地方政府的利益驱动，土地制度则为地方政府谋求土地收益最大化提供了便利，因此必须改革二元土地制度，深化财税体制改革，改革政绩考核机制。我国土地财政发展历程并不太长但土地财政却对经济发展有深刻影响，改革政绩考核体系、完善土地制度、规范政府财政收入等方面均是土地财政改革的重点。另外土地财政收益分配存在路径依赖的基本逻辑，房地产开发"经营风险"，最终都会转化为财政风险，加大地方政府压力。许多学者把土地财政现象的兴起，直接归因于分税制财政体制改革，认为1994年实行分税制改革"事权下移、财权上移"，地方政府不得不寻求其他稳定的财力来源，单一归因于分税制改革是片面的。在我国的土地相关收入中，除营业税、企业所得税、个人所得税、城市建设维护税、教育费附加、新增建设用地使用费、外商投资企业场地使用费等存在不同程度的中央分享外，其余部分收入全部在地方财政支用。其中争议比较大的是土地出让金的财政分配，近二十年来有过多次调整，至今仍然没有形成统一的意见。可以将税制改革作为转型路径。对"土地财政"依赖比较严重的应该是中部不发达城市和沿海还没有形成产业支撑的开发区，欠发达城市和新兴地区由于没有相关产业作为支撑，"土地财政"必然成为政府收入的主要来源。我国的"土地财政"主要是依靠增量土地创造财政收入，也就是说通过卖地的土地出让金来满足财政需求。实际上世界上很多发达国家也都依赖"土地财政"，但国外主要通过对存量土地征收物业税、房产税等方式创造财政收入，这样既体现了公平性，也保证了政府有相对稳定的财政收入。而且，主观上也会促使政府平抑地价。

总的来说，地方政府土地财政的形成与发展，有着深刻的制度原因，其存在具有相当的合理性；只有从根本入手，解决体制性问题，才能彻底解决地方政府土地财政问题。

2.2.2 地方财政可持续性与稳定性

在我国，通常认为地方财政可持续发展是指地方财政收支平衡协调、地方财政运行健康有序的发展状态。因而，我国学者是从积极的意义上来考察地方财政可持续性的，是一种力求要达到的状态。国外学者主要是从维持现状的角度来考察财政可持续性问题的，即维持原有财政状况的能力。地方财政的可持续性和稳定性因为欧洲债务危机的爆发而广受关注。地方财政可持续性与稳定性的影响因素有多种。收入来源多样化对地方政府财政稳定性具有重要意义，在不发生系统性风险的情况下，地方政府收入来源越是多样，其财政稳定性越好。以西班牙116个地方政府财政状况分析为例，可以发现年度预算结果是影响地方政府财政可持续性的一个重要因素，控制预算支出的平衡对预防地方政府公共服务可行性潜在风险具有重要意义。综上所述，收入来源多样化、预算控制等，对地方政府财政可持续性与稳定性具有重要作用。中长期来看，实现地方财政的可持续增长，归根结底在于深化财税体制改革，需要围绕平衡央地收支、扩大地方收入来源、严控债务风险等目标，持续发力。在地方隐性债务问题较为突出的背景下，即使采用大规模的政府性投资工具托底经济，也必须在合理划分地方政府支出责任、保证地方政府预算硬约束的基础上进行。深化财税体制领域改革，是实现地方财政长期可持续增长的关键。

2.2.3 地方政府土地财政风险及其对策

赶超型体制压力和地方政府与中央政府之间的博弈，促使地方政府不顾土地财政潜在风险，以土地融资和土地财政相结合的方式，积极获取本地方所需资金。在中国土地财政内生于赶超型体制下的财政膨胀压力，要解决土地财政与产业结构失衡问题，必须推动赶超型体制的有序转型。从经济学、博弈论理论看待这一问题，可以通过财政风险形成机制模型，证明所有地方政府都举债是地方政府博弈的纳什均衡，地方政府债务具有无限膨胀的内生机制。土地财政潜在风险还会在不同主体之间传导，可能形成系统性风险。更差的结果是地方政府以出售土地为主要形式的土地财政已经失控，这对城市化建设、农民基本权益和中国经济社会发展危害很多。总之，地方政府不顾土地财政潜在风险，不断提升对其依赖程度，是地方政府的理性选择；为了防止地方政府土地财政风险扩散，必须对地方政府进行约束。运用诺斯悖论和路径依赖分析我国财政风险形成的机理，可以发现完善预算管理制度是解决问题的有效方式，可以切断风险在不同主体之间的传导。总之，地方政府不顾土地财政潜在风险，不断提升对其依赖程度，是地方政府的理性选择；为了避免地方政府土地财政风险扩散，必须对地方政府进行约束。

根治地方政府土地财政问题的药方是，政府间事权与财力匹配程度的提高，既包括政府间事权划分科学化，也包括政府间财政关系的改革。深化政府间财政关系，可以从制度上逐步消除地方政府对"土地财政"的短期过度依赖；强化土地筹融资管理，促使地方政府土地筹融资行为合理化；改革和完善土地税费制度，将征收重点逐步转向"占有性收益"。事实上，中国土地财政结构严重失衡而且土地财政依赖不可持续，因此土地财政应逐步摆脱土地所有权束缚，应通过改革财税体制建立财政收支平衡制度，构建土地出让金管理和储备制度、使用审查制度，允许地方政府发行债券。另一种解决方式是融资多元化，解决地方政府土地财政问题并使地方政府有稳定的收入来源，应当允许地方政府进行抵押贷款融资。从以往情况看，政府间财政关系是关注的重点，且大多着眼于将地方政府直接从土地出让获得收益的方式转变为征收财政性税收的方式，同时进一步规范地方政府土地出让收入的使用。

总体上看，对地方政府土地财政问题的研究，特别是在讨论土地财政形成原因和影响的时候更多地局限于财政范围之内，尚未将地方政府土地财政问题与地方政府融资问题结合在一起。事实上，地方政府土地财政与地方政府融资密不可分，深刻理解以土地为主的融资模式与金融和公共管理以及法学视角结合起来才能更宏观、更立体地看待土地财政这一问题。单独研究任何一个问题，都不能有全面深入的认识。

2.3　地方政府债务相关研究

概括地说，地方政府债务的相关研究主要有以下内容：一是地方政府与中央政府之间的博弈、不科学的政府间财政关系、预算软约束、政绩考核体系不完善等，是推动地方政府债务产生和积累的主要原因；二是地方政府债务不可持续，但爆发系统性风险的可能性极小；三是地方政府债务也具有积极作用，不可或缺，因此，必须使其在安全规模以内；四是从美国、欧洲、日本等发达经济体的经验来看，建立风险预警机制、建立并完善地方政府债券融资制度、加强预算约束等是应对地方政府债务风险的主要措施；五是运用多种模型和指标体系评估地方政府债务潜在风险，逐步建立市场化地方政府公债制度，发展地方政府资产负债表管理，积极应对地方政府债务潜在风险。

地方政府债务问题与地方政府融资问题研究的主流有一定交叉，但又明显区别于地方政府融资问题研究的主要内容。地方政府债务形成原因、地方政府债务安全规模与可持续性问题、地方政府债务的风险及其化解等，是地方政府债务问题研究的焦点。

2.3.1 地方政府债务形成原因和过程

关于地方政府债务增长的原因分析，大致可划分为三类：第一，恢复和促进经济发展的各种体制或者制度安排是促使地方政府债务快速增长的动因；第二，政府间财政关系以及预算软约束引起的地方政府财力减少和支出扩张，是地方政府债务持续膨胀的主要原因；第三，由于缺乏明确的债务举借审批、使用监管和偿还约束等规范制度，从而无法有效控制地方政府债务规模盲目扩张。也就是说，不科学的政府间财政关系、预算软约束、地方政府与中央政府之间的博弈、政绩考核体系不完善等，是推动地方政府债务产生和积累的主要原因。具体而言，不合理的政府间财政关系造成地方政府财政收支的纵向不平衡，是我国地方政府过度举债的财政体制原因；而政府治理不完善造成的预算软约束使地方政府过度举债成为可能；政府治理不完善还会造成地方政府过分追求经济增长目标，在此种目标导向下政府主导的经济增长方式必然是投资拉动型，这也是我国地方政府过度举债的非体制性原因。1994年分税制实行以来，我国地方政府性债务产生的原因主要源自中央与地方的财权、事权长期不匹配，增值税和所得税等主体税种成为中央地方共享税，而地方税存在税源零散、收入不稳定等特点，征管成本相对较高，难以满足地方政府财力需求；此外，还有地方政府性债务管理法律制度建设相对滞后、对地方政府性债务缺乏统筹有效监管且风险监管体系不健全、对地方领导干部政绩考核过于偏重 GDP 等方面的原因。运用博弈理论和纳什均衡模型可以从中央政府的参与决策、中央政府不救助的可信度、地方政府的发债抉择、地方政府债务规模扩张趋势四个方面分析地方政府性债务形成机制。

地方政府债务形成的原因和过程与地方政府土地财政形成原因和过程是密切相关的，因此也具有较大的相似性。中央向地方分权改革造成的中国地方政府"准公司化"，进而导致地方政府追求可支配财力最大化，同时又造成其内在的软预算约束产生一系列问题，特别是地方财政预算赤字不断扩大和水平升级。地方财政预算软约束问题普遍存在，这为地方政府各种形式的大额举债提供了"温床"，成为地方财政可持续发展的隐忧。

总之，对地方政府债务形成原因和发展过程已经基本形成共识，既有财税体制的原因，也有行政管理体制的原因，但现有研究很少对地方政府融资结构方面进行研究。

2.3.2 地方政府债务可持续性和安全规模

地方政府债务的不可持续性，在理论界和实务界都有共识。不过总的来说，学界普遍认为因此爆发系统性风险的可能性较小，危机最多在局部范围内产生。从概念上看，地方政府债务融资的可持续性是融资需要与经济负担的有机结合，是要实现有目的的融资和有约束的融资。因此中央应在有效约束地方政府投融资行为的同时，给地方政府融资留有足够的空间，使其在法律框架下，通过正常的渠道获得发展的机会。从数据上看，地方政府还债高峰出现在 2012—2013 年，且债务危机是局部性的，县级政府和新立投资与融资平台发生危机的可能性更大。无论是在资产负债框架下，还是在动态分析框架下看，我国地方政府都将面临巨大的债务不可持续风险，因此应当予以更多重视。从内核上对我国地方政府债务可持续性进行分析，可以形成宏观经济运行下的地方政府债务可持续性动态测度体系，其中重点需要考虑地方经济运行的不确定性预期、经济主体危机发生的概率、政府担保债务转嫁的可能性等。但其对地方政府债务可持续性的测量和检验，因为涉及过多要素，且许多要素无法精确测量，导致已有实证检验的可靠性值得商榷。不过研究仍然提供了有力数据来证实我们对地方政府债务不可持续的直觉认识。

地方政府资产负债表是管理地方政府债务可持续性的有效工具，应当逐步建立内容全面、体系完善的地方政府资产负债表制度。我国中央政府和地方政府资产负债表的存量数据，揭示了社保、医疗、环境治理、地方债带来的中长期财政压力。对较为紧迫的地方债务和或有债务问题，我国需建立以地方债为主的地方融资体系，通过编制地方政府资产负债表来披露地方债务规模和担保数量。地方政府资产负债表的编制是一个长期过程，且极为复杂，应该作为地方政府财政管理制度改革的发展方向。

地方政府债务不可持续，但又不可或缺，必须使其在安全规模以下。但安全规模影响因素有哪些，如何测算，测算的可靠性如何等，都是需要解决的问题。运用确定市政债券安全发行规模的比例分析法和修正的 KMV

模型是测算方式之一,以上海市发行债券的安全规模进行测算为例可以看出,在审慎原则下以地方财政收入的真实分布来确定市政债券的安全规模是可行的。中国应该将政府债务控制在适度水平,保留政府债务一定的投资职能,并且利用政府债务助推增长模式转型。此外,中国应有效地建立"地方政府债务的需求控制和供给控制相结合,以需求为主的债务风险控制模式"。

因此,地方政府债务安全规模测算,不仅模型建构存在困难,数据获取的难度也很大,可操作性不强。我国地方政府债务的统计口径复杂且不统一。首先,学术界与政府部门对于地方政府债务的统计口径存在差别。根据学术界普遍接受的财政风险矩阵,可将地方政府债务分为显性直接债务、显性或有债务、隐性直接债务和隐性或有债务四种类型。国家审计署公布的地方债务与上述财政风险矩阵所包含的债务大体相同,区别在于国家审计署公布的隐性债务主要是融资平台债务,而学界关注的地方政府债务还应当包括社保资金缺口等其他隐性债务。其次,政府各主管部门对地方政府债务的统计测算方法也不尽相同。因此,其理论意义远大于现实意义。

2.3.3 地方政府债务管理的国际经验

地方政府债务管理国际研究的主要对象是美国、欧洲、日本等发达经济体,建立并完善地方政府债券融资制度、加强预算约束、建立风险预警机制等,是主要的研究所得。从举债方式来看,发达国家金融市场体系更为健全,相对倾向于通过发行债券或银行借款举债,如美国、法国;发展中国家更倾向于由中央政府提供长期贷款。从用途来看,除短期债务外,大多数国家地方政府举债一般都只能用于公益性或者是基础性的资本性支出。有学者通过对美国和日本公债进行对比与分析,普遍认为应允许地方政府在一定范围内发行地方公债,并主张参照美国和日本公债制度建立和完善我国的地方公债制度。财政部预算司课题组汇编的世界银行专家对中低收入国家地方政府债务监管框架、地方政府举债破产机制、约束地方财政责任法等的详细介绍,对我国地方政府债务管理具有重要的借鉴意义。不论是借鉴美国、德国、日本等发达国家抑或是巴西、阿根廷等主要发展中国家的相关经验，以及俄罗斯等转型国家地方政府管理债务的有益经验，提出改善政府间财政关系，实现制度化管理，建立地方财政风险预警机制等措施都对防范地方债务风险大有裨益。从共性上看，债务规模控制是大部分国家地方政府债务管理的重要方式，需求层面的控制一般通过监督负债率、新增债务率等指标实现。供给层面的控制则主要是对地方政府债务的资金提供方进行约束。比如巴西则规定地方政府债务余额与银行净资产的比值须小于 45% 时，银行才可向地方政府提供贷款。

从实践来看，我国地方政府债券融资制度已经初步建立，地方政府债务预警机制也有雏形，但硬预算约束却是困难重重，其中原因是尽管中央已经申明，地方政府债券融资由地方政府自行偿还，中央政府不承担偿还责任，但是地方政府与社会公众仍然认为中央政府不可能在危机爆发时不出面承担责任，刚性兑付与中央兜底难以打破。特别地，从中美两国央地财政关系、政府债务规模和结构、政府债务形成原因等方面对中美两国政府债务问题进行比较分析，学习和借鉴美国地方债的举债和偿付机制、监管和救助规则，对我国地方债的透明化和规范化有着积极的借鉴意义。

2.3.4　地方政府债务风险的评估与应对

1. 地方政府债务风险评估

地方政府债务风险评估有不同的指标体系，评估角度和层面也多种多样，不同领域的研究者构建的评估模型也存在一定差异。选择资产负债率、偿债率、债务—收入比率三个指标可以有效衡量地方政府的债务风险，基于以上指标并结合现实可提出"实行严格规范的债务投资决策责任制""建立健全债务担保机制""合理安排融资规模和偿债资金规模""进一步完善财政偿债机制""加快组建公用事业集团，剥离地方政府债务""加快财政投融资体系建设，多渠道筹措资金，缓解债务压力""建立债务风险防范的预警系统""建立地方公债制度，规范政府债务融资行为"等建议。政治制度层面同样对地方政府债务风险具有影响，由于地方官员晋升机制的影响、中央政府在与地方政府和金融机构三方博弈中的弱势以及相关制度的滞后，导致地方政府缺乏主动偿债动机，因而应该通过做大做强地方财政能力、弥补相关制度缺失等途径，防止后土地财政时代地方政府债务风险向中央财政转移。以审计署公布的数据为基础进行分析，从宏观经济基本面、金融系统以及政府部门三个层面分析风险的产生、可能的风险积聚，以及通过融资平台枢纽风险的金融、投资及政府三个传导路径，发现防止局部风险的集聚、扩散以及切断传导途径是控制和化解债务风险问题的关键。

借鉴货币供应量多层次统计方法，根据政府与债务偿还紧密程度，分别构建我国中央政府性债务和地方政府性债务的多层次测算体系，并结合往年的财政和经济数据，可系统测算出我国政府性债务的规模及其风险：其中 2010 年时，我国最大口径政府性债务规模为 23.76 万亿元，占当年 GDP 的 59%，接近负债率 60% 的国际警戒线。与世界主要发达国家相比，我国总体债务风险不高，但地方政府性债务风险已处于较高水平。通过引入中央政府"父爱主义"这一地方政府债务的可转移性特征，以年度数据为样本，经过相关面板数据分析，并利用 KMV 修正模型对我国地方政府债务违约风险以及在给定 1% 和 5% 违约概率前提下地方政府债务转移率进行了实证分析。结果表明：我国地方政府债务本质上不存在经济上的违约风险，但却存在一定程度的道德风险。综合现有研究看，我国地方政府债务风险处于较高水平，尽管不存在爆发系统性冲击的可能，但道德风险可能带来的风险累积不容忽视，必须尽早行动、积极应对，以免风险累积和后移使未来风险急剧上升。

地方债务也并非一无是处，它在过去十多年中，在促进地方经济增长，提供地方性公共物品和服务等方面，都发挥过积极作用。在现有公债理论的基础上，结合政治文化和政府体制，可以分析出不同类型的政治文化和政府体制背景下政府公债的发展状况，不同类型地方政府改革中的地方政府公债都具有一定的作用和影响，因此结合现实问题对我国地方政府发行公债进行改革才是良策。利用中国季度宏观经济模型（CMQQ）模拟了债务置换和控制地方政府债务规模的宏观经济效应，结果显示，如果采取适当的方法与节奏优化地方政府融资结构，限制地方政府债务规模，非但不会产生严重的宏观经济负面影响，反而可以通过优化资金资源配置，促进私营投资增加，从而提高资金使用效率，降低物价水平，推动居民消费进而推动整体经济的稳定增长。因此，对地方政府债务问题应该一分为二地看待，尽管它带来了诸多潜在风险，但是其存在的合理性和曾经发挥的积极作用也应该承认，这要求我们在解决地方政府债务问题时，既要堵，更要疏。

2. 地方政府债务风险应对

地方政府债务风险与对策往往相互联系、相互交织，关于它们的研究经常出现在同一篇文献中，事实上，仅研究风险而不提出有效对策的研究不是一个完整的研究。以债务传导模式、层级架构、量化思路的理论为出发点进行阐释，并结合公共经济学、制度经济学、博弈论等理论视角重新解读地方政府债务的形成机理及潜在威胁，进而可以设计出化解债务的渐进性战略目标及配套制度安排。化解地方政府债务的战略目标设计沿循调节总量→控制增量→削减存量的动态演进路径。在地方政府债务权责时空分离的常态下，债务主体间的信息不对称，助长了地方政府非社会利益对债务增长的驱动，导致债务超常规增长以及风险产生。尽管该情况无法避免，但仍可以找到实现债务超常规增长向正常性增长收敛的出路，以此实现对地方政府债务风险的防范。地方政府债务风险主要表现为地方政府债务规模超常规增长和现有融资方式的高融资成本可能导致地方政府债务融资不可持续，引起财政金融风险的潜在可能性，债务危机可能造成资产价格大幅波动引发资本外流，以及对政府公信力的不利冲击。地方政府债务风险应对既要从技术层面入手对冲风险，更要从体制建构方面入手，完善地方政府融资制度和融资结构，加强预算约束等。

地方政府债务风险应对的研究较多，总的来说可以划分为以下五个方面：

一是建立地方政府债务风险化解的顶层设计和基础制度。通过对政府债务传导模式、层级架构、量化思路的理论阐释，从中解读出地方政府债务的形成机理及潜在威胁，进而设计出化解债务的渐进性战略目标及配套制度安排。体制设计缺陷、法律局限、管理主体缺位等是地方政府债务产生的原因，提出扩大地方政府自主发债权、融资平台转移、资产证券化、鼓励社会资本参与等在内的风险管理策略，以及包括建立并完善地方政府债务管理机制、改革行政体制、完善法律制度、建立综合预警评价体系等在内的地方政府债务体制机制改革策略。以往研究曾通过 DSGE 模型分析认为，我国政府性债务可持续性不断降低，财政风险极易传导至金融体系，不利于金融稳定。因此减少政府对经济活动的过多干预是根本之道，维持经济可持续增长是增强政府性债务可持续性、防范主权债务风险的前提。面对地方政府短期债务融资在未来发生流动性冲击时可能会导致资产降价销售和负社会外部性，亟须建立完善有效的政府性债务约束框架和债务风险化解机制，基于资产组合理论和比较优势原理，并结合中央和地方债务融资的利率互换方式以及债务期限结构优化管理的基本原则，可以对地方政府不同融资模式的经济和治理效应进行优劣比较分析。其中地方政府债券、城投债的资金成本均较低，商业性银行融资成本比较适中，信托、融资租赁、资管计划的资金成本均很高，BT 融资成本最高。从融资成本差异上看，现阶段应该有效扩充政策性融资渠道，适当放松商业银行融资通道，严格限制影子银行融资和 BT 融资，充分发挥政策性银行的先导作用、商业性银行的主导作用、城投债的支柱作用，为地方政府债务问题的处理争取时间和空间。总之，地方政府债务风险应对既要从技术层面入手对冲风险，更要从体制建构方面入手，完善地方政府融资制度和融资结构，加强预算约束等。

二是建立和完善地方政府公债制度。他山之石可以攻玉，通过借鉴发达国家市政债券融资的经验，建立规范化的地方政府融资渠道和大力发展地方公债融资的基本原则和具体政策建议。以我国政府试点地方自主发债的历史背景、推动转变的原因，可以对今后地方债发展前景做出展望。比如主张通过发展长期债券市场推进消费结构升级，加速城镇化建设，实现经济发展方式转变，缓解地方政府面临的财力与事权不匹配的矛盾。从2014 年开始，我国地方政府公债融资制度已经基本建立，地方政府债券逐步成为我国地方政府债务融资的主要工具，地方政府债券可以划分为地方政府一般债券和地方政府专项债券。地方政府债券一般也是以当地政府的税收能力作为还本付息的担保。地方发债有两种模式：第一种为地方政府直接发债；第二种是中央发行国债，再转贷给地方，也就是中央发国债之后给地方用。允许地方政府发行债券，无疑解决了地方政府财政吃紧的问题。地方政府可以根据地方人大通过的发展规划，更加灵活地筹集资金，解决发展中存在的问题。更重要的是，由于地方政府拥有了自筹资金、自主发展的能力，中央政府与地方政府之间的关系将会更加成熟，地方人大在监督地方政府方面将会有更高的积极性。

三是修订和完善预算法律法规，赋予地方政府依法举债权限，将地方政府举债纳入法律框架，并强化预算监督。可以通过改革政府间的关系体制，赋予地方政府举债权限，使其受到透明的债券市场的约束。也可以通过修订和完善《预算法》，硬化地方政府预算约束，建立以我国地方党政首长 5 年任期为时间跨度的中期预算框架，实现地方预算决策自主权合理归位，有效提高财政收入预测和支出估算技术水平。推行以"中期支出框架、财政政策报告书、预算稳定基金和债务稳定性分析"为四个关键部分的跨期预算平衡机制改革，有助于从根源上治理地方政府债务风险。修改和完善《预算法》并制定《公债法》，使地方政府依法举债，依法使用债务资金，依法筹措还债资金，依法接受公众监督，依法保护投资人利益，最终真正实现地方政府债券管理的规范化、透明化与法治化。由于金融市场投资者的行为选择机制，便可以有效控制地方政府债务规模，从而促使地方政府隐性负债朝着显性化和法治化的方向转化。2014 年新《预算法》修订完成，省级地方政府获得了在债务限额内，通过发行地方政府债券依法举债的权限。同时，地方政府发行债券市场化运作，强化信息披露，由投资者自行做出投资决定，公众监督框架初步建立。

四是逐步建立内容全面、体系完善的地方政府资产负债表制度。建立以地方债为主的地方融资体系，并通过编制地方政府资产负债表来披露地方债务规模和担保数量，这对规范地方政府资产负债表和增强地方政府财政透明度防范财政风险具有重要意义。构建合理有效的地方政府资产负债表制度可以通过综合国民账户体系、国外政府财务会计准则、政府财政统计、中国现行政府会计相关制度和国内外相关研究等多方面资料，并结合中国实际，构建体系完整、内涵清晰的中国政府资产负债表理论框架。在资产负债表制度下厘清形成资产的债务和不形成资产的债务与中长期债务和短期债务，债券形成的债务和银行贷款等形成的债务以及财政预算内的债务和政府性债务四类不同债务之间的关系；优化政府资产负债表，通过发展长期债券市场推进消费结构升级，加速城镇化建设，实现经济发展方式的转变，从根本上缓解地方政府面临的财力与事权不匹配的矛盾。地方政府资产负债表的编制是一个长期过程，且极为复杂，应该作为地方政府财政管理制度改革的发展方向。地方政府汇编资产负债表仍然困难重重：其一，权责发生制会计准则尚未完善，影响财政管理行为。其二，计划与市场关系不清导致国有企业的入表困难。其三，中央与地方关系不清导致财政收支的入表困境。地方政府资产负债表编制的目的在于衡量地方政府的债务清偿能力，而此处的转移支付便是增加地方政府信用的重要内容，但对此中央政府并未进行法律承诺，其数额是否会发生变化也难以确定。因此对于中央政府此种类型的隐性担保，是否应计入资产负债表以及如何计入存在不确定性。其四，政府与居民关系不清导致社保缺口的入表困境。其五，产权关系不清导致特殊资产的入表困境。

五是建立完整的地方政府债务危机应对预案体系。地方政府债务危机应对一般包括三个步骤：首先是通过监测地方政府财政状况来预测财政危机；其次，在发现财政危机迹象后，联邦政府会积极协助地方政府改进存在的问题；最后，如果经过援助，形势依然恶化，联邦政府要求地方政府采取强有力的处置措施，包括增加税收和削减开支。尽管该项建议尚不够完整具体，但其基本思路和方向值得借鉴。针对国债转贷、通过地方融资平台举债和地方政府发行债券等三种地方政府举债方式偿还机制及其存在的问题，提出明确偿债主体和责任、落实偿债资金来源和制定合理的债务偿还期限、硬化约束机制等建议。另外，在推动我国央地事权关系法治化进程的同时，寻找一项替代性机制，以控制地方政府的"预算软约束"。金融市场投资者的行为选择机制可望起到有效控制地方债务规模的作用，以此促成地方政府的隐性负债朝着显性化和法治化的方向转化。

2.4　地方政府权益融资研究

地方政府权益融资研究主要集中于地方政府的某些具体权益融资方式。PPP模式是最受关注的地方政府权益融资方式，对其研究的文献相对比较丰富，研究的重点是PPP模式在特定公共服务领域中的具体应用；对地方政府产业投资基金的研究也有一定的文献积累，它的研究主要关注中国产业投资基金发展架构，产业投资基金对产业结构、经济增长的作用机制，产业投资基金运作机制，以及产业投资基金政府监管等内容；但地方政府资产证券化融资研究则较少，现有的资产证券化研究主要是基础理论和金融机构资产证券化理论。

2.4.1 PPP 模式相关研究

PPP 融资即政府和社会资本合作运作基础设施建设。在运作过程中，政府通过公开竞争的方式引入具有投融资和运营管理能力的社会资本方，由社会资本方成立相关项目公司，并在建成后负责项目的运行、维护和管理，合作期满后无偿转让并退出项目。政府负责基础设施及公共服务价格和质量监督，以保证公共利益最大化。财政部研究院主任王彩泽概括 PPP 模式为契约精神之下的风险共担、利益共享和筹资共治。因此，显而易见的是 PPP 模式有三大特征：第一是公私合作，政府与社会资本形成合作伙伴关系，存在共同目标——利润效益最大化。其中企业实现利润最大化而政府实现对公共福利的谋求。第二是风险共担。第三是利益共享。PPP 模式的研究主要是介绍 PPP 模式理论，着重其在具体公共服务领域中的应用，关注对其的有效监督等。

1. PPP 模式的积极作用

PPP 模式是公共服务民营化的一种重要方式，它在地方政府履行经济职能、提供地方性公共物品方面具有积极作用，主要表现为激励地方政府提高效率、缓解地方政府建设资金不足等。达成共识的是 PPP 模式在我国基础设施民营化改革中具有重要作用，应当尽早建立并完善有关 PPP 投资管理办法和管理机构，并加强政府监督以保证 PPP 模式成功运作。在城市基础设施和公共服务等领域引进 PPP 模式，不仅可以有效缓解政府建设资金不足，而且能够拓宽民营企业投资领域，促进民营经济的发展。在专门领域 PPP 模式同样起到作用，比如 PPP 环保产业基金是解决我国环保投资明显不足的有效途径，尤其是对中低利润和无利润环保项目上，这些项目在很大程度上限制了环境保护各项行动的执行力度。也就是说，PPP 模式的作用主要发挥在城镇化建设和基础设施建设中，这些领域能够具有一定的排他性，并能产生经济收益，属于准公共物品的范畴，能够通过民营化方式完成。

PPP 模式相比以往模式，更强调公私部门全过程合作，利益共享，风险共担。通过引入市场竞争和激励约束机制，发挥双方优势，提高公共产品或服务的质量和供给效率，达到多方共赢的效果。PPP 模式的推广，将对政府和私人企业参与基础设施建设产生较大的影响，未来有望成为公共基础设施建设领域里主流的商业模式。从政府层面看，创新融资途径，缓解资金压力：PPP 模式鼓励更多的社会资本进入基建项目中，为政府基础设施建设提供新的融资途径，可以有效解决部分资金问题，减轻地方还债压力。控制项目建设和运营，保证项目质量：政府部门与民营企业以特许权协议进行全程合作，双方共同对项目运行的整个周期负责，可以将民营企业的管理方法与技术引入项目中来，有效地实现对项目建设与运行的控制，降低投资风险，保证项目建设和服务质量。从私人企业层面看，风险共担，收益率有保障：PPP 模式建立的风险共担机制，在项目建成运营后，政府可以给予私人投资者相应的政策扶持作为补偿，如税收优惠、贷款担保、给予民营企业沿线土地优先开发权等，在一定程度上保证民营资本"有利可图"且盈利相对稳定，企业进入的积极性将会提高。项目需求增加，业务领域将有所扩大：PPP 模式作为新的融资手段在加大推广后有望在较大程度上缓解地方债务对基建投资需求的约束，项目需求将增加；同时 PPP 模式通过特许经营权的授予，其所应用的业务领域，可从传统的基建、城市公共事业及公共交通领域逐步扩展到电力、医院医疗、文化、旅游等基础设施领域，企业的业务发展有望大幅扩大。对建筑公司而言，作为资金驱动型的建筑公司，将首先受益于 PPP 模式的推广。PPP 模式下，通过引入社会资本参与项目建设和运营，作为承包方的建筑公司其自身垫资和融资的压力将得到缓解，资产负债表和现金流量表有望改善；作为项目参与方的建筑公司，全过程参与项目建设和运营，政府补贴和公共项目运营提供的稳定现金流，将使企业收益获得更多保障，企业盈利能力的稳定性和可持续性也有望加强。

2. PPP 模式存在的问题

PPP 模式也存在着过分追逐经济利益而忽视公共利益的问题，此外，法律和制度框架不完善、监督约束乏力、资金供应不充足等，都是制约我国 PPP 模式健康发展的重要因素。面对 PPP 模式存在的客观问题，可以通过强化任务规划和结果考核机制，以及公私合作制立法，剔除法律间的冲突，规范公私合作制契约，保留必要的政府责任和权利，并创设以公共利益为核心的独立监管制度。从公私合作伙伴机制（PPP）的内涵与功能角度以及城镇化中资金的需求及当前融资渠道的局限性看，我国开展PPP模式的确存在漏洞，只有完善法制体系、加强机构建设、明确政策指导、提高项目开发和储备能力才能继续发挥PPP的积极作用。因此，制定并完善PPP模式基础法律和制度，提升PPP项目运作能力，加强PPP项目绩效考核，提高运作过程透明度，强化公众监督，发展以PPP项目为投资对象的产业投资基金等，都是在PPP模式长期有效发展中必须解决的问题。

PPP模式在缓解地方政府财政负担的同时很可能被包装为新形式的隐性债务。这是因为发展迅速并不代表PPP项目拥有高于市场的收益率，因此地方政府为了满足投资者对回报的要求，有动力采取"明股实债"的方式吸收社会资本，也就是说项目本身经营优劣与企业无关，地方政府根据约定定期向投资者支付固定收益，这一行为的实质正是增加地方政府隐性债务。2017年以来，中央政府此轮对PPP进行规范的主要原因正是主管部门担心由于PPP不规范的操作，扩大地方政府隐性债务。

地方政府的参与缺乏监督与约束。"重融资轻管理"问题突出。由于政企双方地位与实力很难匹配，在引入资金方后地方政府很可能在融资难题解决后疏忽参与项目建设甚至退出管理，无论从企业风险还是效率优化上均是利空因素。

此外，法治与契约精神相对匮乏。政府存在招商引资夸大、项目执行力弱、完成后不能履约支付等问题。社会资本在项目执行阶段也存在一定自主空间、违背契约精神的现象。从公共部门的角度看，PPP项目运作缺乏法律法规层面支持；社会资本进入基建投资面临法律保障不完善导致的PPP吸引力、可行性不足的问题。要深刻理解公私合作制的本质是政府以市场方式寻找匹配的合作伙伴，将非国有经济成分引入公共服务领域，提升公共资源配置效率。应当强化任务规划和结果考核机制，通过公私合作制立法，剔除法律间的冲突，规范公私合作制契约，保留必要的政府责任和权利，并创设以公共利益为核心的独立监管制度。

在具体某些领域中，比如PPP环保产业基金，它是解决我国环保投资明显不足，尤其是中低利润和无利润的环保项目严重缺乏投资，在很大程度上限制了环境保护各项行动的执行力度的有效途径；并阐述了 PPP 环保产业基金的特点及运行机制，结合天津生态城建设和云蒙湖水环境保护项目，实证研究了 PPP 模式环保产业基金设计的相关问题。因此，制定并完善 PPP 模式基础法律和制度，提升 PPP 项目运作能力，加强 PPP 项目绩效考核，提高运作过程透明度，强化公众监督，发展以 PPP 项目为投资标的的产业投资基金等，都是在 PPP 模式长期有效发展中必须解决的问题。PPP 模式在我国基础设施民营化改革中具有的作用和重要意义毋庸置疑，因此应当尽早建立并完善有关 PPP 投资管理办法和管理机构，坚持以公开、公平、公正的方式选择合作对象，并加强政府监督以保证 PPP 模式成功运作。

3. PPP 模式的国外经验

PPP 融资模式最早诞生于 20 世纪 80 年代的英国，发展至今已经广泛应用于各国基础设施建设中。PPP 模式的最大特点是公私合作，弱化政府主导，因此即使各国对 PPP 定义有差异，但主旨大抵相同。联合国培训研究院认为 PPP 涵盖了不同社会系统者之间的所有制合作方式，目的是解决当地或区域内的某些复杂问题。英国财政部对 PPP 的定义是公共部门与私人部门共同协作的一种安排。美国 PPP 委员会认为 PPP 是具有外包和私有化特点的一种公共服务的提供方式。加拿大 PPP 委员会认为 PPP 是为满足公共需求的公共部门和私人部门的一种合作关系。欧盟定义 PPP 是为提供公共项目或服务而形成的公共部门与私人部门的一种伙伴关系。长期以来我国基建大多由地方政府主导、财政用以补给，中国作为 PPP 后发国家，学习和借鉴先发国家经验于我国 PPP 模式发展是必要的。根据相关文献统计显示，全世界共有 52 个国家拥有 PPP 法或者是特许经营权法抑或相应政策，强调公私合作的同时各国 PPP 模式各具特色，其中澳洲和加拿大是以市场为主导的 PPP 自发型模式，东南亚等发展中国家主要以政府为主导。

毫无疑问，英国是最早采用 PPP 模式发展基础设施建设的国家。20 世纪 90 年代，为了应对英国政府公共服务领域的两大困难——新基础设施建设投资不足、传统采购模式的时间和成本超支且效率较低，PPP 模式在英国应运而生。20 世纪 80 年代,英国首相撒切尔夫人在水、电、天然气等领域曾大力推行私有化用以缓解财政压力,但是如何将社会资本的逐利性与公共服务领域的公益性更好地结合成为一大难题。1992 年,英国财政大臣拉蒙特提出 PF1 模式。英国公共服务领域建设 PPP 的大门由此打开。

加拿大作为 PPP 模式运行的成功典范在世界范围内被学习和借鉴。1991—2014 年,加拿大启动 PPP 项目 206 个,项目总价值超过 630 亿美元,涵盖全国 10 个省,涉及交通、医疗、司法、教育、文化、住房、环境和国防等行业,加拿大 PPP 占所有公共服务领域项目的 15% ~20%。从顶层设计上看,加拿大对 PPP 发展的重视程度可见一斑。加拿大联邦政府投入资金与政策专门设置“PPP 中心”用以负责 PPP 项目宣传、PPP 基金的协调以及共同实施 PPP 项目的国有公司合作方的开发。其中于 2003 年成立的“加拿大 PPP 中心基金”能够提供 25% 的资金给予 PPP 项目,加拿大地方政府都可以按照相关程序进行申请。从投融资角度看,加拿大养老基金作为资金源引入 PPP 基建投资中是加拿大政府最为大胆和创新的举措。对比其他引入养老基金的国家,加拿大养老金投资比例为 5%,其他国家平均水平为 1%。

与英国明显经过“挫折期”的 PPP 模式相比,加拿大 PPP 发展一直保持增长活力。原因如下:第一,私人部门参与 PPP 项目并非单纯地为基础设施项目融资,项目的最终目的是提供公共服务;第二,具有专业技术和经验优势,加拿大成立了专业的组织机构负责审核 PPP 项目复杂的交易结构等;第三,引入竞争,加拿大鼓励国内外的私人投资者参与到 PPP 项目的竞标中,以鼓励创新、降低成本;第四,资本市场融资,加拿大建立了为 PPP 项目提供资金的项目债券融资市场;第五,注重推广和创新,加拿大 PPP 中心与国内各省同行分享交流经验,同时借鉴 PPP 经验,根据不断变化的外部环境做出相应调整。

日本引入 PPP 模式已有二十余年,开端始于中曾根内阁时期日本政府推动的“民活”运动,“民活”政策直接拉开了日本 PPP 模式的序幕。“民活”政策包含多个维度,其一是在扩大内需的情况下活用民间资本,将私人企业纳入地方自治与管理之中。日本 PPP 模式的发展与日本国内的经济发展变化密切相关。1982 年,日本召开了第三次临时调查答辩会后开始了 PPP 模式构建与筹备的十年期。1985 年，日本国土厅出台了大量由私人部门承建的大型开发项目，这是 PPP 模式在日本的雏形阶段。进入 20 世纪 90 年代后，日本企业对社会的贡献受到公共重视，PPP 模式在日本进入崭新的发展时代。1999 年，日本借鉴英国的 PF1（私人融资计划）模式颁布了民间融资社会资本整备（PF1）法，核心是通过活用民间资金促进公共设施建设。进入 21 世纪，制定了活用社会资本促进公共设施完善项目实施基本方针，但不做技术上的相关规定。2013 年 6 月，日本进行了第六次也是最近一次修订 PF1 法。从数量上看，日本 PPP 模式数量较小，增长较慢。1999—2015 年，PPP 项目数量从 3 个增长至 527 个（对比我国一个季度约平均增长 300 个项目数量）。1999—2015 年，项目金额由 1 亿日元增长至 48965 亿日元。从行业分布上看，排在前三位的分别是教育和文化领域、健康和环境领域、城市建设，这与我国市政和交通为主的行业分布有所差异。从日本 PPP 模式发展历史与经验来看，有三点值得我国学习和借鉴。其一，从 PPP 模式立法上看，日本 PPP 立法是从实践中逐步修订完善并在实践中形成公私合作的社会共识。从 20 世纪 80 年代开始日本便已经进入 PPP 立法和制度筹备的十年期，1999 年便已经出台完备的 PF1 法案，此后经过 6 次修正。健全且符合经济社会发展的法律是 PPP 模式顺利发展的土壤，反观我国长期以来都未有与 PPP 模式直接相关的法律文件。其二，从 PPP 数量与增速上看，日本 PPP 项目少而精，失败数量较少。其三，从行业分布上看，日本以教育和文化领域以及环境健康领域为主，而我国以市政建设和交通运输为主。市政建设和交通运输往往工程量大且涉及金额巨大，因此可以说，日本的 PPP 项目是从小项目做起的，再逐渐扩大到市政建设、交通等大型项目上。日本的 PPP 模式发展由小到大、由微到广、稳步推进，这对我国发展高质量的 PPP 而言意义非凡。

2.4.2　产业投资基金相关研究

作为资本市场多元化和金融创新的产物，产业投资基金是地方政府为支持基础设施建设及产业升级发展而设立的符合市场运作与政府需求的投资组织形式，其有利于扶持地方中小企业和高新企业，支持并促进地方产业的升级，对地方经济发展起着不可替代的作用。现阶段关于产业投资基金的研究，应该重点关注产业投资基金基础理论，中国产业投资基金发展架构，产业投资基金对产业结构、经济增长的作用机制，产业投资基金运作机制，以及产业投资基金政府监管等方面的问题。

20 世纪 90 年代，产业投资基金在我国应运而生，逐步发挥其集中闲散资金、支撑特定产业和区域发展的作用。针对中国投资基金业的发展环境、投资基金的管理与运作、投资基金的监管等方面的现状，从战略角度看基金业的发展思路应当予以转变。但是对产业投资基金正确定位、如何进行产业投资基金以及投资体制改革、现代企业制度如何更好地建设仍未完全达成共识，其重要性不言而喻，尤其是对防范与化解金融风险有积极意义，以及克服不规范运作与盲目发展可能带来的负面影响；如何通过产业投资基金与证券投资基金的协调发展，积极稳妥地推进资本市场发展；如何通过产业投资基金完善国家产业政策与区域发展政策；如何做好产业投资基金发展的总体规划，在搞好试点的基础上积极稳妥地发展产业投资基金；以及构筑多元投资主体，完善风险约束机制，切实保障投资者权益等方面，都是我国发展产业投资基金应当重点关注的。早期研究主要是为论证产业投资基金存在和发展的合理性，并提出了产业投资基金运作与管理的若干思考。比如从历史形成、规模、品种、组织形式、监管等方面，对中外投资基金进行了比较，并认为中国应该发展封闭式产业投资基金，逐步发展国家基金以及支持某项政策的专项投资基金。在现阶段，我国产业投资基金主要是外资机构和部分合资机构主导，属于纯正的风险投资，尚未在落实国家产业政策、优化产业结构、平衡区域发展中发挥作用。

随着投融资体制改革的不断发展，以及新兴产业政策的实施，近些年来，地方政府和具有国资背景的投资公司加大了资本运作力度，将实业做大做强以及产业升级作为战略投资的出发点，积极促进地方产业转型升级，进行了一系列的投资布局。产业基金的一大显著特点是能够挖掘高潜力的投资标的，以及有着良好的资本运作能力。产业基金专业化投资管理和雄厚资金规模的特点与地方政府及国资背景的投资公司结合起来，就发挥了更大的优势，这种机制促进了产业整合，提高了产业转型升级的广度和深度，并且积累了丰富的投资经验。2006 年，我国第一支中资产业投资基金——渤海产业投资基金成立，拉开了我国政府产业投资基金蓬勃发展的大幕。渤海产业投资基金课题组详细介绍了渤海产业投资基金的基本情况、存在的问题，并从突破金融准入限制、突破资本市场单一模式和制度框架限定等方面，提出了促进产业投资基金发展的建议。学习国外产业投资基金的发展历程、资金来源、监管和退出模式等对我国产投基金发展有重要借鉴意义，要重视产业投资基金在促进产业发展中的作用，注重政府在产业投资基金建立和运作中的作用，并建立有效的监管机制。产投基金在不同国家呈现不同模式，将不同政府创业投资引导基金与受托管理机构之间的委托代理关系归纳为资本金型、直接管理型、委托管理型和代理投资型四种模式，并在结合不同激励约束机制，对各种模式进行了综合比较分析的基础上，提出对政府创业投资引导基金委托管理模式与激励约束机制选择的可行性建议。从国外产业投资基金的发展历程、资金来源、监管和退出模式等方面来看，我国应当重视产业投资基金在促进产业发展中的作用，注重政府在产业投资基金建立和运作中的作用，以及监管机制的建立。

关于中国产业投资基金的作用，有学者认为中国产业投资基金的发展对产业结构调整已发挥促进作用，并通过微观效应促进产业结构调整的传导路径已被证实，产业投资基金在微观层面对价值创造和研发投入有正面影响，进而推动产业结构调整。长期以来，我国的基础产业和城市制造产业发展极不平衡，这在一定程度上也制约了经济发展的速度，政府可以通过设立不同的产业投资基金，将这些基金用于发展状况不好的产业，从而促进产业升级，产业结构趋向合理，高新产业得到更好更快的发展；但其宏观效应的传导路径不显著。产业投资基金可以健全资本市场，优化投资环境。产业投资基金可以降低资本市场的风险，使资本市场的投资结构更加完善。产业投资基金能够提高资源配置的效率，缓解资金供求的矛盾。产业投资基金可以作为投资者和融资者之间的纽带，使资金可以得到优化配置，从而提高了社会资金的使用效率。产业投资基金可以作为政府经济管理的重要工具，既能实现政府融资，也能实现政策目标。研究认为，政府可以在促进产业投资基金发展中发挥积极作用，逐步实现政府投资与政府产业投资基金融合发展，通过政府产业投资基金实现政府投资的市场化运作。

2.4.3　资产证券化相关研究

由于资本市场发展等历史和制度原因，国外对资产证券化的相关研究起步早、发展更为成熟且数量繁多。国外从 20 世纪 70 年代开始对资产证券化进行研究，主要从资产证券化的定义、动因、风险、定价及收益等角度进行分析，对资产证券化结构设计已深入利用计量模型进行实证分析的层面，理论研究相当成熟。美国投资银行家 Lewis S. Ranier 首先提出"资产证券化"（Asset Securitization）这个概念。Claire A. Hill 认为资产证券化过程中的风险隔离机制可以有效降低信息成本。与此同时，很多国外学者从综合性角度对资产证券化的积极效应进行了考证。Jure Skarabot 认为证券化是公司价值最大化下的最优选择；Ugo Albertazzi 则指出证券化市场能够提供有效转移信贷风险的工具；Gorton 和 Haubrick 则论证了流动性假说理论，提出商业银行的证券化能力可以影响其流动性风险的大小。

关于资产证券化的理论研究比较成熟，学界已经集中介绍了资产证券化的含义、特征、功能、相关主体、操作流程与技术等问题。徐东从融资模式、类型、相关主体、合约设计、运作技术等方面，对基础设施资产证券化进行了系统研究，提出了完善相关法律法规、大力发展资本市场、规范中介服务、积极引导投资者等发展建议。黄嵩等详细论述了资产证券化的原理、制度安排、分类等基本理论，概括介绍了美国、欧洲、亚太地区资产证券化的国际经验，从经济和制度背景、离岸操作阶段、"准资产证券化"阶段、资产证券化试点等方面介绍了资产证券化在中国的发展实践，最后对资产证券化在中国的发展做出了展望，并提出了扩大基础资产范围、创新结构性重组方式、完善资产支持证券发行和交易方式等三方面的建议。刘琪林等运用面板数据分析方法，研究了资产证券化与银行资产流动性、盈利水平及风险水平之间的关系，其选取的因变量是银行盈利水平、银行资产流动性水平和银行风险水平等，自变量则是证券化资产比率。结果显示，资产证券化对银行流动性影响最为显著，但对不同资产规模的银行在经营管理中的安全性、盈利性影响并不显著。对于资产规模较小的银行来说，资产证券化程度越高，则盈利水平越高；而对于资产规模较大的银行来说，资产证券化程度越高，盈利水平反而越低。李佳从理论基础、微观效应、机制缺陷等角度，论述了资产证券化流动性扩张问题，并提出了严格控制基础资产规模、加强证券化资产流动性风险保护、构建宏观审慎的监管体系以强化市场监管等建议。资产证券化研究主要集中在理论层面，且研究的重点是金融机构的资产证券化，这与我国资产证券化发展时间不久、进程缓慢有较大关系。事实上，资产证券化盘活流动性较差的存量资产，为发起人提供新的流动性和服务收入的功能，也可以在地方政府权益融资中发挥积极作用。

总体来看，国外对资产证券化理论的研究起步较早，伴随着其实践领域资产证券化产品的不断演进和创新，其相关理论研究也不断深入，研究方法和研究结果极具创新性。国内研究起步于向西方的借鉴与学习，并伴随着我国资产证券化的发展而呈现出新的阶段性特征。现阶段对于国内资产证券化的研究仍然集中于某个角度或某个方面的解读，系统深入的整体性研究并不多见，这是因为受制于我国资本市场的发展现状。

2.5 农村土地金融的研究进展

在农地抵押融资领域，国内外很多学者开展了丰富的理论和实践研究。国外学者将农地抵押融资研究的关注点放在了印度、孟加拉、泰国、加纳等发展中国家，从农地产权抵押、乡村银行以及农地金融市场环境的构建等方面对部分特定个案进行了研究，但缺少一些共性和个性的总结分析，且对我国农村土地"三权分置"制度背景下的农地金融研究，尤其是对于我国现行农地经营权抵押融资试点研究国外尚无涉及。国内学者则更多地关注农地抵押贷款的开展必要性、限制条件等方面，而对农地抵押融资这一金融业务开展的实际绩效如何则关注得较少。在少数相关文献中，有学者使用 probit 模型等研究了农户对农地抵押融资的满意度及相关因素等。

总体来看，由于我国农地承包经营权抵押贷款试点工作开展的时间较短，样本数量较少，研究农地抵押贷款的文献数量十分有限，且在已有研究中和本书的研究问题高度相关的内容较少。为解决涉农银行等农村金融机构提供的有限金融服务与现代农业生产经营活动旺盛的资金需求之间产生的巨大资金缺口问题，农地承包经营权抵押贷款试点在全国多个地区得以推行，江苏便是其中之一。如何客观评价农地承包经营权抵押贷款的金融绩效并对其进行改进完善，对于江苏农地抵押融资的长远健康发展以及江苏农地金融服务体系的健全与完善具有重要的现实意义。

2.5.1　国外农地金融的相关研究

农地抵押融资制度最早产生在欧洲。经过长期发展，西方国家农地抵押融资的实践已经发展得较为成熟，因此较新的研究与国外学者在农地抵押融资领域的理论研究主要关注发展中国家。

部分学者探讨了农户的借贷行为与其经济收入间的关系。如 Hans P. Binswanger 和 Shahidur R. Khandker 认为印度农户从正规金融机构申请得到的贷款额度与其收入水平和生产效率的提高呈正相关关系。Besley 的观点是，农村土地产权是否稳定与农户福利水平息息相关。稳定的农村土地产权制度有利于给农户的生产投资带来更高的回报，而土地产权抵押则能够增强农户获得贷款的可能性，也可以提高农户的生产效用和福利水平，实现土地要素的自由流动和农村经济发展进步。Hans 指出，较为完善的信用评价、贷款审批、还款方式以及利率水平设计制度是对德国农村土地金融顺利推进的主要因素；他还认为，对于具备一定财富水平的农户而言，土地抵押品信贷供给在提升其福利水平方面的作用更加显著。Holly Wang 认为农村承包土地经营权进行交易是可行的，并通过生产者福利最大化模型和相关案例分析得出抵押贷款的引入将会提高农业生产者的福利水平的结论。

但农户在生产经营中面临着信贷约束的问题，正规金融机构只面向极少数具备资质的农民发放贷款。因此，学者对影响农户农地抵押融资等金融服务可得性的因素进行了分析，进而得出了完善农地抵押融资的政策建议和措施。M. A. Akudugu 对加纳东部地区农村妇女获得乡村银行贷款的状况进行了实证分析，发现年龄、利率、农场规模、协会会员身份及正规教育程度等都会影响当地农村妇女的信贷可得性。S. M. Hashemi 等研究了孟加拉国 Grameen 乡村银行的实践，认为其取得成功的关键在于对信贷的重点关注及巧妙利用了相关规则充分发挥了贷款的功能。Siamwalla 分析了泰国多个地区的土地制度，认为土地产权的明确化能够有效增加农村土地抵押信贷供给。Toru Matsumura 认为，在发展农地抵押融资时，需要考虑交易市场的透明有效程度，保证交易信息的高度透明和有效及时传递，以减少交易成本，规避和分散交易风险，这有利于农地抵押融资效率的提高。

2.5.2　国内农地金融的相关研究

农村土地经营权抵押贷款是农户将土地承包经营权直接抵押给银行获取贷款的方式。我国大陆地区的农地承包经营权抵押贷款经历了长期的摸索和探讨时期。20 世纪 80 年代左右，中国大陆学术界在农地承包经营权抵押贷款领域的研究开始起步。2014 年，中央一号文件中第一次提出：在落实农村土地集体所有权的基础上，稳定农户承包权、放活土地经营权，允许承包土地经营权向金融机构抵抑融资。相关理论研究再一次受到广泛关注。

1. 农地承包经营权抵押贷款的实践模式研究

20 世纪 80 年代末，贵州湄潭地区初次开展了我国的农地金融试验。近年来，其他地区的农地抵押融资试点也得以开展，并产生了一定效果。学者们根据各地试点工作，研究了各地的不同运作模式，总结出相关的实践经验。其中主要有以下几种模式：一是山东寿光的"农户 + 村委会 + 金融机构"模式。按照农户提出申请，村委会推荐，经管站实地评估，银行进行考察的基本形式运作。这种做法使村委会全面了解村民情况的比较优势得到充分挖掘利用，减少了金融组织在农民资质审查环节不必要的成本和费用投入。另外，该模式还规定如果农户难以归还借款，那么将由村委会负责处理被抵押土地的流转问题，且流转只能在本村范围内进行。这就使得金融机构无法处理作为抵押品的土地的难题迎刃而解，而且也有利于确保不改变农地用途。二是宁夏同心县的"农村信用社 + 土地抵押协会 + 农户"模式。村民成立土地抵押协会，并以土地承包经营权作为会员凭证参加入股，采取会员多户共同担保或协会总担保的方式向涉农金融机构申请资金支持。该模式既能够转移金融机构的风险，又可以有效利用社员间的关系对贷款农户的行为进行有效约束和监督。同时，由于被用作抵押物的仅仅是农地的经营权，这就相当于在保持原有承包关系的前提下实现了农地流转，有利于避免农民失去土地情况的出现。

2. 农地抵押融资制度的构建与创新

农地抵押融资制度既是农村土地制度的重要构成环节，也是构建农村金融体系的重要关键性制度设计之一。而整个农地金融总体的制度系统的基础是农地产权制度，核心是农地流转制度，保证是农地金融制度。也有学者认为农地金融是在土地的开发经营过程中产生的一系列金融活动，所以土地抵押是其中最重要的核心环节。

部分学者从多个具体角度对我国农地金融制度的建立与创新进行了研究，并提出了相关建议。其中将农村信用社应该贷款利率定为10%，政府贴息额度为贷款总额度的5%，被研究认为是我国农村土地承包经营权抵押贷款的理想模型。以资产证券化理论为基础分析我国农地经营权抵押贷款证券化，可以发现其能够在以后产生稳定的现金流收益。因此，金融机构可将其组合成资产池打包出售给特别目的机构（SPV），SPV在对其进行信用增级后发行债券。构建有效支持农地流转的农地金融机构体系、产品体系、农业保险体系和良好的金融生态环境至关重要，它可以更好地实现农地金融和土地流转二者之间的相互促进和良性循环。从区域金融的视角看待我国多方组成的农地金融体系的建立，在经济发展水平较高的东部地区可以尝试构建多层次的农地金融模式，并适当放宽准入条件。而在相对落后的中西部地区则需要结合政府和政策性银行的比较优势，循序渐进地拓展农地金融市场。

运行良好的外部环境是构建农地抵押融资制度的必备要素。农地流转一级市场的逐步建立、农村市场经济的进一步发展和政府大力的政策支持使农地抵押融资制度在我国的建立具备了现实条件和基础。有学者认为中国农地抵押融资实现的路径应分为三步，一是实现农村土地由资源变为资产的属性变化，二是实现农村土地由土地资产到土地资本的属性和功能变化，三是实现农村土地由土地资产到金融产品的变化，发挥土地的资本功能。此外，农村金融市场同样具备市场失灵的可能，农村金融市场失灵的存在以及农地金融兼具土地和金融双重特性的特点决定了政府参与的重要性。建立农村金融体系应当按照以下基本要求来进行，即坚持土地集体所有制、得到政府支持、农民自愿参与。

3. 农地承包经营权抵押贷款需求方绩效研究

国内学者主要从农户参与农地承包经营权抵押贷款的积极性，该业务对农户家庭福利的改善程度以及农户对该业务的评价等角度出发，对农地承包经营权抵押贷款需求方的绩效进行了研究，并取得了丰富的成果。

农户响应，即农户在面临资金需求时是否会选择农地承包经营权抵押贷款的方式，是反映其参与积极性的最直观因素。学者对影响农户响应的具体因素进行了研究。部分学者对我国部分区域实地调研得到了农户响应的结果。在对重庆各县的实地调研发现，户主性别为男、具有抵抗投资风险的能力、有外出务工经历以及距离县城较近等因素均对农户参与农村三权抵押等融资形式有着显著的正向影响。而以贵州省三穗县作为样本调研区域，调查了解了当地农村土地承包经营权抵押贷款的供需状况。结果发现 65.96% 的调查对象有着较强的贷款意愿。在根据家庭经济状况对农户分组对比后发现，随着经济状况的改善，农户的贷款需求也明显增加。对江苏的实地调研则发现，持有较大规模土地，承担较高土地成本，但拥有资金不足的农业主体更希望采用农地抵押贷款的方式获得资金。从普遍意义上看，在影响农户参与农地经营权抵押融资的一系列因素中，最重要的是土地带来的较为稳定的收益，所以应当对农户的土地规模变量加以关注。另外，中小型农业生产企业有参与农地抵押贷款的意愿。结果证实，确权颁证与开放抵押限制，即地权的稳定性和权能的完整性是影响涉农中小企业参与农地抵押借贷的关键性因素。

在农地承包经营权抵押贷款对农户家庭福利效果影响方面，学者主要根据部分试点地区进行了实证研究。通过对 2013 年我国西北省份的产权抵押试点地区农户的家庭情况以及其产权抵押融资借贷情况的实地调查研究发现，农户借款不仅提升了其家庭收入水平和增长速度，而且也在一定程度上增加了农户的家庭生产支出。由此可见，农村产权抵押借款为农户家庭带来了显著的福利效应。另外，对西北省份的调研还发现我国西部地区形成了农户自发、自下而上推动和政府主导、自上而下引导两种不同的抵押融资模式，且对农户福利水平存在不同程度的影响。其中，前者对农户家庭农业收入及年收入的促进作用更为显著；后者则对于农户非农收入的拉动作用更为显著。

满意度是测量政策执行效果和考评服务质量的主要指标，学者也对农地承包经营权抵押贷款等农地金融服务的农户满意度进行了研究，发现各试点地区农户对农地抵押融资的满意度总体较高，其影响因素则存在不同地区的差异。农户所感知到的不同水平的农村产权抵押融资价值和服务质量感知是影响其满意度的主要因素。调研结果显示，我国西部农村产权抵押融资效果总体较为理想，农户评价较高；其中文化程度、耕地面积、政策了解程度、参与抵押意愿等是影响农户满意度的关键因素。

4. 农村信贷配给效率的相关研究

信贷配给是指，在信贷市场利率一定的情况下，贷款供给小于贷款需求，从而使得银行等金融组织对贷款加以配给的现象。根据信贷配给理论的观点，信贷配给之所以成为信贷市场的长期均衡现象，主要是由非价格机制所导致的。在这一理论的指导下，学者对我国农村的信贷配给现象进行了研究。

从农业信贷配给和农村中小企业信贷配给两个角度考察和梳理我国农村信贷配给度的发展过程。研究发现，在我国政府主导的农村金融体制下，农业的资金需要通过政策性支农贷款得以满足，从而使农业信贷配给度有所降低，配给效率较低。农村中小企业的快速扩张及政府信贷约束的加强虽然增加了其信贷配给度，但也造成了其较高信贷配给率的后果。

为了对农村正规金融机构提供的农村贷款对农村经济发展及农民增收所产生的有效性进行考察，有学者运用时间序列模型对江苏省1990—2006年的农村贷款效率进行了实证分析。研究发现，江苏省农村人均投资与农村人均 GDP 呈显著正相关关系，即农村投资增加有利于促进农村经济增长。但农村人均贷款与农村人均 GDP 却呈负相关关系，即江苏省农村信贷资金配置并未实现有效，也未能带动农村经济发展。对此，应当对江苏的农村金融法规进行健全，对地方政府金融支农的行为加以规范，这样才能将农村信贷资金高效转化为农业投资，实现农村信贷配置的高效率，并促进省内农村经济增长和农民增收。由点到面，由地方到全国，整个国家农村金融法规都应进行完善与健全。

5. 农村金融机构经营绩效研究

以农村商业银行、村镇银行和农村资金互助组织为主的新型农村金融机构，对构建产权清晰、竞争充分的农村金融体系起到积极作用，也为农地承包经营权抵押贷款的顺利开展提供了载体。因此，学者对农村金融机构的经营绩效及其影响因素进行了研究。

央行南通支行通过调查南通地区农村商业银行和村镇银行获取了一手面板数据，利用因子分析法评价了当地农村金融机构的经营绩效，并进一步分析了其影响因素。研究发现，横向来看，2013—2015 年南通地区，经营绩效高的金融机构能够保持既有优势稳健经营，而经营绩效较差的金融机构未能实现赶超；纵向来看，农村商业银行经营绩效总体好于村镇银行。根据陕西省农村信用社 2000—2008 年的数据，分析了对不良贷款约束下的当地农信社的经营效率。实证分析结果显示，陕西省农信社的静态效率较低，技术进步促进了动态生产率的增长；但 2003 年开始的农信社改革非但未带动其绩效改善，反而降低了其效率和生产率。因此，很有必要对农信社开展新的全面深化改革。从江苏省 48 家县域农村信用社财务指标等数据进行调查发现，一方面，2001—2013 年江苏县域农信社经营效益得以改善，总体经营效率上升，另一方面，江苏农村信用社不断创新金融服务产品，增加农村信贷投入，其支农绩效得以充分发挥和提升，但农户融资成本仍处在较高水平。从更大范围看，根据 499 家国内外小微型金融机构的数据测量微型金融机构财务效率与社会效率二者之间的冲突程度。实证分析发现，微型金融机构很难在实现财务效率的同时确保社会效率的实现，且社会服务效率往往会成为保障财务可持续的"牺牲品"，从而导致金融普惠作用的发挥受到限制。

农村小额信贷是小额信贷农村金融机构信贷体系中的重要一环。小额信贷可以在较长一段时期内为低收入人群提供资金支持，因此在促进经济社会发展方面发挥着重要的作用，尤其在构建普惠金融体系的这一背景下。然而，囿于身份不明、资金缺乏等因素的限制，我国小额信贷的可持续发展绩效仍存在较大的提升空间。

在影响农村金融机构经营绩效的因素方面，资产负债率、人才素质、中间业务收入占比与经营绩效均呈显著正相关关系。在机构内部中，尤其是我国微型金融机构现在越发注重财务在自身发展中的重要导向作用，资产规模、人均贷款规模、自主经营效率等对于促进其财务效率的提升都是必不可少的要素，但值得注意的是，这些要素实际上不利于其社会服务效率的提高。实证结果显示，资本流动性、资本稳定性、企业规模等与信用社绩效呈同向变动关系，而地区经济发展水平、业务创新能力则与绩效呈反向变动关系。同时外部经济金融发展环境、政府政策支持以及农信社内部治理机制等都有利于农信社经营绩效和支农绩效水平的提升。

农村土地金融由于至今为止与地方政府财政融资关系不大，因此不作为本书讨论的重点。

2.6 土地金融相关研究的总结

总体来看，关于地方政府融资的研究主要集中在地方政府债务融资方面，主要内容包括地方政府融资的必要性、现状与问题、对策与措施等；关于地方政府土地财政的研究主要是地方政府土地财政形成原因和发展历程，地方政府土地财政的风险与对策等内容；关于地方政府债务的研究主要是地方政府债务产生和积累的主要原因，地方政府债务可持续性与安全规模，地方政府债务风险评估，以及应对地方政府债务风险的方法等内容；关于地方政府权益融资的研究主要是 PPP 模式在特定领域的具体应用、产业投资基金的发展概况，资产证券化基本理论和操作流程、国际经验介绍与案例分析等单一融资方式的研究，主要的基础资产都是信贷资产等金融机构资产；关于融资结构的研究主要集中在企业融资结构且以案例分析为主，而关于地方政府融资结构问题的研究非常少见。

总体来看，关于地方政府融资的研究主要集中在地方政府债务问题、地方政府土地财政问题等方面；关于地方政府权益融资的研究也主要是在 PPP 模式的应用、产业投资基金的发展等单一领域内部；关于资产证券化的研究主要集中在基本理论和操作流程、国际经验介绍与案例分析等方面，主要的基础资产都是信贷资产等金融机构资产；关于融资结构的研究主要集中在企业融资结构且以案例分析为主；而关于地方政府融资结构问题的研究非常少见。

本书将地方政府畸形土地财政与地方政府融资结构问题联系在一起，试图从优化地方政府融资结构，改变地方政府严重依赖土地型债务融资的不合理融资结构，从而为缓解和解决地方政府畸形土地财政与地方政府债务问题，提供一种新思路。优化地方政府融资结构的主要方向是，大力发展地方政府权益融资，形成权益融资与债务融资并重、以权益融资为主体的地方政府融资结构，从而增加地方政府资产负债表中的资产所有者权益并降低负债规模，实现地方政府降杠杆的目的，最终逐步消弭地方政府畸形土地财政和土地型债务融资的潜在风险，并保持地方政府财政稳健性。

在农村土地金融领域尤其是关于农地承包经营权抵押贷款方面，相比国外学者，由于历史原因和发展进程等因素，我国的研究起步较晚，20世纪 80 年代之后国内相关研究开始兴起。因此，本书不仅关注国内研究，也重点论述了国外相关的发展状况。国外学者大多以发展中国家（比如泰国、印度）的农地金融市场为例进行探究与分析，以总结出具有共性和个性的特征，尤其关注农村金融对收入的作用以及限制农村金融发展的约束条件等。国内学者的研究中，虽然对农地金融领域鲜有涉足，但极具代表性。他们之中大多做了翔实的田野调查，以一手数据分析和论证农地金融绩效和农地金融制度的有效性和制度建设，并以点带面地对整个国家的农地金融中涉及的各个主体提出建议或政策改进。

第3章 土地金融研究的理论基础

地方政府为履行职能，提供地方性公共物品和服务，需要足够的财政收入作为保障。但由于在政府间关系中，地方政府都处于相对弱势地位，地方政府没有持续稳定的收入来源是普遍现象。庞大的支出需求与孱弱的财力，迫使地方政府积极寻求融资收入。我国的建设用地国家所有制，使地方政府得以以土地为依托获得大量融资收入，并由此形成土地财政。我国地方政府土地财政的形成，一方面是土地出让收入成为地方政府收入的重要组成部分，另一方面是以土地出让收入为支撑的土地型债务融资收入也在政府收入中举足轻重。

但是，伴随着国有建设用地指标的减少和地方政府债务扩张与风险累积，以土地型融资收入为支撑的土地财政越来越难以为继，其潜在的财政金融风险与不利冲击，以及对经济社会发展和人民生活的不利影响，使得我国地方政府土地财政问题饱受诟病。为地方政府建构合理稳健的融资结构，使其获得可观且稳定的融资收入，日益成为我国经济社会发展与改革的重头戏。

公共物品理论与基础财政理论，是土地财政形成所涉及的第一个基本理论，这里对公共物品理论与基础财政理论做一个简单的梳理。总的来说，地方政府存在的合法性和意义在于履行职能，提供地方政府性公共物品；而数量充足、质量上乘的地方性公共物品的生产和提供必然带来巨大的地方财政支出需求，因此，地方政府必须要有充足的财政收入。地方政府财政收入包括一般公共收入和融资收入，其中融资收入又可以分为权益融资收入和债务融资收入。当地方政府一般公共收入不足以支付地方政府财政支出时，地方政府就需要获得稳定可观的融资收入。

地方政府土地型融资是通过国有土地实现的，国有土地使用权是从国家土地所有权中分离出来的一项民事权利，是相对独立的物权，属于用益物权，受法律保护。出于维护社会公平和提高土地配置效率的目的，国家可依法通过划拨、出让、租赁、作价出资（入股）等方式，将国有建设用地确定给单位和个人使用。因此土地产权理论是地方政府土地型融资形成的理论。

分税制改革后，中国政府财政汲取效率和汲取能力大为增强，在短期内迈入了"大政府"时代，这使政府为社会提供公共品和公共服务的潜力大为增加，也对政府治理体系和治理能力提出了新的挑战。政府融资结构理论与融资方式理论正是从理论层面回应现实。

除了城市土地金融外，在我国，被称为"三农"问题的农业、农村和农民问题，由于其关系到农业的发展、农村的稳定和农民的切身利益，被摆到更重要的地位。随着社会的发展和改革的深入，这一问题日益凸现出来。解决这一问题的核心是农村土地制度的完善。我国应完善农村土地权利体系和保障机制，并对农村产权组织予以重构。本书所关注的农地承包经营权抵押贷款相关金融理论正是基于以上背景。

综上所述，本书涉及的相关理论主要包括公共物品理论与财政学基础理论、土地产权理论、政府融资结构理论、政府融资方式理论以及与农地承包经营权抵押贷款相关的金融理论等。

3.1 政府职能与公共物品理论

公共物品理论与政府职能理论密不可分，要论述好公共物品理论，不能不提到政府职能理论。政府职能与公共物品理论在诸多社会学科中都有涉及，但主要集中于公共管理学、公共经济学等与政府管理相关度较高的学科。总的来说，在当前环境中，我国地方政府的主要职能是经济职能，主要体现为提供地方性公共物品。地方性纯公共物品由地方政府生产和提供，由地方政府一般公共收入和债务融资收入来支出。地方性准公共物品既可以由地方政府生产和提供，也可以由民间资本参与；其所需资金，既可以由地方政府一般公共收入和债务融资收入来支出，也可以由地方政府权益融资收入来支出。

3.1.1 公共管理学中的政府职能与公共物品理论

在市场经济条件下，政府的基本职能包括：提供经济发展的基础结构；组织各种公共物品和服务的供给；共有资源和自然资源的保护；社会冲突的调整和解决；保护并维持市场竞争；收入和财产分配的调节；宏观经济的稳定。除经济职能之外，政府职能还包括政治职能、文化职能和社会职能等。其中，政治职能主要包括军事保卫、司法治安、民主建设和外交等。

政府要履行以上种种职能，其中包括对公共物品与服务的供给。公共管理学对公共物品的理论论述，更多是从政府与市场关系方面进行的。公共管理学将因消费者偏好无法在市场上反映出来的，而导致市场机制无法提供的物品和服务视为公共物品。消费者偏好之所以在市场上反映不出来，是因为公共物品具有非排他性和非竞争性。特别是因为具有非排他性，导致消费者不愿意为消费公共物品而支付价款。这样将价格信号作为运行基础的市场机制，自然无法在公共物品供给中发挥作用。由此，公共物品只能由政府来生产和提供。

总的来说，政府职能与公共物品密不可分，政府履行职能的直接体现就是提供各种公共物品，二者在本质上是一致的。地方政府为其履行职能，提供地方性公共物品和服务，需要足够的财政收入作为保障。但由于在政府间关系中，地方政府都处于相对弱势地位，地方政府没有持续稳定的收入来源是普遍现象。土地分布广泛、管理困难，中央政府直接获取土地产生的收入存在一定困难，因此，土地产生的收入一般情况下都归属于地方政府。从主要经济体发展历程来看，土地产生的收入都曾经成为甚至至今仍然是地方政府重要的收入来源，土地财政带有一定的普遍性。在发达经济体中，地方政府土地财政以房地产税为主要依托；在我国，地方政府土地财政的形成，一方面是土地出让收入成为地方政府收入的重要组成部分，另一方面是以土地出让收入为支撑的债务融资收入也在政府收入中举足轻重。

尽管土地财政可以在一定程度上充实地方政府财力，但是，由于种种因素的制约，地方政府收入与其为履行职能而产生的支出之间，仍然难以保持在平衡状态，甚至可以说，在大多数时候，二者都是处于不平衡状态的。特别是"二战"以来，伴随着政府职能扩张，政府财政收入不足以应对财政支出而出现财政赤字，成为世界主要国家财政收支常态。政府融资问题，特别是地方政府融资问题日益凸显。在发达经济体中，地方政府融资则主要是以地方政府债券为主要形式的债务融资；在我国，地方政府融资则是以土地出让收入为支撑、以地方政府融资平台公司债券为主要形式的债务融资，其本质是土地型融资。

但是，伴随着地方政府债务的积累和债务率的攀升，以地方政府债券为主要载体的地方政府债务融资也逐步变得不可持续。20世纪中叶以来，公共服务提供方式多样化的发展，资本市场进一步成熟，金融工具的不断创新，权益融资自身优势等，使得地方政府权益融资成为地方政府融资的新渠道并日益发挥更大的作用。在我国，地方政府土地型融资形成的地方政府债务问题，特别是潜在的财政金融风险和不利冲击，也使得我国地方政府土地型债务融资无法持续。以发展地方政府债券融资和多样化地方政府权益融资为主要内容的地方政府融资的建构，已经成为我国财税体制改革的重点。展望未来，地方政府权益融资与债务融资合理均衡匹配的地方政府融资结构的形成，有望使地方政府获得持续而稳定的融资收入，以弥补财政支出缺口，使地方政府更好地提供公共物品和服务。

3.1.2 公共经济学中的政府职能与公共物品理论

在公共经济学中，政府职能可以划分为资源配置职能、收入再分配职能、稳定经济职能三类。其中，以货币政策和财政政策为主要政策依托的稳定经济职能，受到流动性影响的收入再分配职能，都只能由中央政府承担；而通过提供地方性公共产品来实现的资源配置职能，只能由地方政府承担。政府干预经济的职能主要是宏观调控和微观规制，具体来说有："利用法律控制和制度权威，创造良好的外部环境和市场秩序"的稳定职能；生产纯公共物品和部分准公共物品的生产职能；以消除外部性、保持经济稳定增长、调整经济结构、创造有利于本国发展的国际环境为主要内容的管理职能；收入再分配和社会保障职能。总的来说，经济职能是政府职能的主要内容。公共经济学将政府经济职能划分为通过税收和支出进行资源配置的职能；通过税收—转移支付、累进所得税、对奢侈品征收高税收等，进行收入再分配的职能；通过相机抉择的财政政策和自动稳定器作用稳定经济的职能三类。其中，以货币政策和财政政策为主要政策依托的稳定经济职能，受到流动性影响的收入再分配职能，都只能由中央政府承担；而通过提供地方性公共产品来实现资源配置职能，只能由地方政府承担。还有学者认为，政府干预经济的职能是实现宏观调控和微观规制，具体来说有："利用法律控制和制度权威，创造良好的外部环境和市场秩序"的稳定职能；生产纯公共物品和部分准公共物品的生产职能；以消除外部性、保持经济稳定增长、调整经济结构、创造有利于本国发展的国际环境为主要内容的管理职能；收入再分配和社会保障职能。国外有学者将政府职能划分为保护公民权利、提供公共物品和服务、对企业和个人的一些行为进行管制、收入再分配、稳定经济5个范畴。

公共物品理论源自公共经济学，公共经济学对公共物品的理论论述更为完备。公共物品或服务是同时具有效用的非可分割性、消费的非竞争性、受益的非排他性的物品或服务。它是由政府生产和提供的，用于满足全体社会成员共同需求的产品和劳务。一般而言，可以分为纯粹的公共产品、公共资源、准公共产品或混合产品等几个层次。其中，纯公共产品具有非排他性和非竞争性，只能由政府提供；公共资源具有非排他性和竞争性，也只能由政府提供；准公共产品或混合产品具有排他性与非竞争性，则可以由企业等非公共部门提供。根据受益范围的不同，公共产品又可以划分为全国性公共产品和地方性公共产品。其中，全国性公共产品的受益范围在主权范围内不受地理空间限制；地方性公共产品的受益范围在主权范围内也受到地理空间的限制。国内有学者认为，公共物品概念已经无法满足实践发展需要了，应当提出不同于公共物品概念的公共服务概念。公共服务是以政府为主导的多元主体，为满足公共需求和实现公共利益，向社会提供的各种物质产品和精神服务的总和。公共服务供给经历了三个阶段："公共选择"阶段，即仅由政府来生产和提供公共服务；"市场选择"阶段，即公共服务民营化；"社会选择"阶段，兼采政府供给和市场供给之长，公共利益与成本效益兼顾。

综上所述，公共经济学认为，政府主要职能是经济职能，集中表现为提供公共物品和服务；公共物品和服务提供方式多样，其中，纯公共物品由政府生产和提供，部分准公共物品的生产和提供可以由民间资本参与；中央政府提供全国性公共物品，地方政府提供地方性公共物品。

3.1.3 政治学中的政府职能与公共物品理论

政治学早期主要借鉴经济学中的政府与市场关系，来论证政府存在的合法性。因此，早期政治学主要继承和发展了经济学关于政府职能的论述。新古典经济学派认为，政府职能仅仅是保护市场经济，主要包括：制定和实施法律，维护社会基本秩序；界定和保护产权；监督合同执行；保持本币价值稳定。福利经济学派认为，只有政府干预才能纠正市场失灵，实现资源配置效率最佳：提供公共物品；保持宏观经济稳定；减少经济外部性；限制垄断；调节收入和财富分配；弥补市场不完全性和信息不对称性。国内政治学者认为，像中国这样处于向市场经济转轨过程中的国家来说，政府职能主要是：界定和保护产权；培育和完善市场机制；提供其他公共物品，包括但不限于稳定宏观经济，提供基础设施，提供信息以抑制信息不对称，建立和完善社会保障体系。

20 世纪下半叶以来，政府职能理论进一步发展，政府职能范围也得到了扩展。更为完备的观点认为，政府职能是政府按照社会发展需要，依法对国家、社会事务进行管理时，应该承担的职责和功能。它涉及社会生活的方方面面，但本质上是维护统治阶级利益，代表统治阶级进行政治统治和社会管理。政府职能可以划分为政治职能、经济职能、文化职能和社会职能。政治职能是运用国家机器维护现有统治秩序，代表统治阶级进行阶级统治，维护社会稳定，主要包括：打击违法犯罪活动，保护公民政治权利和生命财产安全，为公民创造平等公正的发展环境。经济职能是政府运用财政政策、货币政策、产业政策，并提供经济发展所需的公共产品和服务，调控宏观经济，促进经济持续稳定增长，主要包括宏观经济调控和微观经济管理。文化职能是政府领导和管理文化事业的职能，主要是发展科技、教育、文化、卫生、体育事业等。社会职能是政府应当承担的，除政治、经济、文化职能以外的其他职能，主要包括社会管理、社会服务、社会保障、社会福利、社会救济等。

综上所述，政府职能应当包括政治职能、经济职能、文化职能和社会职能等多方面，其中经济职能是当代政府的主要职能。在当前环境中，我国地方政府的主要职能也是经济职能。政府履行职能的集中体现是提供各种公共物品，公共物品包括公共产品和公共服务。其中纯公共物品由政府生产和提供，准公共物品的生产和提供既可以由政府垄断，也可以由民间资本参与。由政府生产和提供的纯公共物品和准公共物品，其成本分配和效用分享主要在特定区域的，由地方政府生产和提供；跨区域或涉及全国范围的，由中央政府生产和提供。生产和提供地方性公共物品和服务，是我国地方政府的主要职能之一；地方性纯公共物品由地方政府生产和提供，地方性准公共物品既可以由地方政府生产和提供，也可以由民间资本生产和提供。地方政府履行职能，提供地方性公共物品，是地方政府获得和使用收入的理论基础。

3.2　财政学基础理论

地方政府财政包括收入和支出两个方面，其中收入方面包括一般公共收入和融资收入，一般公共收入包括地方政府本级一般公共收入和中央政府转移支付收入，融资收入包括债务融资收入和权益融资收入；支出方面包括地方政府购买和地方政府转移支付。当地方政府一般公共收入不足以支付政府支出时，政府就需要获得融资收入。

本书以地方政府土地财政为切入点，财政学基础理论是研究土地财政的基本工具，它主要集中在宏观经济学和财政学等学科中。

3.2.1　经济学中的财政基础理论

政府财政由收入和支出两部分构成，收入包括税收和公债，支出包括政府购买和政府转移支付。其中，税收是国家为实现其职能，依照法律规定，无偿取得财政收入的方式，具有强制性、无偿性和固定性三个特征；公债是政府对公众的债务或公众对政府的债权；政府购买是政府对商品和劳务的购买，如购买军需品、机关公用品、政府雇员报酬、公共项目工程所需支出等；政府转移支付是政府在社会福利、贫困救济和补助等方面的支出。

　　政府收入和支出并不总是恰好处于平衡状态,事实上,不平衡才是政府收支状况的常态。当政府收入超过支出时,形成的收入余额就是预算盈余;当政府支出大于收入时,形成的收支差额就是预算赤字。

　　当政府支出大于政府收入形成预算赤字时,政府就需要寻求其他资金来源,借债就是政府弥补预算赤字的常用手段。政府借债主要包括两种类型:一是货币筹资即向中央银行借债,实际上就是中央银行增发货币,这可能会造成通货膨胀,因为它本质上是用征收通货膨胀税的方式来解决财政赤字问题的。在许多发展中国家,弥补赤字常常用这种方式,但发达国家较少采用这种方式。二是债务筹资即向国内公众(商业银行和其他金融机构、企业和居民)和外国举债。一般说来,这是购买力向政府部门转移,并不会直接引起通货膨胀,因为基础货币并没有增加。然而,当政府发行公债时往往会使市场利率上升,中央银行如果想稳定利率,则必然要通过公开市场业务买进债券,从而间接地增加了货币供给。这样,债务筹资方式也会引起通货膨胀。还需要注意的是,公债可以弥补赤字,也可能造成庞大的政府利息支出,赤字增长引起债务增长,债务增长引起利息负担增长,从而使赤字进一步增长,如此循环往复,使公债利息支出本身成为赤字和公债逐步增长的重要因素之一。

3.2.2　财政学中的财政基础理论

　　财政收入(fiscal revenues)是政府为履行其职能、实施公共政策和提供公共服务而筹集的一切收入的总和。依据《政府收支分类科目(2011)》,财政收入有税收收入、非税收入、社会保险基金收入、贷款转贷回收本金收入、债务收入。其中,非税收入又包括政府性基金收入、专项收入、行政事业性收费收入、罚没收入、国有资本经营收入、国有资源(资产)有偿使用收入、其他收入七项。国有土地使用权出让收入是政府性基金收入的主体部分。按照财政部门的定义,土地出让收入是市县人民政府依据《土地管理法》《城市房地产管理法》等有关法律法规和国家有关政策规定,以土地所有者身份出让国有土地使用权所取得的收入,主要是以招标、拍卖、挂牌和协议方式出让土地取得的收入(占土地出让收入的 80% 以上），也包括向改变土地使用条件的土地使用者依法收取的收入、划拨土地时依法收取的拆迁安置等成本性的收入、依法出租土地的租金收入等。

依据公共物品的层次性和政府间关系，财政预算普遍实行分级管理。在合理明确划分各级政府事权的基础上，对收入进行划分，其中中央财政占据主导地位，以保证中央政府宏观调控顺利进行；同时建立科学合理的政府间转移支付制度，以弥补地方政府财力不足和平衡地区间财力，促进各地区基本公共服务均等化，推动欠发达地区经济社会发展。自 1994 年实行分税制改革后，地方政府财政收入的来源主要包括地方固定收入、中央与地方共享收入中的地方收入部分、中央财政对地方税收返还、中央对地方转移支付收入等。但分税制本身也存在某些不足，比如分税制改革后需要进一步解决的问题有：各级政府事权划分和支出责任的进一步明确；各级政府收入划分进一步调整和规范；完善政府间转移支付制度，逐步扩大一般性转移支付，减并和规范专项转移支付；建立和完善省以下政府间转移支付制度等。

综上所述，政府财政包括收入和支出两个方面，其中，收入包括政府一般公共收入和融资收入，政府一般公共收入包括税收收入和非税收入，融资收入主要是债务融资收入；政府支出包括政府购买和政府转移支付。当政府自有收入不足以支付政府支出时，政府就需要进行融资。

3.3　土地产权理论

土地产权理论指的是土地产权商品化及土地产权配置市场化理论，土地产权理论具有三个特点：第一，具有普遍性。也就是说，要使产权有效发挥作用，必须使资产普遍有其所有者，否则哪一领域有限资源缺少所有者，哪一领域就必然无序且无效。第二，具有独占性。在大多数情况下，产权越是独占和完整，资源配置越有效，只有当交易费用极高，使得独占性排斥了产权的转移时，产权的独占性才会降低资源配置的效率。第三，具有可转移性。产权必须可自由地交易，否则资源配置难以奏效。由此可见，产权是一种排他性的权利，而且这种权利必须是平等交易的法权，而非特权。它是规定人们行为相互关系的一种游戏规则，是社会经济有效运行的基础。因此，在正交易费用的社会经济中，产权明晰有利于交易费用的节约，以及给交易双方一种收益的预期，提高资源配置的效率。最重要的是土地产权理论是地方政府土地型融资方式形成的理论。

土地国有所有权是地方政府土地型融资实现的基础，其中，地方政府土地型权益融资是作为土地所有权人代表的地方政府通过广义土地使用权的出让来实现的；地方政府土地型债务融资是作为土地所有权人代表的地方政府通过土地抵押权的抵押担保来实现的。

3.3.1 土地产权理论概述

土地产权制度是指一个国家土地产权体系构成及其实施方式的制度规定，是土地财产制度的重要组成部分。它是指一切经济主体对土地的关系以及由于经济主体对土地的关系而引起的不同经济主体之间的所有经济关系的总称。土地产权制度可以理解为关于土地产权的合约或合同或经济关系，它还可以包括很多次级制度和再次级制度，其内容结构的丰富程度取决于土地经济领域专业化与分工的发展水平以及市场交易范围和发达程度。土地产权是指存在于土地之上的排他性的完全权利，它包括土地所有权、土地使用权、土地抵押权、土地租赁权、地役权等多项权利，以法律的认可和保护为成立的前提。土地产权也是一种物权，拥有物权所具有的一般权能。具体来说，土地产权包括以下权能：土地所有权，土地使用权，地上权，永佃权，地役权，土地发展权，土地抵押权，土地典权和土地租赁权等。按照物权分类，上述权能又可以做如下分类：土地所有权是一种自物权。地上权、永佃权、地役权、土地发展权、土地典权、广义的土地使用权属于用益物权；土地抵押权、狭义的土地使用权、土地租赁权属于担保物权，用益物权和担保物权都属于他物权。

3.3.2 土地所有权

土地所有权是指土地所有人依法对自己的土地享有的占有、使用、收益和处分的权利，是一定社会形态下土地所有制的法律表现。其中，土地所有人在我国只能是国家和集体；占有是指对土地的实际控制；使用就是从土地中获得一定利益；收益是指获得土地利用产生的利益；处分包括事实处分和法律处分，事实处分是使土地的物质形态发生改变或者消灭，法律处分是国家或集体按照自己的意志通过某种民事行为对土地进行处置。国家土地所有权是国家享有的民事权利，我国的国家土地所有权由国务院代表国家行使，地方政府在获得国务院授权后也可以代表国家行使，由此地方政府是我国土地所有权人的代表，在事实上享有土地所有权的权能。我国土地所有权分为国家土地所有权和集体土地所有权，自然人不能成为土地所有权的主体。中华人民共和国是国有土地所有权的统一和唯一的主体，由其代表全体人民对国有土地享有独占性支配的权利。集体土地所有权是由各个独立的集体组织享有的对其所有的土地的独占性支配权利。

3.3.3 用益物权之广义土地使用权

广义土地使用权是一种用益物权，它是指在特定时间范围内，独立于土地所有权权能之外，包括土地占有、狭义土地使用权、部分收益权和不完全处分权在内的权利集合。具体而言，比如土地承包经营权、建设用地使用权、宅基地使用权、地役权、自然资源使用权都属于用益物权（海域使用权、探矿权、采矿权、取水权和使用水域、滩涂从事养殖、捕捞的权利）。其中，土地占有权是指土地所有权人或者土地使用权人，实际控制土地的权利；狭义的土地使用权是指土地所有权人或土地使用权人，依法对土地实际利用的权利；部分收益权是指土地所有权人或土地使用权人，获得实际利用土地产生的收益的权利；不完全处分权是指有限制的土地处分权。广义土地使用权人还可以设定土地租赁权。设定土地租赁权则是指土地所有权人或者土地使用权人，通过契约将土地占有权、狭义的土地使用权和部分土地收益权转让给土地租赁权人即土地承租人的权利。土地租赁权是指土地承租人占有土地、使用土地并获得土地收益的权利。用益物权作为物权之一，着眼于财产的使用价值，因此具有以下三个特点：第一，目的的用益性。用益物权是他物权，是对所有物的利用；第二，客体限制性；第三，地位具有独立性，也就是说它是对所有权的限制。我国国有土地使用权出让制度中的建设用地使用权就是广义的土地使用权。因此，我国地方政府土地型权益融资，正是地方政府通过广义土地使用权即建设用地使用权的出让来实现的。

3.3.4 担保物权之土地抵押权

抵押权是指债务人或第三人提供一定的财产做债务履行的担保，当债务人不履行债务时，债权人有权依照法律规定以抵押物折价或者以变卖抵押物的价款优先得到偿还的权利。而土地抵押权是一种担保物权，它是指债权人对债务人或第三人提供的、不转移占有而作为债务履行担保的土地使用权，在债务人到期不履行债务或发生当事人约定的实现土地抵押权的情形时，就该土地使用权折价、拍卖、变卖所得价款优先受偿的权利。其中，提供土地使用权作为债务履行担保的一方为抵押人，接受土地使用权作为债务履行担保的一方为土地抵押权人。地方政府土地型债务融资就是地方政府通过所属融资平台公司，将土地使用权抵押给金融机构来实现的。土地抵押权作为抵押权的一种，具备抵押权的共同属性，适用抵押权制度的共同规则，具有以下几个特点：其一，土地抵押不是实物抵押而是权利抵押；其二，抵押权的客体是法律允许转让的土地使用权，即权利客体的限制性；其三，抵押人必须是享有土地使用权的债务人或第三人；其四，土地使用权抵押不影响土地上其他权利人的权利。

3.4 政府融资理论

过去的融资问题研究主要集中在企业融资，然而随着政府职能的扩张和政府支出急剧增长，尤其是涉及政府收入时当期政府收入不足以应付当期政府支出的问题日益凸显，政府融资问题逐步受到广泛关注。以往传统的信贷理论很难解释政府融资行为：一方面，地方政府没有提高税收的无限权力，在融资方面受到较大的约束；另一方面其主导或绝对控制的融资组织却能大规模地举债融资，早期政府融资基本上都是债务融资，比如通过政府债券形式向企业和公众借款。随着政府债务问题日益严峻，政府权益融资的重要性进一步显现。

3.4.1　融资基础理论

融资是指融资主体根据资金余缺融通的客观需要，运用一定的融资形式、手段和工具，实现资金筹集、转化、使用和回报等活动的总称。从广义上讲，融资也叫作金融，就是货币资金的融通，当事人通过各种方式到金融市场上筹措或贷放资金的行为。

依据不同分类标准，可以将融资分为不同的类型：按照融资来源的不同方向，可以分为内源融资和外源融资；按照融资渠道的不同，可以分为直接融资和间接融资；按照资金产权关系的不同，可以分为股权融资和债权融资；按照融资主体是否具有法人资格，可以分为公司融资与项目融资等。有的学者，从资金产权对融资主体权益的影响角度，将外源融资分为权益融资和债务融资，权益融资是融资主体筹集到的资金转化为自身权益的融资；债务融资是融资主体向债权人筹集资金。债务融资成本低、操作简便，但到期还本付息压力大，经营风险高；权益融资成本较高、操作复杂，但由于权益资本所有者与融资主体共担风险，其回报取决于投资收益，无还本付息的必然要求，可以大大分散和降低融资主体的风险。

融资方式种类繁多，归纳起来，主要有信贷融资、股票融资、债券融资、商业票据融资、无形资本融资、项目融资、资产证券化融资等。其中，股票融资、无形资本融资、资产证券化融资属于权益融资；信贷融资、债券融资属于债务融资；项目融资既可能是债务融资，也可能是债务融资与权益融资的结合体。随着金融业混业经营和金融创新的深化，兼具权益融资和债务融资优势的投贷联动的融资方式逐渐兴起，在不久的将来，权益融资和债务融资一体的融资方式势必可以发挥更大的作用。

综上所述，融资是融资主体依据自身融资需要，借助多种融资方式和工具，向资本所有人融入资金，以满足自身资金需要，并使资本所有人获得回报的金融活动。融资主要划分为权益融资和债务融资，其中，信贷融资、债券融资都属于债务融资，股票融资、风险资本融资、资产证券化融资都属于权益融资。融资结构主要是指权益融资与债务融资以及它们内部不同融资方式的融资规模，及其在融入资金中的相互比例关系。

3.4.2　现代企业融资结构理论中的权衡理论

　　企业融资结构是指企业融通资金不同方式的构成及其融资数量之间的比例关系。西方现代企业融资结构理论主要有 MM 定理、权衡理论、激励理论、不对称信息理论和控制权理论五种。但其中的 MM 定理、激励理论、不对称信息理论和控制权理论，因其假设条件与政府融资条件相去甚远，且主要思想也难以用于政府融资结构分析，这里就不再赘述。综上所述，本书仅对现代企业融资结构理论中的权衡理论进行详细论述。

　　权衡理论在考虑企业所得税的基础上，引入了企业破产成本和代理成本的概念。尽管企业可以通过债务融资获得税收抵扣收益，但是债务融资的增长也会增加企业的破产风险和代理成本。债务融资带来的破产风险和代理成本使企业不能无限制地进行债务融资。其中，企业破产风险是负债比率的非线性函数，随着负债比率的提升加速上升，当负债比率超过一定区间时，企业就会破产。企业代理成本是在企业融资结构中负债比率的一个增函数。由此，在存在企业所得税的情况下，并且企业融资结构中的破产成本和代理成本与债务融资相关时，企业的市场价值是其融资结构的函数，融资结构中债务融资带来的预期破产成本和代理成本会削减其税收抵扣收益。此时，企业存在最优融资结构问题。

　　设最优融资结构下的企业市场价值为 V^*，仅有内部融资时的企业市场价值为 V_u，企业债务融资的税收抵扣收益为 D_t，企业债务融资的预期破产成本为 C_b，代理成本为 C_a，则企业在最优融资结构下的市场价值为：$V^* = V_u + D_t - C_b - C_a$。其中税收抵扣收益 D_t，预期破产成本 C_b，代理成本 C_a，均是融资结构中负债比率的增函数。只要税收抵扣收益 D_t 大于预期破产成本 C_b 和代理成本 C_a 之和，企业增加负债，可以带来企业市场价值 V 的增长；当企业负债获得的税收抵扣收益等于预期破产成本 C_b 和代理成本 C_a 之和时，企业市场价值达到最大值 V^*；当企业负债的税收抵扣收益小于预期破产成本 C_b 和代理成本 C_a 之和时，企业市场价值 V 会随着负债比率的增加而下降。

　　企业不同融资方式的收益和成本存在差异。企业内部融资成本小于负债融资成本，而负债融资成本又小于权益融资成本，即 $C_N < C_D < C_E$。由

于融资成本与融资收益成反比，所以企业内部融资收益高于负债融资收益，负债融资收益高于权益融资收益，即 $R_N < R_D < R_E$。由此，遵循此逻辑我们可以得出内部融资优于债务融资，债务融资优于权益融资。

随着企业治理问题得到的关注越来越多，静态的理论已经不能满足企业治理研究的需求。20世纪90年代末，一些学者将时间变量引入结构研究模型，认为融资结构并不是一成不变，或者一直保持在最优水平上的，而是应该与更优融资结构相近，而且会受到前期企业层面影响因素的影响而所有波动。另外，企业在实际经营中并不会经常对其融资结构进行调整，只有当真实负债状况与目标/理想负债状况相差较多而影响企业经营时才会进行调整。融资结构的调整除了与企业自身有关外，还会受到融资约束和股价影响（权益型融资方式），也就意味着调整成本越大，融资结构的调整越小。

3.4.3 修正后形成的政府融资结构权衡理论

虽然企业融资结构权衡理论并不适于直接用于政府融资结构分析，但权衡的思想和理论在诸多学科和研究领域都可以有效运用，只是权衡所依据的标准有所不同。因此，可以将企业融资结构权衡理论进行改造后，形成政府融资结构权衡理论。不同的政府融资结构的收益与成本存在一定差异，应当在权衡不同政府融资结构收益与成本的基础上，选择最优政府融资结构。不同于企业融资结构仅需要权衡经济收益与经济成本，政府融资结构选择，既需要权衡不同融资结构的经济收益与成本，也需要权衡其社会成本和政治成本。这使得政府融资结构权衡更为复杂和烦琐。政府融资结构是政府债务融资和政府权益融资各自的规模和相互比例关系，以及政府债务融资和政府权益融资内部不同融资方式的规模和相互比例关系。因此，政府融资结构权衡，就是要权衡不同政府融资方式的经济收益、社会收益和政治收益总和，与其经济成本、社会成本和政治成本的总和。

最优政府融资结构是能够使政府价值最大化的融资结构。衡量政府价值的指标是政府提供公共物品和服务的能力，该项能力可以进一步简化为政府财政收入。因此，最优政府融资结构可以简单地视为能够使政府财政收入最大化的融资结构。假设最大政府财政收入为 R_{MAX}，政府一般公共收

入为 R_G，政府融资收入为 R_F，则 $R_{MAX} = R_G + R_{FMAX}$。其中，政府融资收入 R_F，包括政府债务融资收入 R_{FD} 和政府权益融资收入 R_{FE}。政府债务融资收入 R_{FD} 等于政府债务融资收益 RE_{RFD} 减去政府债务融资经济成本 EC_{RFD}、社会成本 SC_{RFD} 和政治成本 PC_{RFD} 之和；政府权益融资收入 R_{FE} 等于政府权益融资收益 RE_{RFE} 减去政府债务融资经济成本 EC_{RFE}、社会成本 SC_{RFE} 和政治成本 PC_{RFE} 之和。因此，最大化政府财政收入为：

$$R_{MAX} = R_G + [RE_{RFD} - (EC_{RFD} + SC_{RFD} + PC_{RFD})]_{MAX} + [RE_{RFE} - (EC_{RFE} + SC_{RFE} + PC_{RFE})]_{MAX}$$

当政府债务融资收益 RE_{RFD} 大于政府债务融资经济成本 EC_{RFD}、社会成本 SC_{RFD} 和政治成本 PC_{RFD} 的总和，且政府权益融资收益 RE_{RFE} 大于政府权益融资经济成本 EC_{RFE}、社会成本 SC_{RFE} 和政治成本 PC_{RFE} 总和时，政府债务融资收入和政府权益融资收入的增长，都将带来政府财政收入的增长，此时的政府融资结构需要进行优化；当政府债务融资收益 RE_{RFD} 等于政府债务融资经济成本 EC_{RFD}、社会成本 SC_{RFD} 和政治成本 PC_{RFD} 的总和，且政府权益融资收益 RE_{RFE} 等于政府权益融资经济成本 EC_{RFE}、社会成本 SC_{RFE} 和政治成本 PC_{RFE} 总和时，政府财政收入达到最大值 R_{MAX}，此时的政府融资结构是最优政府融资结构；当政府债务融资收益 RE_{RFD} 小于政府债务融资经济成本 EC_{RFD}、社会成本 SC_{RFD} 和政治成本 PC_{RFD} 的总和，且政府权益融资收益 RE_{RFE} 小于政府权益融资经济成本 EC_{RFE}、社会成本 SC_{RFE} 和政治成本 PC_{RFE} 总和时，政府债务融资收入和政府权益融资收入的增长，都将带来政府财政收入负增长，此时的政府融资结构需要进行转型。

3.4.4　政府债务融资主要方式

政府融资方式多种多样，具体来说，包括信贷融资、公债融资、特许经营权转让融资、资产证券化融资、信托融资、产业投资基金融资、集合委托贷款等。其中，政府权益融资方式有特许经营权转让融资、资产证券化融资、信托融资、产业投资基金融资；政府债务融资方式有信贷融资、公债融资、集合委托贷款等。就现实情况来说，我国政府权益融资有 PPP 模式、产业投资基金、间接股权融资、资产证券化融资四种主要方式。

政府债务融资是传统政府融资的主要类型，它主要包括政府信贷融资和政府债券融资两种融资方式。显而易见，债务融资方式会带来债务负担。地方政府债务可以分为显性债务和隐性债务，2015 年以后在地方政府债券市场化发行后，地方政府的显性债务与隐性债务区分开来。显性债务是指建立在某一法律或者合同基础上的政府负债，即由《预算法》等法律明确规定的必须由政府承担还本付息债务。由于无法确定统一的衡量标准，行业内尚未形成对于隐性债务的统一定义和认定标准。因此在政府项目融资过程中所有或有性、非公开或不规范的地方债务均被划分为地方政府债务的隐性部分。地方政府隐性负债由于缺乏统一规范的监督管理和有效防范机制，因其可能通过商业银行体系（信贷体系）转化为系统性金融风险，在尚未完全打破刚性兑付的背景下，这可能会成为金融稳定和经济运行安全的重大隐患。

1. 政府信贷融资

政府信贷融资是指政府向银行金融机构等金融中介借入款项，并按照合同约定按期还本付息，资金用途受到限制的债务融资方式。信贷融资主要涉及借款人和贷款人两个主体，操作简便，成本较高，但资金供应充足稳定。由于法律和制度的限制，政府信贷融资在我国主要是政府以财政收入或土地出让收入为还款保证，以融资平台公司为载体，向商业银行、政策性银行等银行金融机构，借入资金，用于城镇化建设等资本性支出，并按期还本付息的融资方式。

2. 政府债券融资

政府债券融资是政府通过发行政府债券的形式，向资本市场中的机构和个人投资者筹集资金，按照约定用途使用资金，并按期还本付息的债务融资方式。由于法律和制度的限制，我国地方政府不能直接在资本市场上发行债券融资，个人投资者也不能直接投资债券。因此，在我国，地方政府债券融资，主要是地方政府通过设立的融资平台公司，向资本市场上的机构投资者发行公司债券，以融入资金用于城镇化建设，因此也称为城投债。

我国地方政府债务的存在形式有地方政府债券和地方政府借款两种，两种均作为地方政府应对财政收入不足和履行职能的筹资手段，也意味着地方政府债务的存在具有合理性。但面对地方政府债务存在的种种问题，应当通过修订法律法规，明确地方债务的法律依据，并将其纳入预算管理，加强预算约束。同时，地方政府债务也应主要采用地方政府债券形式，并通过科学方式管理和规范地方政府融资行为来化解债务风险。

综上所述，政府财政包括收入和支出两个方面，其中，收入包括政府自有收入和融资收入，政府自有收入包括税收收入和非税收入，融资收入主要是债务融资收入；政府支出包括政府购买和政府转移支付。当政府自有收入不足以支付政府支出时，政府就需要进行融资。按照政府不同层级，财政可以划分为中央财政和地方财政。其中，中央财政收入包括中央固定收入和中央与地方共享收入中属于中央的部分，此外还有中央政府融资收入，主要是国债收入；中央财政支出包括中央财政本级支出和中央对地方的转移支付。地方财政收入包括地方固定收入和中央与地方共享收入中属于地方的部分，以及来自中央财政的转移支付收入，此外还有地方政府融资收入，主要是信贷融资和地方政府债券融资收入；地方财政支出基本上都属于地方财政本级支出。不同层级政府之间一般实行收入划分，上级政府财力雄厚，下级政府财力较弱，下级政府财力缺口大量依赖上级政府转移支付。地方政府财政不足时会举债履行职能和统筹协调，其中债务存在形式有地方政府债券和地方政务借款两种主要方式，其主要目的是化解财政不足危机和履行职能，因此具有合理性和必要性。

3.5　政府融资方式与融资结构理论

3.5.1　政府融资方式理论

本书所涉及的地方政府融资方式理论主要包括，债务融资中的信贷融资、债券融资，权益融资中的 PPP 融资、风险资本融资、间接股权融资、资产证券化融资等。

1. 政府债务融资的主要方式

（1）信贷融资

信贷融资是指借款人向银行金融机构等金融中介借入款项，并按照合同约定按期还本付息，资金用途受到限制的融资方式。信贷融资主要涉及借款人和贷款人两个主体，操作简便，成本较高，但资金供应充足稳定。政府信贷融资在我国主要是政府以财政收入或国有土地使用权出让收入为还款保证，以融资平台公司为载体，向商业银行、政策性银行等银行金融机构，借入资金，用于城镇化建设等资本性支出，并按期还本付息的融资方式。信贷融资按期限分类分为短期贷款、中期贷款、长期贷款；按有无担保品分类分为信用贷款、担保贷款；按资金来源分类分为政策性银行贷款、商业银行贷款、保险公司贷款等。

（2）债券融资

债券融资是融资主体采用债券形式，向资本市场中的机构和个人投资者筹集资金，按照约定用途使用资金，并按期还本付息的融资方式。由于法律和制度的限制，地方政府不能直接在资本市场上发行债券融资，个人投资者也不能直接投资债券。因此，在我国，地方政府债券融资，主要是地方政府通过设立的融资平台公司，向资本市场上的机构投资者发行公司债券，以融入资金用于城镇化建设，也称为城投债。

作为债务融资的两种主要方式，不论是信贷融资还是债券融资，其成本都取决于融资主体的信用等级，融资主体信用等级越高，其融资成本越低，也更容易筹集到充足的资金；反之，其融资成本越高，筹集到充足资金的难度也就越大。因为《预算法》等法律法规的限制，地方政府不能举债融资，地方政府融资平台公司成为地方政府债务融资载体，无论是信贷融资还是债券融资，都由地方政府融资平台公司进行。但地方政府融资平台公司信用等级低于地方政府信用等级，其融资成本相对于地方政府债券融资的成本要更高。总体而言，债券融资和信贷融资的不同之处在于：①资金的需求者不同，在我国，债券融资中政府债券占有很大的比重，信贷融资中企业则是最主要的需求者；②资金的供给者不同，政府和企业通过发行债券吸收资金的渠道较多，如个人、企业与金融机构、机关团体事业单位等，而信贷融资的提供者，主要是商业银行；③融资成本不同，在各类债券中，政府债券的资信度通常最高，大企业、大金融机构也具有较高的资信度，而中小企业的资信度一般较差，因而，政府债券的利率在各类债券中往往最低，筹资成本最小，大企业和大金融机构次之，中小企业的债券利率最高，筹资成本最大。与商业银行存款利率相比，债券发行者为吸引社会闲散资金，其债券利率通常要高于同期的银行存款利率；但信贷融资比债券融资更加迅速方便，我国企业发行债券通常需要经过向有关管理机构申请报批等程序，同时还要做一些印刷、宣传等准备工作，而申请信贷可由借贷双方直接协商而定，手续相对简便得多；在融资的期限结构和融资数量上有差别，一般来说，银行不愿意提供巨额的长期贷款。银行融资以中短期资金为主，而且在国外，当企业财务状况不佳、负债比率过高时，贷款利率较高，甚至根本得不到贷款，而债券融资多以中长期资金为主；对资金使用的限制不同，通过发行债券筹集的资金，一般可以自由使用，不受债权人的具体限制，但政府债券融资则限制性较多。信贷融资通常也有许多限制性条款，如限制资金的使用范围、限制借入其他债务、要求保持一定的流动比率和资产负债率等；最后在抵押担保条件上也有一些差别。一般来说，政府债券、金融债券以及信用良好的企业债券大多没有担保，而信贷融资大都需要财产担保，或者由第三方担保。

2. 政府权益融资主要方式

政府权益融资是政府融资发展到高级阶段的产物，债务融资不可持续、资本市场日益发达、民间资本力量不断增强等都是政府权益融资产生和发展的重要因素。政府权益融资主要方式包括 PPP 融资、风险资本融资、间接股权融资、资产证券化融资四种。

（1）PPP 融资

PPP 融资即政府和社会资本合作运作基础设施建设。在运作过程中，政府通过公开竞争的方式引入具有投融资和运营管理能力的社会资本方，由社会资本方成立相关项目公司，并在建成后负责项目的运行、维护和管理，合作期满后无偿转让并退出项目。PPP 融资是在以政府为核心的公共部门，通过与民营部门的合作，让民营部门所掌握的资源参与公共物品和服务的生产和提供，从而实现公共部门职能并同时为民营部门带来利益的融资方式。通常模式是由社会资本承担设计、建设、运营、维护基础设施的大部分工作，并通过"使用者付费"及必要的"政府付费"获得合理投资回报；政府部门负责基础设施及公共服务价格和质量监管，以保证公共利益最大化。这是当前我国政府权益融资的主要方式。

（2）风险资本融资

风险资本融资是融资主体通过与风险投资者利益共享、风险共担的方式，融入风险资本，实现自身活动目标，并使风险资本获得较高回报的权益融资方式。风险资本既包括以基金形式从事风险投资的资本，也包括个人、商业银行、投资银行、金融公司与实业公司以自有资金从事风险投资的资本。传统上，风险资本主要投资新兴产业，特别是高科技企业，促进了科技向实际生产力的转化，推动了技术进步。但是日益激烈的市场竞争迫使风险资本开始投资于一些低风险的传统产业。我国的风险投资机构主要有政府出资设立、企业出资设立、金融机构出资设立和个人出资设立等类型。2007 年以后，政府在风险投资中的角色发生转变，从直接投资者转变为间接投资者，不再直接投资设立风险投资公司，而是设立政府引导基金，引导更多资金进入风险投资领域，并引导这些资金的投资方向。产业投资基金是我国政府风险融资的主要形式，它是通过发行基金收益凭证筹集资金，由专业投资管理机构运作和管理，将基金资产以长期股权投资的形式分散投资于不同产业或项目，以获取投资收益和资本增值，并由投资者按照出资比例分配最终收益的一种基金形态。它能够有效分散和降低投资风险，明确产权关系，集中社会闲散资金，支持特定地区和特定产业发展，并促进区域性产业结构调整。产业投资基金可以分为风险投资基金、企业重组基金、基础设施投资基金等类型。也有人按照产业发展阶段，将产业投资基金划分为创业投资基金、基础产业投资基金和支柱产业投资基金、企业重组基金，其中基础产业投资基金和支柱产业投资基金属于成长期产业投资基金。

我国地方政府产业投资基金以政府引导基金为主要形式，首期资金一般主要由地方政府与国有金融机构共同出资，在后续资金中，民间资本逐步增加，从而撬动民间资本用于政府投资。

（3）间接股权融资

地方政府间接股权融资是指，地方政府通过所属国有企业公开上市发行股票的方式，从股票市场上间接获取资金的融资方式。

间接股权融资主要是指股票融资，即融资主体通过在资本市场上发行股票的方式筹集资金，并按照约定用途使用资金，投资者通过融资主体权益分配或者在资本市场上赚取买卖差价方式获得收益，无须融资主体还本付息的融资方式。从实践来看，主要是地方国有企业公开上市。我国地方政府拥有大量优质的国有企业，这些国有企业在参与市场竞争的同时，更多地承担着相当部分公共物品和服务的直接产生和提供，是地方政府履行其职能，向本地方提供公共物品和服务的重要渠道和工具。通过公开上市进行股票融资，地方政府所属的国有企业可以获得充足资金，既可以更好地提供部分公共物品和服务，也可以通过它们的市场活动更有效地保持经济中高速增长，推动产业迈向中高端水平。这样，地方政府无须大量资金投入，就可以很有效地履行部分职能。综上所述，优质国有企业上市融资，是地方政府间接进行股权融资的重要形式。

（4）资产证券化融资

资产证券化融资是融资主体将基础资产进行结构性重组，转化为资产支持证券，并将其出售给资本市场中的机构和个人投资者，投资者通过获得基础资产产生的现金流和资产支持证券买卖价格差获得收益，融资主体得以盘活资产，获得现金收入的融资方式。基础资产是能够产生现金流的资产。

结构性重组就是将基础资产转移给特殊目的载体（Special Purpose Vehicle，SPV）以实现破产隔离，并对基础资产现金流进行重组的过程。破产隔离（Bankruptcy Remote）是资产证券化的核心，是风险转移的保障。资产证券化按照基础资产的不同可以分为住房抵押贷款证券化（Mortgage-Backed Securitization，MBS）和资产证券化（Asset-Backed Securitization，ABS）两种类型；其中，ABS还可以细分为应收款类资产证券化、信贷资产证券化、收费类资产证券化、其他资产证券化。资产证券化融资对于作为发起人的融资主体来说，有这四方面的好处：一是增强资产流动性，提高资本使用效率；二是提升资产负债管理能力，优化财务状况；三是实现低成本融资；四是增加收入来源。一般来说，具有下列特征的资产比较容易实现证券化：①资产可以产生稳定的、可以预测的现金流；②资产原始权益人已持有该资产较长时间，且信用良好；③资产同质性较高；④资产容易变现，且变现价值较高；⑤债务人的地域和人口统计分布广泛；⑥资产违约率和损失率较低；⑦资产的相关数据容易获得。对地方政府来说，长期投资形成的大量能够产生稳定现金流的基础设施类优质资产，是地方政府发起资产证券化融资的重要依托。地方政府基础设施资产证券化，有望为地方政府提供新的流动性支持，同时由资产证券化特有的破产隔离，使投资者收益取决于基础资产经营管理效益，地方政府无须承担偿还责任，即可获得有效融资收入。

总的来说，权益融资方式种类繁多，它们的突出特征是利益共享、风险共担。PPP 融资、以产业投资基金为代表的风险资本融资、以地方国有企业公开上市为主要形式的间接股权融资、以地方政府基础设施资产证券化为主要形式的资产证券化融资，都是地方政府权益融资可以使用的重要方式，都可以在分散或转移风险的基础上，为政府融入持续稳定的资金，从而使政府融资收入更加稳定可靠，同时又不必承担巨大的还本付息压力，进而缓解甚至消弭了政府融资的大部分风险，又因为风险承担者转变为社会和公众，在更大范围中，这些风险可以被有效消化，而不致引起重大不良影响。

综上所述，政府融资包括政府权益融资和政府债务融资两大类，其中政府权益融资有 PPP 模式、产业投资基金、间接股权融资、资产证券化融资四种主要方式；政府债务融资有政府债券融资和政府信贷融资两种主要形式。

3.5.2　政府融资结构理论

政府融资结构是政府债务融资和政府权益融资各自的规模和相互比例关系，以及政府债务融资和政府权益融资内部不同融资方式的规模和相互比例关系。政府融资结构选择应当在综合权衡特定融资结构收益和成本之后决定，权衡的标准中的收益包括经济收益、社会收益和政治收益，成本也包括经济成本、社会成本和政治成本等。这就是政府融资结构权衡理论。

融资结构属于广义的资本结构。资本结构是指企业各种资本来源的构成及其比例关系，其中，债权资本和权益资本的构成比例在企业资本结构中处于核心地位。最优资本结构是能使企业资本成本最低且企业价值最大，并能最大限度调动各种利益相关者积极性的资本结构。企业或公司的融资结构，指的是企业或公司融通资金不同方式的构成及其融资数量之间的比例关系。综上所述，融资结构是融资主体融通资金不同方式的构成及其融资规模之间的比例关系；其中权益融资和债务融资之间的比例构成和规模关系是最为核心的。最优融资结构是能使融资主体以最低资本成本获得足够的持续稳定的资金，并能充分发挥融资过程中相关利益主体的积极性，从而更好地实现融资主体融资活动目标的融资结构。

政府融资是指政府为履行其职能，更好地为社会和公众提供满足其需要的公共物品和服务，在自有财政收入不足以满足其资金需要的情况下，运用多种融资方式向社会和公众筹集资金，以便更好地履行其职能，满足社会和公众对公共物品和服务的合理需要的资金融通活动。为了研究方便，在这里，仅把政府融资简单地划分为政府权益融资和政府债务融资两大类。

政府融资方式多种多样，但大体上与其他融资主体的融资方式相同。具体来说，政府融资方式包括信贷融资、公债融资、特许经营权转让融资、资产证券化融资、信托融资、产业投资基金融资、集合委托贷款等。其中，政府权益融资方式有特许经营权转让融资、资产证券化融资、信托融资、产业投资基金融资；政府债务融资方式有信贷融资、公债融资、集合委托贷款等。世界主要国家的政府融资都是以债务融资为主，且以公债（债券）融资为主；我国政府融资也是以债务融资主导的，其中，中央政府债务融资以国债为主要形式，地方政府债务融资以信贷融资、城投债、借款为主要形式，融资成本较高，且债务规模较大，不可持续性强。

政府融资结构在理论上有三种类型，包括债务融资为主体的融资结构、权益融资为主体的融资结构、权益融资与债务融资并重的融资结构。从实践上看，世界主要国家的政府都是以债务融资为主体的融资结构。其中，发达经济体政府的债务融资主导的融资结构，以政府债券为主要形式；我国中央政府债务融资主导融资结构以国债为主要形式，地方政府债务融资主导融资结构以土地型融资为主要形式。随着债务融资不可持续性的增加，各种政府都在努力寻求更加多样的融资方式，以改变债务融资为主体的融资结构。

3.6 农地金融的相关理论基础

3.6.1 农地承包经营权

20世纪20年代，以科斯为代表人物的一般意义的现代产权经济学在西方产生。科斯的产权理论主要关注产权安排界定、交易成本和资源配置等方面。科斯还分析了当交易成本发生变化时，资源配置效率的高低会因产权安排界定的不同而发生怎样的变化。在科斯看来，如果能够满足不存在交易成本、产权界限明了和自愿交易的基本条件，就能够达到资源配置的帕累托最优状态。

土地产权是由土地制度来界定的，以土地所有权为核心所派生出的权利束，是关于土地财产一切权利（如占有、使用、收益、处分等）的总和，反映了各项权能在转让和交易过程中所体现的权利主体受益或受损的权利。一般认为，土地所有权、使用权、租赁权、抵押权等都属于土地产权所涵盖的范围。其中土地所有权是土地产权的核心，是一项被赋予土地所有者，并且得到国家法律认可和保护的排他性专有权利。

一般来说，我国的土地产权主要由土地所有权、用益物权和他项权利三部分组成。按照国家法律内容，我国的土地所有权包括以下形态：国家土地所有权和集体土地所有权。其中，国务院作为国家的代表，负责国有土地所有权的行使。而农村集体组织或村委会则主要负责集体所有土地的经营管理。在此基础上延伸出了农地承包经营权、宅基地使用权等多种形式的用益物权。土地他项权利则主要涵盖土地抵押权、土地租赁权、地上权、地下权等内容。

作为我国农村的一项基础土地制度，农地产权制度的确立有利于界定清楚农地使用权的含义，进一步明确和清晰农地产权关系。20世纪80年代以来，我国通过家庭联产承包责任制的改革将农地所有权和使用权分离开来。这一产权制度使农民的生产经营热情大为增高，带动了农业生产水平的提高。但这种产权制度也造成了一些消极负面的影响：如农地被划分为若干分散且破碎的小块地，农地生产经营规模十分狭小有限。农村土地流转机制缺乏有效性，导致农地资源的低效率配置等。这些问题都亟须加以解决处理。

根据现代产权理论的观点，约束、激励和分配是产权的基本作用，其法律界定直接影响着经济行为和经济效率。因此，要促进农村土地金融服务的发展完善，就要借助土地产权理论，使农村土地产权制度更加完善有效，使其优化资源配置的作用得到更充分的发挥。

自从农村地区实行了家庭联产承包责任制改革以后，在坚持集体所有原则的同时，农户拥有了农地承包经营权。按照我国《土地管理法》以及《农村土地承包法》等法律的内容安排，农户可以通过家庭承包、流转或其他方式获得农地承包经营权。农户等农业生产主体在按照程序承包了各种类型的农村土地后，可以按照法律规定对其进行占有、使用、收益和处分，这就是农地承包经营权。近年来，农地流转交易数量随着城市化率的提高而持续增加。这既促进了农地适度规模化经营的发展和农村资金需求的增长，也使人们更加关注农地承包经营权的财产属性。国家自 2014 年以来也相继出台了多份规范性政策文件，对农地承包经营权的权利设置进一步加以完善，探索在现有法律框架下开展农地承包经营权流转、抵押、担保的现实条件是否具备。

抵押贷款一般指债务人以自己拥有产权且具备市场价值的物品、资产或权利作为担保，利用银行等途径获取贷款，实现融资的经济行为活动。相应地，农地承包经营权抵押贷款的含义是，在不违反国家现行政策规定且不改变土地实际占用情况的前提下，农户及其他农业生产主体将其依法获取的归属明确的农地承包经营权及其附着物作为抵押品，利用与农业相关的金融组织得到资金的经济活动。如果债务人产生了违约行为，债权人便可以依法对被抵押的财产或权利进行处分，而且可以优先受偿处分所得的价款。

农地是农村最重要的生产要素之一。农地承包经营权抵押贷款将土地作为抵押品进行融资，主要具备以下几个特征：

一是抵押品的特殊性。根据我国现行的农村土地产权制度安排，农地使用权属于农村集体，农户只能凭借其享有的承包经营权进行权利抵押获取贷款融资，从而达到满足农业生产建设中资金需求的目的。

二是具有周期性与长期性。农地的开发经营活动较长的投资回收周期使得农地承包经营权抵押贷款的偿还周期和资金占用时间较长，不利于涉农银行等金融机构保持流动性。

三是同时具备商业性与政策性双重特征。农地承包经营权抵押贷款的根本目标是为农民及农村经济组织提供持续有效的服务，以满足农业发展所需的中长期资金，推动农业的现代化。因此，涉农银行等主要负责提供农地承包经营权抵押贷款的金融机构既要进行商业化运作，以实现自身的可持续发展；又不能忽视为农民提供长期低息贷款的政策性倾向，提供同时具备商业性和政策性特征的金融产品与服务。

3.6.2 金融资源效率理论和金融绩效理论

金融资源指的是金融体系和不同部门之间由于资金流动性的不同表现出来的各具特点的资金资源。作为社会价值体现的金融资源以货币为存在形式，是一种具备战略性、媒介性和社会性等多种特质的特殊资源，社会中的需求主体通过占有和使用金融资源来满足自身生产生活需求。效率则指资源配置达到的最理想状态，即产出最大化的一种形式。经济学意义上的效率一般包括以下两个方面：一是宏观的资源配置效率，即帕累托效率；二是微观上的各生产要素的运作效率。因此，金融资源效率也可从以上两个角度来理解：一是金融资源的配置效率，即金融机构可否将金融资源调节投放至可推动实体经济增长的部门；二是各金融机构的投入产出率，即微观的金融机构的运营效率。由此可知，金融效率即指以尽可能低的交易成本和机会成本，实现有限的货币、资本等金融资源的最佳配置。金融体系和经济社会各个部门之间会存在资金往来，由于业务不同以及资金流向不同，因此会依据不同资金流动主题对资金进行定义，也会依据业务流向特点对资金进行定义，从而也就衍生出不同金融资源品种。比如在金融体系中的银行和住户部门之间，资金从住户流向银行，那么该金融资源便会表现为存款。当资金从金融体系流向了非金融机构部门的企业时，那么该金融资源便会表现为贷款。

具体到金融机构运行的角度，其金融发展水平主要由其所投入的不同金融资源品种、结构以及其自身的相对规模所决定。金融资源的不合理配置会使金融机构出现严重的资源浪费和运行效率低下等问题。而金融机构资源配置效率低下则会由多种因素导致，如金融机构未能结合自身规模和实际状况，合理选择金融资源品种产生的投入产出不匹配，以及信息不对称带来的较高的交易成本等。因此，为改善金融机构的经营绩效，也应当从这两方面着手，即在合理确定和选择金融资源投入品种、规模的同时，也要健全市场交易体系，降低交易成本。

银行效率是指银行业务活动中的投入与产出或者成本与收益之间的对比关系。银行效率是银行业竞争力的集中体现，提高银行业的效率是防范金融风险、推动银行业可持续发展的根本。而对于商业银行，其作为主要经营货币资产的一种服务型企业，商业银行在运营过程中一方面需要改善经营管理水平，将投入产出、成本收益控制在合理范围内；另一方面也需要注重综合经营质量的提升，不断增强自身的盈利能力、竞争能力，进而提高配置金融资源的水平。具体而言，商业银行效率指的是商业银行在保证盈利性、安全性和流动性的同时，合理配置资源，最大限度地推动社会经济资源流动，它是其市场竞争力、投入产出能力和可持续发展能力的总称。

微观意义的商业银行效率即其通过优化配置各种贷款实现较少的投入和较大的产出，进而提高商业银行的资金使用效率。宏观意义的商业银行效率则指其在怎样的程度上促进了经济的增长和社会的进步，即其对国民经济发展的整体贡献程度。商业银行的经营效率可以反映出其产出能力、可持续发展能力等方面的综合竞争能力。为达到最大化的经营目标，商业银行就需要对其所有的资金等经济资源进行合理配置和有效流动，尽可能地以投入资源的减少实现产出和利润的最大化。

按照不同的标准，可将商业银行效率分为多种不同类型。如根据决定效率的手段的不同，由技术改进带来的效率就是技术效率，由管理改善带来的效率提升就是管理效率。而按照生产要素，商业银行效率又包含货币资金运作效率、劳动效率和资源效率等类型。而根据组织的职能分类，商业银行效率则又被分为内部效率和外部效率两类。

在商业银行效率测算方面，主要采取的有财务分析法和前沿分析法两种途径。其中，前者通过对成本绩效、资产配置、信用风险等财务指标分析其资本充足率、净资产收益等经营状况。而后者又包含参数分析法和非参数分析法两类。数据包络分析法就是最常用的非参数分析法，主要关注的是其综合效率、纯技术效率和规模效率。

现代管理学意义上的绩效一词最早是由国外学者提出的。为了实现发展目标，组织需要在各个不同的层次输入要素，并实现有效的输出。这种有效输出就是一般意义的绩效概念。狭义的企业绩效指企业的业绩和效率两方面的内容，其中，业绩指组织在生产运营中的盈利能力与发展能力；效率则指组织在多大程度上实现了资源配置和利用的有效性。企业为了接近或达到特定业务的目标水平，需要投入多种类型的生产要素。这一过程即可被理解为广义而言的企业绩效。经济学意义上的绩效也可从狭义和广义的不同角度来阐释。一般认为狭义的绩效就是生产效率，即如何以特定的要素投入水平实现最大的产出。广义的绩效关注的则是如何在各经济生产部门之间实现资源优化配置的问题。对于金融绩效则是由于金融机构是作为以货币为经营对象的特殊企业，是面向广大社会群众的，也就意味着其经营好坏很可能对整个国家经济发展和金融稳定都产生影响。因此，结合管理学与经济学意义的绩效概念以及农地抵押融资的特点，本文研究的金融绩效是指农村商业银行等涉农金融机构运营农地承包经营权抵押贷款所产生的综合效率。

3.6.3　制度变迁与制度绩效理论

在制度经济学看来，农村金融服务体系实际上相当于农村金融制度安排的一种。国家提出的一系列关于分配农村地区金融资源、关系农民收入的政策法规形成了以农村金融服务体系为载体的农村金融制度。虽然制度可以带动经济增长，但就现实情况而言，我国当下的农村金融服务体系已成为"三农"发展的"瓶颈"，必须进行农村金融制度的变革。

制度变迁理论认为当某种原有制度框架被破除并形成了新的制度安排时，就发生了制度变迁，它是在制度不均衡的条件下形成的一种追逐可能的获利机会的自发交替过程。因此，也可以将其解释为某种较高效益水平的制度取代效益水平较低的制度的过程。经济增长引发的制度性服务供给与需求的变动要求放弃某些已有的制度安排，新的制度安排由此产生，并抓住经济增长带来的获利机会，由此可知，在经济社会发展过程中，制度变迁是必然会出现的。但制度变迁的实现是需要条件的。只有满足预期收益大于预期成本的基本条件，行为主体才会主动促进制度变迁的实现。

依据不同的标准可以对制度变迁进行多种分类。如按照供需作用，制度变迁包括供给主导型和需求追随型两种形式。按照速度，则可将其划作激进式和渐进式两类。按照制度经济学的标准可将其划作诱致性和强制性两类。其中前者发生在制度不均衡形成的获利机会得到微观主体的响应，且存在潜在外部利润的条件下，是市场主动变迁，具有自发性、盈利性、渐近性和民间性等特征。后者一般由政府以颁布法律的形式主导推进。与其他竞争性组织相比，国家的强制力具有较大的规模效益，能够以相对较低的成本为社会提供制度服务。因此，强制性制度变迁具有制度制定速度快、制度执行推动力强、制度运行保障良好及对旧制度产生破坏性等特点。在现实情况下，二者往往是同时存在的，彼此之间互相影响制约。

新制度经济学的制度绩效理论主要关注的是"投入—产出"分析或"成本—效益"分析，该理论认为社会经济主体能够根据比较成本与收益之间的差距得出的结果在既定的制度集合中确定对自身收益最大的，即最有效的制度安排。产权经济学家（如科斯）认为制度绩效是制度收益与制度成本的比较，即制度绩效＝制度收益/制度成本，其中制度成本包括产权界定成本、交易费用等内容。也有学者认为如果参与主体的最大化行为在某种约束条件下带来了产出增长，那么这种制度就有良好的绩效，反之，则是无效的。

"金融抑制"是指由于政府过多干预金融活动和金融体系，抑制了金融体系的发展，造成了金融体系的发展滞后于经济发展的需求，最终的结果就是金融抑制和经济落后如影随形。金融深化则指政府适当减轻干预金融市场和金融体系的力度，采取自由运行的利率机制，从而使金融体系既能够获得足够的储蓄资金，也能实现实体经济部门的融资需求。政府主要通过利率、汇率等金融政策和金融工具干预金融活动，使金融价格发生扭曲，阻碍经济发展。有相当的证据和研究表明发展中国家金融发展完善与经济水平提高的关联，并且各自发展出"金融抑制"与"金融深化"理论。当金融市场受到了来自政府的强力干预限制，约束了金融媒介功能的发挥时，就可能会阻碍经济增长。

金融服务和经济增长是既互相推动又互相限制的。完备的金融服务体系可以充分利用社会储蓄资金，并通过将其用作生产性投资来实现促进经济水平的提升进步。而发展势头良好的经济则会改善居民收入水平状况，增加社会资金融通的需要，从而在促进金融业增长方面产生较大的正向影响。

但在许多发展中国家，金融服务和经济增长之间却是恶性循环的关系：落后且低效的金融服务体系使经济发展十分受限，而发展缓慢的经济又使金融服务需求及资金积累停滞不前，对金融业发展非常不利。麦金农和肖认为导致这一恶性循环的主要原因在于发展中国家金融政策和金融制度的选择不当以及对经济活动领域过多的行政干预。发展中国家广阔的农村地区金融机构分布十分稀少，金融市场发育缓慢，难以聚集社会闲散资金满足农村经济进步的需要。而政府的利率管制等干预政策使利率确切地代表发展中国家农村地区的资金供需状况及匮乏程度的作用大打折扣，导致农村金融服务需求主体在借贷市场上的处境十分艰难和不利，所需的借贷资金也基本无法通过正规金融部门来获得。

破除金融抑制现象需要进行金融服务体系改革。可采取的措施有：减轻政策对金融机构的管理约束力度，实现金融自由化，允许和鼓励发展农村地区的金融事业等。这样才能实现均衡的市场利率，提高储蓄率和投资率，进而带动金融业和经济的共同发展。

作为全世界范围内最大的发展中经济体，一定程度上的金融抑制问题在我国农村地区是长期客观存在的。农民及涉农中小企业的融资需要不能完全从正规金融机构得到全部满足，近年来农地流转的快速发展尤其加剧了这一问题。因此，有必要分析探讨金融抑制和金融深化理论，以健全我国农村金融服务体系，满足农村金融服务需求。

第4章　地方政府的公共建设资金需求

地方政府的合法性在于履行地方政府职能，提供地方性公共物品，满足本地方经济社会发展和居民生产生活对公共物品的需要。地方性公共物品的生产和提供方式多种多样，但其成本的支付则是由地方政府财政收入来支撑的。而地方性公共物品需求随社会经济的发展呈现急剧增长和刚性化，导致地方政府财政支出规模十分庞大且不断扩张。

4.1　城市政府的基础设施建设项目类型

4.1.1　城市道路交通与轨道交通工程

随着我国综合国力的提升，城市乡村道路的发展也越来越先进，规模也在不断增长。现在，城乡经济化不断地发展，交通作为一个城市重要的发展要素，是不能缺少的枢纽。我们可以通过一个城市道路的发展来判断这个城市的发展，为了与城市发展相接轨，道路交通的发展也非常重要。想要一个城市能够快速发展，建立合理的道路交通管理系统是必不可少的，这是一个城市在时代发展中最为重要的因素。

公共道路及交通是我国政府技术建设中最为重要的部分，我国公路系统按照在路网中的编号和作用划分，可以分为：①国家干线公路，具有全国性政治、经济、国防意义的国家干线公路，简称国道，一般由中央统筹规划，地方具体实施，资金主要由地方政府承担；②省干线公路，在省级公路网中，具有全省性政治、经济、国防意义的省级干线道路；③县公路，具有全县性政治、经济、国防意义的县级干线道路；④乡公路，为乡村生产、生活服务并确定为乡级道路的道路；⑤专用道路，例如厂矿、林区、油田的专用道路等。

公共交通，泛指所有收费提供交通服务的运输方式，也有极少数免费服务。公共交通系统由道路、交通工具、站点设施等物理要素构成，在一些场合中，公共交通同义于公共运输。通常，公共运输包括人员与货物运输两个方面，而公共交通则只是指人员运输方面。狭义的公共交通包括城市范围内定线运营的公共汽车及轨道交通、渡轮、索道等交通方式。具体来看，轨道运输主要包括城市轨道交通系统、区域铁路、轻便铁路、有轨电车、缆索铁路、高速铁路、齿轨铁路、单轨铁路、动车、磁悬浮铁路和索道。道路运输主要包括公共汽车和无轨电车、快速公交系统。水路运输包括轮渡、水上的士。航空运输包括机场建设、民航系统等。总而言之，公共交通网的建设为城市经济的发展打通命脉，是城市的毛细血管，通过联络城市不同的功能分区，达到城市系统内部一加一大于二的系统优化的效果。

地铁是铁路运输的一种形式，指在地下运行为主的城市轨道交通系统，即"地下铁道"或"地下铁"的简称；许多此类系统为了配合修筑的环境，并考量建造及营运成本，可能会在城市中心以外地区转成地面或高架路段。地铁是涵盖了城市地区各种地下与地上的路权专有、高密度、高运量的城市轨道交通系统，我国台湾地区将地铁称之为"捷运"。

而在城市轨道交通中，轻轨与单轨、重轨及其中的地铁、市域铁路、市域快铁、城际铁路相对应，指的是在轨距为 1435mm 国际标准双轨上运行的列车，列车运行利用自动化信号系统，是城市轨道建设的一种重要形式。

1863 年，世界上第一条地铁——伦敦地铁运行，人类进入了地下轨道出行元年。多年后的今天，地铁作为疏导城市交通"大动脉"的"毛细血管"，已经成为解决人口密集的大都市出行难的最主要手段。世界上已经有 100 多座城市建成了地铁。据 2018 年 4 月 8 日中国城市轨道交通协会《2017 年城市轨道交通行业统计报告》显示，截至 2017 年年末，我国内地共计 34 个城市（包括七种制式的轨道交通）开通城市轨道交通并投入运营，开通线路 165 条，运营线路长度达到 5033km。已开通城轨交通包括地铁、轻轨、单轨、市域快轨、现代有轨电车、磁浮交通、APM 七种制式。总的来说，地铁具有以下优点：首先，地铁能够节省土地与减少噪声。由于一般大都市的市区地皮价值高昂，将铁路建于地底，既可以节省地面空间（令地面地皮可以作其他用途），又可以减少地面的噪声。其次，减少干扰。由于地铁的行驶路线不与其他运输系统（如地面道路）重叠、交叉，因此行车受到的交通干扰较少，可大量节省通营时间。最后，节能环保。在全球变暖背景下，由于地铁行车速度稳定、节省通营时间，而成为最佳大众交通运输工具；更因其不使用化石燃料而使用电能作动力，故没有尾气排放，不会污染环境。

而轻轨作为城市轨道建设的一种重要形式，也是当今世界上发展最为迅猛的轨道交通形式。城市轻轨具有运量大、速度快、污染小、能耗少、准点运行、安全性高等优点。同时，轻轨交通的建设对国民经济的增长具有积极推动作用，会带来社会和经济效益。它会带动相关产业的发展，能从房地产开发和商业经营中，直接回收投资成本。城市轻轨建设也将促进城市规划不断完善，加快住宅郊区化进程，使城市布局的不合理结构得以调整。轨道沿线将成为最具活力的地区，并进而成为房地产开发和城市新兴产业的首选之地。新兴的生活住宅区、工业和商业设施，会在轨道沿线重新划分用地格局。因此，轻轨建设在一个国家和地区的城市进程中占据重要地位。它可以满足经济、社会及城市发展的需要，突出城市的特点与功能，加速现代化的实现，会对城市布局、城市面貌、环境保护、住宅建设、市民居住模式和生活方式等方面产生积极影响。

总之，城市轻轨与地下铁道、城市铁路及其他轨道交通形式构成城市快速轨道交通体系。它可以有效缓解人口与交通资源、汽车与交通设施之间的紧张关系。轻轨作为改善城市交通现状的有效载体，成为现代化大都市的重要选择。它在极大程度上方便了乘客出行，使居民享受更高品质的生活。轻轨也更符合绿色交通的标准，轨道延伸之处的大规模市政配套设施建设，更有利于环境综合治理。

放眼国际地铁交通发展态势，世界各国都在以多形式、多途径来构建并保障自己的地铁交通健康安全体系。从莫斯科的制定规划减负到巴黎的方便乘车是根本，再到东京的安全便利显神通，这些都为我国起步较晚的地铁建设提供了宝贵的经验。

纽约是美国最大城市及第一大港，位于美国大西洋海岸的东北部。与美国其他任何一个主要城市不同的是，公共交通是纽约最受欢迎的交通模式，大部分人上下班通勤乘坐的是公共交通工具。纽约的轨道交通系统分为两个独立的系统——地铁网和通勤铁路网，其中地铁网为纽约中心城服务，覆盖中心城四个区。而通勤铁路网由长岛铁路、大都会北方铁路和新泽西运输铁路构成，覆盖了大中央车站、宾夕法尼亚车站等重要车站。两种系统各司其职，使得纽约地铁系统成为全美最为繁忙的城市轨道交通系统，也是世界第七繁忙的城市轨道交通系统。

巴黎作为法国的首都和最大城市，其地铁自 1900 年运行至今，总长度达到 215km。经过一个世纪的发展，巴黎地铁无论从其覆盖的范围、管理的完善还是运行的效率来看都可以说是世界一流的水平。但如今，由于公众资金的短缺，相关项目的投资被限制，巴黎地铁已无力再向郊外做更多延伸，其扩展的速度已经放缓。

在轻轨方面，英国对于轻轨和有轨电车没有明显的区分，不同主要表现在敷设方式和路权上，轻轨多在高架、地面或地下敷设，具有独立路权，有轨电车多敷设在街道上，与其他交通工具共享路权，但两者存在一个交叉的区域，少数有轨电车也会有独立路权，少数轻轨采用混合路权。

美国则直接将轻轨定义为：由有轨电车发展而来，具有更高的速度。它的特点在于其灵活性，其可以在地下、地面或者高架上敷设，享有独立路权；也可以在地面上与机动车辆一起运行。与西欧新型有轨电车所不同的是，美国的轻轨系统大多新建，严格界定为钢轮钢轨系统，且大部分都有独立路权，新系统严格按照"轻轨"的定义建设，较西欧的轻轨系统相比，很少存在与旧式有轨电车混淆的情况，但也未能完全排除混行有轨电车系统。这与国内现状较类似，国内不少人将以高架敷设为主的系统称为轻轨，而以地面线专用车道、路口平交的称为现代有轨电车。

我国地铁建设事业起步较晚，总体来看，其发展经历可以分为以下几个阶段：

1）起步阶段（20 世纪 50 年代）：我国开始筹备北京地铁网络建设，1969 年 10 月建成北京地铁 1 号线，全长 23.6km，随后建设天津地铁

（7.1km，现已拆除重建）、哈尔滨人防隧道等工程。该阶段地铁建设以人防功能为指导思想。

2）发展阶段（20世纪80年代），我国仅有北京、上海、广州等几个大城市规划建设地铁，该阶段地铁建设开始真正以城市交通为目的。

3）调控阶段（20世纪90年代），进入90年代后国内一批省会城市开始筹划建设地铁。由于项目多且造价高，1995年12月国务院发布国办60号文，暂停了地铁项目的审批，同时国家计委（现为国家发改委）开始研究制定地铁交通设备国产化政策。

4）建设高峰期（1999年以后），国家的政策逐步鼓励大中城市发展地铁交通，该阶段地铁建设速度大大超过之前的30年。

数据显示，中国现在每年都有40~50km地铁建成投入运营，但发达国家每年地铁建设里程也不超过10km。在地铁项目快速推进的背后，首要的问题就是引发安全隐患。例如，个别地铁建设不是单纯从建设工作技术要求的角度，而是参照重大活动的日程"倒排"工期。事实上，这种不合理地赶工期既会影响到地铁建设的结构和寿命，也会影响地铁的安全。再者，在地铁建设过程中相继发生的地面塌方，会对地下文物、水电通信等公共设施造成破坏阻断，甚至会造成人员伤亡的惨剧。另外，集中在信号系统和供电设备的地铁故障频发不允许等闲视之。可以说，随着越来越多的城市迈入"地铁时代"，公众对"地铁安全"的关注将持续升温。

地铁的盈利困局难以破解。众所周知，作为高造价、高成本运营的地铁，是城市公共交通的重要组成部分，其公共性、社会性和惠民性"天然地"高于商品性。在世界范围内，地铁作为国家经营的公共事业之一，一直处于亏损的尴尬境地。事实上，国产化不高是地铁造价太高的症结所在，即一些城市在修建地铁时从国外大量购进设备，无疑抬高了地铁的造价。另外，地铁本身的公益性又决定了票价不可能定得太高，这无疑导致了地铁运营后难免亏损的命运。再者，个别地铁建设的贪大求全引发的盲目攀比和奢华之风，导致运营成本大幅度增加，最后可能是建得起用不起。

再次，规划乱象堪忧。调查显示，为给地铁"让路"，曾出现武汉市百年老街被"腰斩"；大连市的15棵百岁老树"乔迁"；昆明市晚清古屋突遭拆迁等事件。如何处理好生态、文化保护和现代化发展的关系也是值得人们去思考与面对的。事实胜于雄辩，面对我国地铁存在的诸如迫在眉睫的安全"软肋"（技术、管理、人才等）、难以破解的盈利难题、运能"超负荷"等种种弊端，相关人士曾发出警告："地铁像一根魔棒，一方面带来交通便利、财富加速、城市升级的好处，另一方面也造成沿线自然、文化遗产等面临难以言说的困境。"

轻轨作为一种交通系统，于1979年前后传入我国，经过二十多年的筹建，2002年我国轻轨工程首个样板和示范在长春试运营。由于轻轨在国外大都表现为高架线，且国内标准规范关于轻轨的概念一直在不断变化，之后国内的北京地铁13号线、上海明珠线、武汉1号线、大连快轨3号线、重庆跨座式单轨交通以及天津9号线等，都曾被称为轻轨。

2013年，《国务院关于取消和下放行政审批项目等事项的决定》发布，明确城市轨道交通项目由省级投资主管部门按照国家批准的规划核准。随着这一文件的下发，城市轨道交通投资具体项目的核准权由国家发改委下放至省级投资主管部门，也就是说单条线路的工程可行性报告只要通过所在的省级发改委核准就行，但城市每一轮的轨道交通规划仍需要通过国务院批准。此次进一步的下放，可以给地方发展轨道交通带来不少便利之处，减少审批流程，提高工作效率，有利于地方加快前期工作进度。同时也能进一步释放市场的投资活力，能够让地方政府更好地根据当地实际需要和条件来安排项目。这一系列支持城市轨道交通发展的举措对地方也是一个极大的鼓舞。厦门、徐州、常州等传统意义上的"中等规模"城市地铁规划获批，也让更多的二、三线城市看到了希望。地方对下放轨道交通项目审批权期待已久。城市轨道交通有望再度成为地方通过投资拉动经济的发力点。

4.1.2 通信工程及地下管线工程

城市通信管道的施工以及线路的规划设计方面是政府公共工程中比较重要的工作内容，对城市化的全面建设发展有着积极意义。通信管道的基础设施建设工作的完善发展，是保障城市化进程加快的条件，只有将基础工作得到了完善，才能有利于城市化的进一步目标实现。

为深入贯彻落实《"宽带中国"战略及实施方案》《国务院办公厅关于加快高速宽带网络建设推进网络提速降费的指导意见》等文件精神，大力推进城市通信基础设施规划建设工作，日前住房和城乡建设部、工业和信息化部联合印发《关于加强城市通信基础设施规划的通知》（建规〔2015〕132 号，以下简称《通知》），要求 2016 年年底前，所有大城市、特大城市应完成通信基础设施专项规划编制工作，其他城市应于 2017 年年底前完成专项规划编制工作。《通知》指出：全面落实《国家新型城镇化规划（2014—2020）》《"宽带中国"战略及实施方案》，以及《国务院办公厅关于加快高速宽带网络建设推进网络提速降费的指导意见》（国办发〔2015〕41 号）要求，以加快构建"宽带、融合、安全、泛在"的下一代国家信息基础设施为目标，按照"统一规划、合理布局、远近结合、共建共享"的原则，结合城市规划改革创新，统筹各类通信基础设施规划，加强通信管线与其他管线的综合规划，推进通信基础设施建设和技术升级，提升通信网络覆盖范围和服务质量，促进通信基础设施建设又好又快发展。

总而言之，将通信光缆、机房、基站、铁塔、管道线路等通信基础设施纳入城市规划是城乡规划法、电信条例的基本要求，是落实"宽带中国"战略、构建下一代国家信息基础设施、全面推进信息化建设、促进信息消费的重要保障，是提升城市服务功能、提高城镇化发展质量的客观需要。在工业化、信息化、城镇化快速发展的关键时期，我国加快通信基础设施建设，对推动云计算、大数据、物联网等新兴产业发展，培育电子商务、现代物流等新兴服务业态，保障"互联网＋"发展，提升信息消费水平、建设智慧城市，具有非常重要的现实意义。

城市地下管线是指城市范围内供水、排水、燃气、热力、电力、通信、广播电视、工业等管线及其附属设施，是保障城市运行的重要基础设施和"生命线"。而管理体制和权属复杂，涉及政府 30 多个部门，各自为政、条块分割、多头管理的问题比较严重，敷设在地下的各种管线重叠交错、杂乱无章，施工挖断管线事故不断，违法占压管线等安全隐患突出，马路重复开挖问题屡见不鲜，管线安全事故日益增多。

根据《国务院办公厅关于加强城市地下管线建设管理的指导意见》，

要求"统筹地下管线规划建设、管理维护、应急防灾等全过程,综合运用各项政策措施,提高创新能力,全面加强城市地下管线建设管理"。地方政府要做到对地下管线的统筹,就必须把握三个方面的内容,一是统筹管线和道路建设。城市地下管线是城市道路的组成部分,道路各种地下管线的建设应当与城市道路工程建设统筹实施,管线建设计划应服从道路建设计划,与城市道路建设计划同步实施。二是统筹安排各专业管线工程建设,力争一次敷设到位,不能一次建设完成的,应预留管线位置。三是要建立施工掘路总量控制制度,严格控制道路挖掘数量和规模,减少"马路拉链"现象。

除了统筹建设外,各地政府的地下管线工程还包括要加强综合管廊建设和加大老旧管线的改造以及对管线的维护工作等。因此,积极展开规划工作,健全体制机制建设,引导社会资本的参与,是地下管线工程的可行途径。

现代城市水利以其特殊的水资源生态、环境、景观功能支撑着城市的经济发展,推动着人类文明的进步。随着我国现代化建设的快速推进和社会经济的不断发展,城市现代化建设中对改善水域环境的要求不断提高,近年来,我国许多城市越来越重视城市水利工程。

水与城市相生相息,城市与水和谐发展,让水走进城市,让城市融入水,是现代化城市建设对城市水利的内在要求。现代城市水利不仅强调水利工程的实用性和功能化,更注重功能与环境的融合统一,体现水利与城市人文环境的协调,以实现城市水资源综合利用效益最大化。

根据城市发展的需要以及人水和谐的关系,可以将城市的水系工程分为以下几个方面:

1)在城市蓄水供水方面,应重点开展水源保护区生态恢复与建设、水源地环境应急能力建设和水源地预警监控体系建设,同时加强城市水库、水源地保护与管理。

2)在城市防灾减灾方面,防洪排涝设施设计建设应与城市发展进程和生态文明城市建设相结合,构筑城市防洪排涝安全体系,综合使用工程设施与非工程设施,同时加强洪水管理与资源化利用。

3)在城市环境改造方面,从生态和可持续发展角度出发,开展城市水域生态系统保护和修复建设，合理划分水生态敏感区，全面保护与修复水生态，恢复和重建城市水陆缓冲带，兴建城市生态堤岸，保护与增加城市水域生物栖息地，同时加强水域生态环境的现代化治理。

4）在城市旅游发展方面，建设完善的水文化设施，挖掘滨水文化资源，开展丰富的城市水文化活动，全方位、立体式扩大水文化旅游促销。同时加强城市水文化传承与创新。

5）在城市景观设计方面，应通过亲水护岸、亲水平台和亲水步道的设计，进行城市滨水区域亲水空间设计；通过道路设计与交通组织和环境设施及小品的设计，进行城市滨水区域硬质景观设计；通过建筑与周边环境的融合、场所特征的营造和建筑形态的塑造，进行城市滨水区域建筑景观设计。

4.1.3　公共性住房工程及公共卫生工程

我国商品房交易市场大约有 25 年的发展历史，经过 25 年的发展和探索，房地产行业已经成为推动中国经济发展、解决民生保障等方面的支柱性产业。在拉动中国近 10 年经济快速增长的同时，保障性住房建设开发不但较好地解决了城镇居民的生活居住问题，同时也改善了住房居住结构，改善了人民生活质量，提高了居民生活水平。房地产行业在中国国民经济发展中，占有十分重要的战略地位，保障性住房作为房地产业建设开发的重要工程之一，其建设开发的规模与成效具有十分重要的意义。

保障性住房是指政府为中低收入住房困难家庭所提供的限定标准、限定价格或租金的住房，一般由廉租住房、经济适用住房、政策性租赁住房、定向安置房等构成。

自住房市场化改革以来，我国逐步建立了以经济适用房、廉租房、公租房、共有产权房为主的保障性住房供给体系，以及以金融支持和税收减免为主要内容的住房保障政策体系，住房保障已基本覆盖城市户籍低收入群体。随着经济转轨、社会转型以及深度城镇化，住房保障面临新的时代诉求与挑战。一方面，我国城市发展正处在投资驱动向创新驱动转型的关键时期，一、二线大城市对人才的迫切需求赋予住房保障体系建设以新的阶段性任务，另一方面，随着城镇化的深入推进，大城市人口持续流入，被排斥在住房保障体系之外的大量外来务工人员与"夹心层"住房支付能力急剧下降。党的十九大报告明确指出："坚持房子是用来住的、不是用来炒的定位，加快建立多主体供给、多渠道保障、租购并举的住房制度，让全体人民住有所居。"因此，有必要重新审视我国城市住房保障的发展方向，探索适应新时期发展的住房保障体系。

保障性住房有别于完全由市场形成价格的商品房。首先，保障性住房建设是重大民生工程、重大发展工程，不仅有利于保障和改善民生，有利于改善住房居住结构，而且能够增加住房的有效供给，降低房屋价格上涨速度，抑制房地产市场泡沫的扩大，也有利于房地产市场建设与开发的结构优化，平衡市场的有效供给，扩大消费需求，带动相关产业共同发展。其次，我国住房供应结构不够合理，属于保障性住房的住房供应数量比重过低，而被商品房垄断的房地产市场，必然导致购买人群的增加而出现供应不足，从而导致短期内房价过快增长的恶性循环。改变我国住房供应结构应该是长期的过程，保障性住房的建设开发由于其自身开发的难题较多，使我国保障性住房建设开发任重而道远。最后，地方政府应该响应中央对保障性住房建设与开发的号召，只有将保障性住房的数量与质量按中央计划落实到位，才能扭转住房供应结构不合理的局面。改善住房供应结构是一个长期的工作，并借助相应的扶持政策与调控措施，逐渐将政府在房地产行业发展的中心转移到改善供应结构来，必须确定保障性住房建设开发的重要作用，将大力发展保障性住房建设开发作为前提。

卫生事业发展与人群健康状况存在着密切的关联性，它直接决定与影响着人群的多维健康状态。在中华人民共和国成立后经过第一次卫生革命，我国对于影响人群健康的传染病、寄生虫病与地方病等疾病进行了良好的管控，从而大幅度提高了人群的期望寿命，降低了孕妇死亡率和新生儿死亡率，在这一过程中卫生服务体系发挥了极其重要的作用。随着人群生活水平的提高，影响人群健康的主要疾病也发生了变化，我们面临的主要卫生任务也由传染病、寄生虫病与地方病转为应对慢性非传染性疾病对人群的健康损害，我国建立了存在城乡差异化的卫生服务体系，而随着人群健康状况和健康服务需求的变化，城乡卫生服务体系也在发生相应的变革。根据中国社科院的研究报告，在2011年我国的城市人口首次超过农村人口，这意味着城市卫生服务体系将会承担越来越多的健康服务任务，这也要求城市的卫生服务体制必须适应任务的变化进行相应的功能提升与变革。

在我国城市卫生服务体系中主要是由综合性大医院与城市卫生服务中心或卫生服务站来提供卫生服务。根据卫生资源分布特点，大型综合性医院拥有较多的优质资源，而社区卫生服务机构相对资源较少。资源配置的"倒三角"状态与我国卫生体制改革的要求存在较大差距，这意味着如果要依靠社区卫生服务机构为人群提供基本医疗服务和公共卫生服务就必须对社会卫生服务的体制与管理模式进行更多的思考。

4.1.4　街道绿化工程及公共文体工程

据史料考证，早期城市绿化脱胎于私人庭院绿化，以植树为主要建造手法。随着现代工业迅猛发展，城市化进程不断加深，城市绿化建造手法不断翻新，经营理念也发生着巨大变化。如果说自 20 世纪 80 年代以来，中国城市绿化还是处于注重视觉景观与美学价值为主的初始阶段，则中国城市绿化正经历着向改善城市生态环境，形成人与环境和谐相处的所谓生态型城市绿化格局的深刻变化时期。主要表现在城市绿地功能由城市的景观要素转向发挥景观与生态双重功能的城市景观生态亚系统，生态功能作用的重要性日益突出，成为衡量城市生态系统稳定性的重要指标体系。

我国典型城市绿地的承担和生态功能主要包括如下几个方面：①改善城市空气；②调节城市局部小气候；③利用绿化植物的光合作用，促进城市氧平衡；④承担了保护有价值的生境的功能；⑤人口集中的大中型城市，绿地系统还承担了城市防灾减灾的功能。

城市绿化转型是区域经济发展、城镇化进程加快、城市生态环境恶化以及人民生活水平提高等因素综合作用的必然结果。转型期不断涌现出的城市绿化新模式、新观点、新思路、新理念，推动了中国城市绿化的建设和发展。但在城市绿化建设实践过程中，仍有一些难以克服的矛盾，如城市快速发展与城市绿地紧张的矛盾、传统的园林景观审美观与生态园林审美观的矛盾等。转型期对城市绿地系统规划与城市总体规划协同性提出了更高的要求。

公共文体设施项目不同于公共项目中的基础设施建设项目。基础设施建设更加具有先行性和基础性，即基础设施建设在社会建设中必须首先完成，它是进行其他社会活动所必不可少的基础性条件，如果缺少这些条件，其他社会产品或服务就难以生产或提供。

相对而言，公共文体设施项目具有以下特征。第一，功能的非基础性。就公共文体设施项目独有的功能而言，包括以下三个方面：一是与配套基础设施高度融合，体现景点化特征；二是带动配套基础设施及相关产业发展；三是促进人口聚集，树立特色文化。由此看来，公共文体设施项目具有独特的社会功能。第二，效益的兼顾性。首先，公共文体设施项目不仅关系到项目本身的发展运营，更加关系到其辐射区域内人们的精神文化生活能否得到满足以及城市文化事业能否得到发展这一问题。其次，公共文体设施项目具有公益性定位的同时，还兼顾了经济效益和社会效益；其经济效益表明并非所有的公共文体设施项目都能够向公众免费开放，因此必须拥有投资回报，其社会效益表明，作为公共项目的重要组成部分，公共文体设施项目尤其是大型设施建设项目依然要为公众服务，为广大公众提供文化产品及服务。第三，投资的复杂性。公共文体设施项目并非只包括主体建筑本身，还包括主体之外的各种配套基础设施。公共文体设施项目投资回收时间长，项目融资能力差。与基础设施收回投资不同，公共文体设施项目的投资回收具有不确定性。公共文体设施项目多由政府主导实施，其投资几乎全部来自政府财政，其运营和管理多采取政府成立专门事业单位的形式进行。这一模式也暴露了其潜在的问题，如资金来源结构单一，政府财政压力过大；运营主体效率低下，项目领域缺乏竞争；运营管理模式不健全，行政干预过多等。因此，采用新的模式建设公共问题措施来提高公共文体设施供给的有效性显得十分必要。

4.2 地方政府负责的乡村建设项目

4.2.1 乡村道路建设工程

近年来，随着农村经济的快速发展，农村道路建设力度的不断加大，农村道路在整个国民经济发展中的地位和作用日益凸显，正所谓"道路通，百业兴"，农村道路已经成为我区经济建设和社会发展的"脊梁骨架"和"血脉通道"。农村公路是广大农村地区生产生活的先导性、基础性、服务性设施，是我国公路网的主要组成部分。农村道路是新农村建设的一项重要内容，加快农村道路的发展，既有利于农村经济的快速发展，也有利于和谐社会的实现。"十一五"期间，国家提出加快农村公路建设是农村基础设施改善的一项非常重要的任务，在"十一五"末，要让全国具备条件的乡（镇）基本通沥青（水泥）路，截止到 2017 年，我国农村公路的里程已达四百多万千米。

"十一五"期间我国农村道路建设已取得了令人瞩目的成就，总的来说，农村道路总里程显著增加，建设速度发展迅速，通达程度不断增加，路面状况不断改善，政府在逐步加大对农村公路的投资力度，发展规模也比以前扩大了，农村交通运输条件有了明显的改善。但具体来看，一些问题仍旧存在，主要表现为以下几个方面：①农村公路地区间供给不平衡；②农村公路资金缺口大；③缺乏科学的供给决策机制等；④乡村道路建设的规划无序；⑤乡村道路建设质量参差不齐；⑥乡村道路建设养护不到位等。

由于我国幅员辽阔，地区发展不均衡，导致各地区尤其是农村地区道路建设问题多、制约多，乡村道路建设一度非常困难。然而道路是连接地区间、城乡间的桥梁，道路不仅可以为农村居民带去更多的物质文明，而且还能极大地丰富农村居民的精神生活，使得城市反哺农村变为可能。因此，根据我国农村道路需求和供给的实际，按照效率与公平兼顾的原则，构建一个符合我国农村实际情况、切实满足社会主义新农村建设、统筹城乡发展和构建和谐社会要求的农村公路供给制度迫在眉睫。

4.2.2　乡村居民的生活配套设施建设

1. 乡村居民点整理

乡村城镇化是农村社会经济发展的必然趋势。在众多的乡村城镇化影响因素中，土地配置是其中最重要的基础影响因素之一。如何通过优化土地配置，以适应乡村城镇化的需要，是我国乡村城镇化进程中的基本研究课题。与高速发展的农村非农化水平比较，乡村城镇化却相对滞后，生活基础设施和公益建设与农村经济发展速度没有同步。乡村城镇化相对滞后于非农化，原因是众多的，但其中最重要的一个原因，就是农村居民点用地分散、零乱，使得基础设施投资大，利用效益低，社会福利投资也分散，从而在很大程度上，抑制着乡村城镇化进程，具体表现在以下几个方面：①用地布局松散，人均用地量大，生活基础设施建设成本高，我国农村经济体制改革以来，农村经济得到飞速发展，农村非农产业的比重大大提高；②建筑密度大，容积率低，不利于居民点内部结构的优化；③建筑质量差，结构老式，生活设施差，环境较为恶劣，就地城镇化的内在生命力不强；④生产与生活双重性明显，不利于居民点用地的功能分区。可以看出，要改善农村居民点的生活居住环境，促进人口与产业的集聚，实现乡村城镇化，就必须改变农村居民点用地现状，对农村居民点用地进行整理，通过整理，优化土地配置，在提高农村居民点用地利用效率的同时，实现传统农村向现代农村的发展。

农村居民点用地整理，是针对农居点用地零散、无序现状，而采取的土地整治、改造等土地建设工程及其土地产权调整的总称，是促进农村居民点土地利用有序化、合理化、科学化的根本手段之一。开展农村居民点用地整理，对实现我国乡村城镇化的必要性表现在以下方面：首先，是可以增强乡村城镇内在动力的需要；其次，是乡村社区发展的基本要求；再次，是实现农村居民点用地由粗放型向集约型转变的客观需要；最后，可减轻中心城镇人口压力，引导乡村城镇化。

2. 乡村医疗卫生建设

随着经济的不断发展，在一定程度上促进了东部地区以及城镇区域的快速发展，但是很多偏远地区和资源稀缺地区还存在很多的问题。我国人口数量较大，农村人口占据较重比例，很多农村区域的医疗设备和保障体系不健全，导致人们看病比较困难，城镇和农村差距逐渐增大，很多地区的医疗条件甚至不能满足人们实际的生活需求，在面临突发性事件时没有转圜余地。

党的十六届五中全会通过的《中共中央关于制定国民经济和社会发展第十一个五年计划的建议》（以下简称《建议》），将建设社会主义新农村确定为我国现代化进程中的重大历史任务，《建议》用"发展生产、生活宽裕、乡风文明、村容整洁、管理民主"二十字方针作为建设社会主义新农村的目标和要求。在部署社会主义新农村建设工作中，中共中央坚持以人为本，着力解决农民生产和生活中最关心、最现实、最迫切的问题。社会学家陆学艺指出"推进新农村建设，问题的关键不是政府给农民什么，而是农民需要什么。"而农民最关心的热点和难点问题主要集中于农村公共社会事业发展滞后方面。因此《建议》把加强农村公共卫生和基本医疗服务体系建设作为社会主义新农村的重点工作之一。

农村公共卫生安全状况存在许多安全隐患，SARS 和禽流感已经暴露出我国农村公共卫生体系的高风险性，这些安全隐患集中表现在以下几个方面：①基础卫生设施严重不足；②农村卫生人员的整体素质不高；③环境的严重污染威胁到村民的身体健康；④农村卫生市场秩序混乱。为此，需要加大农村卫生投入，改善农村基础卫生设施；改善农村医务人员待遇，提升农村医务人员素质；加强政府在农村卫生工作中的主导作用，包括：预防和控制重大传染病在农村的流行和扩散，为群众提供基本的医疗保障，加强对卫生行业的监管力度，维护农村群众的经济利益和就业安全；减少污染，保护农村生态环境。因此，应当缩小农村和城镇的发展差距，对公共卫生事业进行财政资金的投入，营造良好的工作环境，在资金条件的保障下，改变公共卫生事业落后的现状，促进公共卫生事业的长远发展。面临卫生突发事件时，应该切实提高自身的预防能力，提供人们身体健康的相关保障。政府应该发挥自身的监督职责，有效开展公共卫生事业，维护卫生安全环境。针对比较落后的地区，政府应该给予医疗救援，缩小与城镇之间的差距，提高医疗条件的质量。

党的十六届五中全会做出建设社会主义新农村的重大历史决策，应当抓住这个有利时机，把农村卫生建设与社会主义新农村建设相结合，建设和谐农村，是我们义不容辞的历史使命。乡村公共卫生事业的完善需要很长时间，仅依靠小部分的人也不能取得良好的效果，这是一个全民性的事业，对国民发展具有重要意义。完成公共卫生事业工作，需要将管理工作中的问题进行有效解决，并且进行完善和改进，对疾病起到预防作用，保证人们的身体健康，促进公共卫生管理事业的稳定发展。

3. 乡村文化设施建设

加强农村文化建设，是落实"三个代表"、科学发展观、构建社会主义和谐社会、全面建成小康社会的内在要求，是建设社会主义新农村、满足广大群众多层次多方面精神文化需求的有效途径，也是广大农民群众自觉践行社会主义核心价值观的内在要求，对促进农村经济发展和社会进步，实现农村物质文明、精神文明、政治文明、生态文明的协调发展，具有重大意义。随着农村物质生活水平的不断提高，广大农民群众在精神层面需求的愿望日益强烈。这就需要我们在加快农村经济发展的同时，不能忽视农村文化建设，要向他们不断提供丰富的文化产品和精神食粮，共享文化改革发展的成果。

然而农民的文化生活简单，农村文化建设面临问题多，亟待从多方面不断加强。表现在如下几个方面：①公共文化设施陈旧落后，无法适应广大农民群众的文化生活需求；②文化活动缺乏层次，文化产品内容单调乏味，质量差；③农村文化人才队伍匮乏，由于农村的基础条件比较薄弱，待遇难以落实，许多文化工作者纷纷转移岗位；④资金匮乏，农村文化设施建设和文化活动难以正常开展。许多地方的农村文化建设和活动依赖于地方财政拨款和自筹，而有些地方本来财政就比较困难，自筹资金无法落实，导致文化建设投入不足，资金缺口较大，文化建设项目无法到位。已有的文化设施、活动中心、乡文化站或村文化活动室，配套设施很不完善，不能正常发挥应有的作用。

农村文化建设是建设社会主义新农村的需要。要采取有效举措，以农村文化活动中心建设为重点，以加强农村公共文体设施建设为契机，使农民群众精神充实和农村文化繁荣，不断提升广大农民群众文明程度和素养，建成社会主义新农村，实现农村全面发展，实现全面建成小康社会的伟大目标。

4. 乡村体育设施建设

随着国务院《全民健身计划（2011—2015）》和国家体育总局《体育事业发展"十二五"规划》的颁布与实施，各省市和地方对国家发展农村体育精神的领会和贯彻落实，使得农村体育工作得到了进一步的发展和提高，农村整体生活质量得到了显著改善。在农村体育事业发展过程中，其尤为显著的是在以往国家政策对农村体育事业发展的关心和支持下，农村公共体育设施在数量和质量上分别得到了提高，使得农村公共体育设施具有了相当规模，其为农村公共体育事业的发展奠定了坚实基础。

然而农村公共体育设施在建设和发展过程中也出现了不少问题，包括：农村经济发展的落后无法满足建设农村公共体育设施资金的需要；农村公共体育设施建设点难以确定的问题；部分体育设施缩短了使用寿命，表现出在使用管理上存在着缺位现象；农村公共体育设施使用率低等问题。

同时，我们要意识到农村地区的经济和社会发展条件千差万别，不同地区农村传统习惯和农民生活方式也差异显著，传统的行政化和集中化的政府体育公共服务供给势必在农村形成资源浪费，造成农村体育公共服务供给中的"供非所需""供需矛盾"的局面。因此，建立农民需求与政府供给相结合的体育公共服务供给决策方式；加强农村体育公共服务供给主体的责任，探索农村体育公共服务的多元供给；构建农村体育公共服务供给中的需求表达机制；健全农村体育公共服务供给的监督评估体系，对于农村体育公共服务高效供给具有重要意义。

5. 乡村养老设施

人口老龄化是我国 21 世纪的热点问题。据《中国统计年鉴 2017》显示，截至 2016 年年底，我国 65 岁及以上老年人口已达 1.5 亿人，占总人口的 10.8%。而在全国 1.5 亿老年人口中，有超过六成以上的老人生活在农村，农村养老问题形势严峻。然而，和城市的老人相比，农村老年人可选择的养老设施非常少，农村养老设施的建设迫在眉睫。

长期以来，由于我国特殊的城乡"二元体制"及"农村支持城市"政策，政治经济发展重心集中在城市，地方经济收入不足，广大农村基础设施建设和公共服务供给落后，普遍存在养老机构、医疗保健、文化休闲等公共设施投入不足、建设落后的现象。

农村养老问题不仅与乡村本身的空间特征有关，还与国家发展的政策导向有关，问题更加复杂。面对农村老龄化浪潮，农村养老服务设施正在逐渐发生变化，但农村养老服务设施在设施建设投入、政策规范、监督管理等方面与城市相比还存在很大差距。2014年，住建部等多部门联合发布《关于加强养老服务设施规划建设工作的通知》，提出要充分认识做好养老服务设施规划建设工作的重要性，合理确定养老服务设施建设规划，严格执行养老服务设施建设标准，强化养老服务设施规划审查和建设监管。在未来的养老服务设施规划建设过程中，应进一步加强对农村养老设施的现状与需求、建设规范、供给机制和监督管理等方面的关注，为妥善解决中国农村老年人的养老问题做好准备。

4.2.3　基本农田整理、生态环境建设和水利设施建设

1. 农村基本农田整理

基本农田是我国农业的命脉，是耕地中最为宝贵的部分，是人们赖以生存最重要的物质基础。基本农田的质量好坏、标准高低，直接关系到我国农业生产的发展和农村经济的繁荣。

在我国现有耕地中，基本农田占80%以上，成为耕地中最宝贵的"核心田"。然而最宝贵的"核心田"现状不容乐观，绝大多数没有达到"核心田"应起的核心作用，中低产田占了大部分，高产稳产田比例不多。即使高产田与发达国家相比也有较大差距。这些中低产田呈现的共同特点是现有的农田水利设施标准低下；不能发挥应有的作用，有的年久失修，有的残缺不全，有的甚至无必要的水利设施；土地平整不充分；水土流失严重，耕地质量下降；电力等设施不配套，无法满足农业生产的需要；生态建设滞后，有的环境质量下降等。

近年来，我国农业基础尽管有较大改观，但脆弱的状况并没有得到根本改变，主要反映在基本农田标准低，无法有效抵御自然灾害。基本农田质量上不去，提高农业综合生产能力、繁荣农村经济就是一句空话；粮食安全就无法得到保障。提高基本农田的标准与质量，让其成为耕地中真正的"核心田、安全田、高产稳产田"已成为当前乃至今后农业生产最主要、最紧迫的一项任务。在目前条件下，针对基本农田相对落后状况，最有效的途径就是开展有计划、有规模的基本农田整理。

国务院于2004年出台了《国务院关于将部分土地出让金用于农业土地开发有关问题的通知（国发〔2004〕8号）》，明确规定了各级财政都必

须将土地出让金按比例核定用于农业土地开发。为进一步解决农业基础落后问题，党中央、国务院又于2004年12月31日下发了中发〔2005〕1号文件《关于进一步加强农村工作提高农业综合生产能力若干政策的意见》，提出以严格保护耕地为基础；以加强农田水利建设为重点，以科技进步为支撑；以健全服务体系为保障，要求各级政府采取综合措施，加大农业基础设施投入，尽快提高农业综合能力，繁荣农村经济。党中央、国务院的决定，为从根本上改变基本农田现状奠定了坚实基础，不仅解决了建设基本农田资金不足问题，而且也为我们开展基本农田整理指明了方向，使我们进一步认识到要改善农业基础、提高农业综合生产能力；繁荣农村经济，加强粮食安全，必须加大投入力度，大力开展基本农田整理。也就是说，基本农田整理是基础和前提，不进行基本农田整理，农业基础薄弱的现状就无法改变，农业综合生产能力就无法提高，繁荣农村经济的目标就无法实现。因此，开展基本农田整理是改变基本农田现状的必然选择。

当地政府应当：①健全完善土地整理项目管理制度。加强对土地整理项目可行性研究、规划设计、变更设计、施工、监理以及验收阶段的管理，尤其完善土地整理项目的各项标准和管理制度，增强土地整理规划设计的科学性和可操作性，提高土地整理的效益。②重视前期资料收集整理工作，提高测绘精度及数据的准确性。前期时间仓促，投入不够，在很大程度上会造成数据不准确。应适当提高前期投入比例，提高对测量结果的审核要求，为以后规划的制定提供良好的基础。③将乡村振兴的思路纳入规划体系中。习近平总书记在党的十九大报告中指出，实施乡村振兴战略。巩固和完善农村基本经营制度，保持土地承包关系稳定并长久不变，第二轮土地承包到期后再延长三十年。这有利于提高农民通过土地整理提高土地的经济、社会、生态效益的积极性。近年来的实践已经证明，通过改造旧的村庄，加强农田设施建设，可以有效改善农业生产条件，提高农田生产能力，降低农业生产成本；扩大经营规模，促进农业的机械化和规模化的发展，增加农民收入。因此，土地整理规划除了要大力开展基本农田整理，加快建设基本农田保护示范区外，还要在建设社会主义新农村，实现乡村振兴上下功夫，彻底改变当地农业生产条件，改变农民旧有的生产方式，提高农民生活水平。④做好与其他规划部门的实质性协调。改变土地整理由国土部门一家单打独斗的局面，土地、农业、交通、环保、水利、林业等部门都要参与到土地整理中。进行土地整理项目规划时，要认真了解相关部门的规划，尽量使规划方案达到最优。在进行田块划分时，要注意田块的规划用途是否符合土地利用总体规划的用地分区要求，与农业部门确定的农业结构调整方向是否一致，水利工程建设与当地水利部门配合实施，整个项目的实施取得环保部门的同意。当规划与相关规划不协调时，应充分听取有关部门的意见，做好协调工作，保证规划的顺利制定和实施。⑤加强公众宣传，提高公众素质。对公众尤其是对农民要深入普及土地整理的意义以及长远目标，让农民确实感受到土地整理的优越性，提高农民的整理意识。在项目的可行性研究、申报、规划设计阶段，多听取项目区农民的意见建议，让农民参与到土地整理整个过程中，设计方案要体现公众的意愿，尽可能与公众利益一致，从而保证规划的科学合理。

2. 农村生态环境建设

近些年，随着我国新农村建设的不断推进，我国农村经济快速发展的同时，农村环境问题却日益严峻。美丽乡村建设是在新农村建设基础上提出的，其不仅是美丽中国建设的基础和前提，更是推动我国农村生态文明建设和提升新农村建设的新工程和新载体。2013年，中共中央"一号文件"提出要"加强农村生态建设、环境保护和综合整治，努力建设美丽乡村"。作为新农村建设的升级版，美丽乡村对环境有着更高的要求。首先我们应该解决农村"脏、乱、差"问题，使农村真正达到新农村建设所提出的"村容整洁"。其次使我们的建设达到"清洁水源、清洁家园、清洁田园"。再次使我们农村的生态环境达到适居、宜居的程度，使农村达到清洁生产、绿色生产、循环生产的目的。总的来说，要加快美丽乡村建设，重塑乡村的美丽环境是我们面临的一大课题。

我国农村生态环境污染包括：①农业生产方式和农村经济发展造成面源污染逐年加重，例如化肥、农药、农膜、柴油的不合理使用造成严重的农村环境污染；畜禽养殖场逐步规模化专业化，造成水体和环境污染日益加重；②生活垃圾处理缺失造成农村生活垃圾污染严重；③伴随农村工业化而来的"三废"治理缺失而造成的污染。这与我国当下地方政府唯GDP为首的政绩观，经济基础条件差，经营方式粗放，农民素质较低不无关系。

为此，地方政府要积极推动并转变我国农村现有的生产方式，建立以现代科学技术为基础的现代农业；加大对农村基础设施建设投入，坚持工业反哺农业，城市支持农村。只有政府与社会力量联合投资农业，使资金不断地向农村流转才能更好地加快农村环保基础设施的建设。通过农业基础设施的建设，使农村的垃圾有回收地，才能避免农村脏乱差现象的出现，才能更好实现"美丽乡村的建设"；最后，完善环保法律体系，加强环境规范管理。

总之，要实现"美丽乡村"的目标，必须有农村生态环境可持续发展的新思路，必须加快农村基础设施建设，完善环境保护法律体系，加大环境保护力度。只有把生态环境搞好，美丽乡村的建设目标和党的十八大提出的"美丽中国"的奋斗目标才能更早地实现。

3. 农村水利基础设施建设

农业是我国的第一产业，也是农村的产业基础。农村的发展首先是农业生产的发展，即以粮食生产为中心的农业综合生产能力的提高，而农业综合生产能力的提高，在很大程度上取决于农村水利事业的发展。农村水利建设是确保农业增产增效和农民增收的必要条件，是提高农民生活水平和生活质量的重要条件，同时也是改善农村生态环境的重要保障。因此，农村水利基础设施建设不仅关系到我国长期的粮食安全，更关系到农民增收、农业可持续发展的基础条件。

农田水利基础设施的投资不仅能够产生一定的经济效益，更关系到改善我国农业生产条件、提升农民生活水平和保障国家粮食安全的战略层面。因此，近年来，国家大幅增加了对农业水利设施的投资。从中央财政预算投资资金来看，2012 年开始，我国中央用于小型农田水利设施建设的资金大幅增长，较 2012 年之前增长了 69%，而用于灌区改造的投资增速更快，2015 年达到 191.4 亿元，较 2014 年增长 68%（如图 4.1 所示）。预期国家对于农业的投资力度不会减缓，反而由于拉动内需和稳增长的要求会有增强的趋势，而农田水利基本设施是农业投资的重点。预期，在国家 2020 年建成 8 亿亩的高标准农田的目标推动下，国家对于农田水利设施的投资还会继续加大。2015 年，全国水利建设完成投资 5452.2 亿元，较上年增加 33.5%。在全年完成投资中，中央项目完成投资 109.1 亿元。2016 年，中央财政资金支付超过 700 亿元用于农田水利改造，加上地方上的政府配套资金，全年农田水利改造的总财政支出将达到千亿元，较往年增长显著。2017 年将有 15 项重大水利工程新建开工，将使在建规模超过 9000 亿元。

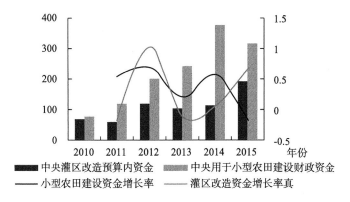

图 4.1　中央水利投资情况

数据来源：中国统计年鉴。

　　但是，根据 2016 年的数据来看，地方政府农林水支出为 17808.29 亿元，占整个农林水支出的 95.8%。由此，我们看出农林水支出大部分仍是依赖于地方政府支出，而地方政府又存在着投资能力不足、资金管理不善等问题。然而，在全球气候变化与社会经济不断发展的背景下，我国极端洪旱事件发生频次明显增多、水资源矛盾不断加剧、水环境问题日益严重，与此同时，我国农田灌溉用水效率低下与设施老化失修等问题依旧没有得到全面而有效的解决，因此公众对水利项目建设的需求大幅增加，需要大量的建设资金。一般情况下，农田水利的建设主要依靠政府财政拨款，但这种由政府单方供给的模式已不足以支撑当今的社会发展需求，易引发资金短缺问题，从而局限了农田水利的项目建设与发展。因此，亟须寻找一条新的措施来解决好地方政府农田水利设施建设的资金问题。

4.3　公共项目的资金缺口

4.3.1　城市公共项目资金缺口

　　固定资产投资主要分为制造业投资、房地产投资以及基础设施建设投资，其中制造业投资是衡量实体经济发展的先行指标，它体现了实体经济中企业的投资额和投资意愿，因此也是看待经济发展市场信心的关键指标之一。房地产投资是以房地产为对象，为获得预期效益而对土地和房地产开发、房地产经营，以及购置房地产等进行的投资，它的行为主体是房地产开发企业，房企购置土地、将基础设施建设与融资联系起来，是因为基建是投资最大的推动力，也是信贷需求的最大来源之一。由数据可知（如图 4.2 所示），2003—2017 年基础设施建设、制造业以及房地产业三者合计占据了我国固定资产投资完成额的 80% 左右。除了房地产业的固定资产投资完成额一直处于第三位外，基建和制造业的投资完成额在不同年份均处于领先地位。固定资产从投资到完成需要一定时间跨度，本年度的固定资产完成额往往反映了前两三年间新增固定资产投资的多寡。2015—2017 年基础设施建设占总固定资产完成额的比重一直稳定排在第二，随着经济形势变化，中央对基建投资的重视程度和政策支持力度也会发生改变。根据统计资料整理，2017 年全国基础设施建设占固定资产增量的 60% 以上，2018 年 7 月底，中央政治局会议召开，在总结上半年经济形势的同时对下半年经济发展思路做出指导，认为由于宏观经济形势发生明显变化（中美贸易战带来我国外部环境变化），中央对此提出"六稳定"的要求，从财政政策的发力方向上看，基建加码将作为财政政策的重要方向。基础设施建设对宏观经济运行的支柱作用再一次被提到新的高度。

在整个市场对重启基建满怀期待的同时，我们不禁发问：基础设施建设的资金从何而来？从统计口径上看，基础设施建设资金主要来自五个方面：国家预算内资金、国内贷款、利用外资、自筹资金和其他资金。从1996—2017 年数据看（如图 4.3 所示），自筹资金始终占比最大，2017 年数据为 65%，2015 年自筹资金的占比达到峰值为 71%，此后呈下降趋势。国内贷款占比偏小，并呈现逐年下降的态势，2017 年占比为 11%，而利用外资从 20 世纪 90 年代占比超过 10% 降至几乎为 0 的状态，2015—2017 年三年占比均不足 1%。

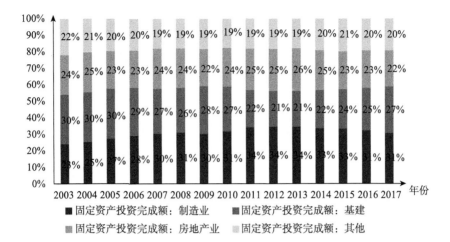

图 4.2   2003—2017 年不同行业固定资产投资完成额

资料来源：Wind 经济数据库。

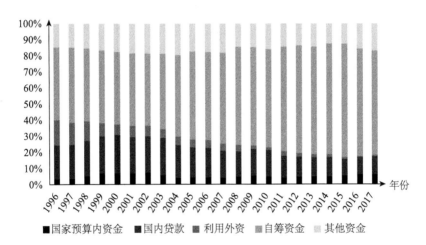

图 4.3   1996—2017 年固定资产投资资金来源占比

资料来源：Wind 经济数据库。

1. 国家预算内资金

国家预算内资金指的是被列入国家预算收支计划，且由财政集中分配使用的资金。国家预算内资金包括一般公共预算、政府性基金收入、国有资金经营预算和社保基金预算，也就是说国家预算内资金的来源是通过财政收入而来的国有企业上缴的利润和税收以及其他相关城乡的税收。其中政府性基金预算在统计中往往被计入自筹资金口径中，国有资金经营预算占国家预算内资金的份额不足1%，社保基金预算定位只在资本市场上寻觅投资机会实现增值保值而鲜少涉及产业基金❶，目前阶段与基建相关性不大。

国家公共预算资金主要来自于一般公共预算，其主要对应的是以税收为主体的财政收入。财政收入与国家经济发展密切相关（如图4.4、图4.5所示），近年来GDP增速总体呈下降趋势，受宏观经济下行趋势影响，政府公共预算资金并不乐观。与基建投资相关，来自国家预算内资金的投资不可能成为基建开支主力。

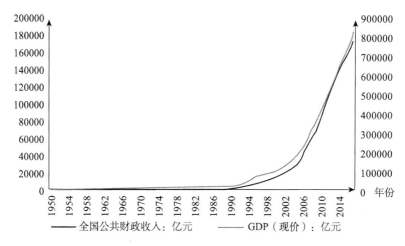

图4.4　1950—2017年全国公共财政收入与GDP（现价）变化

资料来源：Wind经济数据库。

2. 国内贷款

国内贷款即向国内金融机构借款，主要是指向银行金融机构借款。商业银行等银行类金融机构通过发放贷款创造信用，由于我国是以间接融资为主的金融体系，因此它也是我国货币创造最主要的方式，其相比表外融

---

❶　社保基金参与产业基金问题：2015年出台《基本养老保险基金投资管理办法》要求各省区直辖市当且仅当有养老基金结余时，可在预留一定给付后，确定具体投资额度，委托国务院授权的机构进行投资运营。投资国家重大项目和重点企业股权的比例，合计不得高于养老基金资产净值的20%。

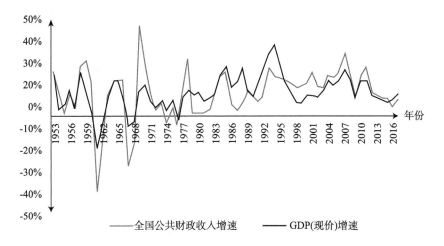

图 4.5　1953 年至今公共财政收入增速变化与 GDP 增速变化一致

资料来源：Wind 经济数据库。

资更为稳健。国内贷款主要受到货币政策的松紧与银行风险偏好等因素影响。

3. 利用外资

利用外资是指通过利用国外的货币资金（比如借入国外资金、吸收国外投资、接受国外经济援助等）和以物资、技术、专利等表现的国外资本，以解决本国资金、设备不足的困难，或进行资金调节，达到发展本国经济的目的。利用外资方式筹集资金用以固定资产投资在我国一直是非主流的融资方式，即使宽口径统计将固定资产投资均计入也不过两千多亿元。外资资金数额较小，一般稳定在 200 亿～500 亿元之间，其增量对基建的影响甚微。

4. 自筹资金

自筹资金在包括基建的固定资产投资融资中占有重要地位，一直以来自筹资金融资方式都是最大且最主要的资金来源。自筹资金方式包括政府性基金、城投债、PPP 模式和非标及其他自筹方式。正如本书第 7 章所述——政府性基金收入主要来自于地方政府国有土地使用权的出让收入，这一比例一般平均超过 70%。受制于土地财政与房地产业下行周期可能性的到来，如何找到新的财政支撑点并且有效代替土地出让收入成为地方政府财政与发展的重要问题。城投债即"准市政债",由地方投融资平台作为发行主体,地方政府为城投公司的隐形担保人,公开发行企业债和中期票据。根据统计数据显示,2014年城投债融资占比达到峰值为13.46%,此后大幅下降占比约为8%。主要原因是地方政府债务危机增加了城投债的风险,在金融监管趋严的背景下城投债的发展受到抑制。

对资金来源进行拆解是为了更好地理解地方政府融资在我国现阶段的运行必要性。资金来源的变化背后是政策导向的转变,而政策变化并不可以随心所欲,它面临着种种约束与不同政策之间的协调和取舍。

4.3.2 公共财政支出负担公共服务供给

公共项目融资的需求可以从理论和现实两个层面来进行分析,而从理论层次来讲,可以分为财政分权理论和政府竞争理论。

财政分权理论集中于研究财政分权的原因,对财政分权的合理性、必要性给出了一定的解释和说明,并引入了委托代理机制的设计。许多学者利用财政分权理论来解释地方政府投融资的优越性。萨缪尔森认为,公共产品具有非竞争性和非排他性特征,免费搭车者的存在使得市场很难或者不可能有效提供商品。因此,为了有效弥补市场失灵,必须由政府介入以扩大公共产品的生产与供给。同时按照乔治·斯蒂格勒的最优分权模式理论,地方政府更接近于自己的民众,更加了解它所管辖的居民的效用与需求。基于以上两种观点,马斯格雷夫和奥茨创立的财政分权理论认为,基于不同地区人们的偏好不同,中央政府等量分配公共品,是不可能达到帕累托最优的,其在资源配置效率方面是不如地方政府的。因而让地方政府将一个帕累托有效的产出量提供给该地区的居民,总是要比由中央政府向全体居民提供任何特定的并且一致的产出量有效得多。特里西的偏好误识理论也认为,中央政府在实际经济活动中信息是不完全的和不确定的,地方政府更了解本地居民的偏好,不易发生"偏好误识"。在此情况下,厌恶风险的社会就会偏向于让地方政府来提供公共产品。在此基础上,有学者对我国东、中、西地区的经济发展数据进行研究,得出结论:地方政府提供的公共物品更适合不同地方居民的需求以及地方政府对社会总供求具有不可替代的调节作用。公共物品一般来讲具有耐用性,居民从中受益的期限较长，甚至出现受益的代际转移，这在客观上要求一种能够将成本向后递延的分担方式；另外由于公共物品前期投资规模巨大，并且基本没有直接收益，仅仅依靠地方政府的自有财政资金是难以完成的。因此，中长期融资的方式便成为地方政府的必然选择。财政分权理论强调了地方政府相对于中央政府投资的效率合理性，以及由于资金收益不足等原因所产生的融资压力。

财政联邦制理论是从财政权理论中发展出来的，可以认为是第二代财政分权理论，第一代财政分权理论认为，市场在提供公共物品时会出现失灵，比如"公地悲剧"，所以，政府应该进入公共产品领域。而财政联邦制理论认为政府是追求自身利益最大化的，而不是最大化社会福利的，这就改变了财政分权理论的前提假设。财政联邦制重在阐述政府内部的运行机制，更为强调引入制度概念，主要研究了财权和事权如何在各级政府间进行划分等一系列问题。在财政联邦制下，地方政府具备一定的财政自主权，但不能自由发行货币，也不能享受无限制贷款，即地方政府面临着"预算硬约束"。但是，实际上地方政府却采用程度不同的"预算软约束"。"预算软约束"是指在公共财政领域内身为出资人的公众无法有效控制财政资源的流向和用途，而身为代理人的政府却实际上垄断着支配财政资源的自由裁量权。在"预算软约束"的情况下，如何花纳税人的钱，几乎完全取决于政府官员的个人偏好。同样的道理，在财政联邦制模式下，中央政府不得不对陷入债务困境的地方政府提供帮助，而地方政府在考核激励制度的驱使下，会过度融资，并期望中央政府对全部或部分债务承担最终偿还责任。因此，地方政府会具有较强的投融资冲动。

政府竞争理论主要是通过实证研究等方法去研究辖区间政府围绕各种有形和无形的资源或者利益之间竞争的关系，许多外国学者用政府间竞争理论来解释地方政府投融资的偏好。奥茨发现，通过地方政府之间的竞争，公共物品供给效率会有显著提高。蒂贝特认为，居民在自由流动的前提下会"用脚投票"，迁移到能够更好满足他们偏好的社区，为吸引居民地方政府展开激烈的竞争。阿博尔特·布雷顿进一步指出，政府总体上看是竞争关系，政府竞争不仅发生在同一级政府之间（水平竞争），而且也发生在不同等级政府之间（垂直竞争），政府之间、政府内部部门之间以及政府与政府之外的行为主体之间面临着居民和市场主体（企业的经济主体和工会等非经济主体）的双重压力，这些都可能改进公共物品供给的效率。

我国公共物品的资金一部分是来源于预算内资金，但是预算内资金的规模并不能满足公共物品供给的需要。在税收收入不足的条件下，寻求税收以外的收入来提供公共物品，融资就成为地方政府参与竞争、取得竞争优势的一项重要内容。正是地方政府积极地通过投资参与全社会的竞争，才极大地促进了中国改革开放以来的发展和就业。因此，地方政府通过投融资参与社会建设是中国经济发展的一个重要动力。

从现实层面来看，又可以分为地方政府视角和城市化发展视角。首先，从地方政府的视角来看，中国地方政府积极参与投融资的主要原因在于，1994 年分税制改革后地方政府与中央政府财权与事权不成比例。中国 1994 年的分税制改革极大地改变了中央政府和地方政府财政收入能力之间的对比，而责任之间的划分并未做出相应的调整。因此，地方政府收入有限但是付出的责任却很大，地方政府拉动经济增长必然带来巨大的资金缺口。《预算法》要求地方政府保持收支平衡不得举债，因此，地方政府不可避免地通过组建地方政府融资平台来投资基础设施建设。自从 1994 年实行分税制后，地方政府财政收入占比由 1993 年的 78% 急剧下降为 44% 左右，而地方政府财政支出比重却仅下降了 2%。表 4.1 显示了 1994—2015 年中国各地政府财政自给能力的情况，地方政府的财政自给能力呈现逐渐下降的趋势。

表 4.1　1994—2015 年我国各级政府财政自给能力情况

年份	中央	地方	省级	市级	县级	乡级
1994	1.6567	0.5884	0.4126	0.7484	0.4467	0.8439
1995	1.6321	0.6184	0.4708	0.7244	0.4801	0.9465
1996	1.7018	0.6476	0.5358	0.7311	0.4963	0.9990
1997	1.6691	0.6496	0.5420	0.7313	0.5012	0.9996
1998	1.5651	0.6496	0.5113	0.7487	0.5247	0.9766
1999	1.4087	0.6223	0.4678	0.7289	0.5440	0.9173

年份	中央	地方	省级	市级	县级	乡级
2000	1.2662	0.6128	0.4690	0.7307	0.5313	0.8780
2001	1.4880	0.5941	0.4669	0.7262	0.5102	0.8104
2002	1.5341	0.5572	0.5110	0.6635	0.4309	0.7689
2003	1.5991	0.5717	0.5452	0.6723	0.4328	0.8171
2004	1.8372	0.5944	0.5670	0.7157	0.4581	0.7994
2005	1.8857	0.5917	0.5720	0.7108	0.4655	0.7675
2006	2.0474	0.6015	0.6309	0.7175	0.4597	0.8345
2007	2.4252	0.6149	0.6803	0.7177	0.4621	0.8735
2008	2.4491	0.5817	0.6427	0.7012	0.4247	0.8932
2009	2.3542	0.5341	0.5486	0.6456	0.4011	0.9460
2010	2.6572	0.5497	0.5716	0.6483	0.4144	1.0281
2011	3.1081	0.5666	0.55815	0.6681	0.4360	1.0475
2012	2.9937	0.5698	0.5993	0.6619	0.4414	1.0492
2013	2.9406	0.5763	0.6115	0.6488	0.4654	1.0115
2014	2.8575	0.5872	0.6432	0.6630	0.4754	0.9545
2015	2.7099	0.5524	0.6398	0.6162	0.4391	0.8729

备注：（1）财政自给能力 ＝ 一般公共预算收入/一般公共预算支出；

（2）根据历年《中国统计年鉴》《中国财政年鉴》等收集整理。

　　财政分权并不是影响地方政府发展经济的全部激励。中国地方官员不仅是"经济参与人"，而且是"政治参与人"，地方官员晋升的机制导致地方投融资冲动。地方官员关心的主要是他们在职业生涯中的晋升或避免被淘汰出局。而要想在短短一届任期内做出政绩又不能影响个人的声誉和考虑到社会的反响，显然不能通过大规模摊派和增加税费，所以借债就成了一个看起来最大的策略。对于举债的方向问题，如果一味地向中央政府借债，并不容易成功，另外也不能显示官员的执政水平，不利于官员的考核和晋升。但是通过类融资平台的设立，变相向下举债却是一个非常好的获取资金的方案。

　　地方政府承担区域经济增长和社会稳定的双重职能，天然具有干预国有银行信贷配置的冲动。同时，金融集权化的制度导致国有商业银行对于地方政府是一种典型的公地，地方政府存在"过度放牧"的激励，形成了典型意义上的"公地悲剧"。地方政府"交易式干预"的融资方式依然主导着信贷资金的分配，使我国信贷资金分配的市场化率一度不高。例如，上海等四省市地方政府首次自主发行地方政府债券的收益率竟然低于同期的国债，即"银边债"收益率低于"金边债"，这一非正常现象说明作为认购主体的地方商业银行，在地方政府的暗示下或者为了长期的合作伙伴关系而投入了超乎寻常的积极性和资金。

再从城市化的发展视角来看，城市的发展伴随着城市规模的不断扩大，人民的生活质量和精神文明也在不断提高，产生一系列有关城市基础设施、社会服务等硬件和软件的资金需求，也可简化为农村人口完全转变为城市人口的资金需求。

通常而言，农村人口完全转变为城市人口需要经历两个历程，首先农村人口进城工作称为农民工，其次农民工实现身份地位、工作方式及生活方式向城市人口名义上的转变。前者被称为农村劳动力转移，这个过程主要实现了农村人口向城市人口实质性的转变。只有既实现了农村劳动力的转移，又完成了农民工市民化，才算真正意义上的城市化，这个过程也称为农民市民化。虽然 2016 年我国常住人口城市化率达到了 57.35%，但其中有两亿多所谓的"城市人口"属于农民工，仅仅实现了农村劳动力的转移，这种不完全的城市化现象也被称为"半城市化"。很多学者在提及城市化资金需求时，往往只注重农村劳动力转移过程的资金需求，或者是农民工市民化过程的资金需求，这种考虑并不全面。完整的城市化资金需求，应该包括农民工市民化整个过程中涉及解决基本权利保障、公共服务享受、社会文化适应、城市生活融入等一系列问题的资金需求，从而基本上消除农民与市民由于户籍、就业、社会保障、土地、住房等僵化的二元制度改革的滞后所引起的城乡差异。总之，在农村人口转移到城市完全称为市民的过程中，涉及相关城市化资金需求内容诸多，大致可以分为以下几类：①就业需求；②城市基础设施需求；③社会保障需求；④住房需求；⑤义务教育需求。

面对多样化的城市化的资金需求，只有不断拓展城市化融资渠道才能更好地推动我国城市化水平与质量共同发展，根据公共物品的特性和项目区分理论，可以将城市化资金的供应方式划分为以下两大类：

第一类是以政府为城市化投资主体。由于地方政府是城市的经营者，大多数具有社会效益而没有经济效益的投资，如保障性住房、义务教育、城市道路、绿化卫生等，无法通过市场机制来解决，只能由地方政府来承担。通常满足这类城市化资金需求的方式主要有地方性财政资金投入和地方性政府债务融资。地方性财政资金又分为预算内资金和预算外资金，其主要渠道来源分别是财政税收收入和国有土地使用权出让收入；而地方性政府债务的主要渠道来源包括以国内商业银行、政策性银行为主的银行信贷融资，和以地方融资平台为主要载体发行的地方性政府债券，如地方政府债券、企业债券、中期票据、短期融资券等。

第二类是以社会为城市化投资主体。由于城市化发展的资金需求规模较大，仅仅依靠地方政府财政提供资金往往是不够的，社会资本的参与能适当解决城市化发展中具有经济效益的投资，如城市通信、能源系统、公共交通等，从而让地方政府将财政重心向资金吸引力较低的部分倾斜，实现城市化资金的有效供给。引入社会资本最常见的方式是特许经营模式，包括 BOT（建设—经营—移交）、TOT（移交—经营—移交）、ROT（改建—经营—移交）等。以 BOT 为例，地方政府以权责划分的形式向私人企业融资进行城市化项目建设，私人企业在政府规定的特许经营期内通过收取一定的费用来回收成本并获取适当的收益。此外，金融市场的不断发展也使得社会资本参与城市化资金供给的渠道增加。资产证券化（ABS）的兴起使得具有周期长、稳定现金流特点的项目能够筹集到大量资金，降低了社会资本进入的门槛，完善了社会资本的退出机制。以股票、债权为标的的金融衍生产品运用以及信托市场的介入等，进一步丰富了我国城市化发展融资渠道的种类。

由此看来，在政府的绩效驱动和城市化的推动之下，我国开始发展起以土地财政为主的资金筹集模式，然而土地资源的有限性导致该模式是不可持续的，因此也探讨了有关征收房地产税、PPP 模式、政府债券扩大等模式。对于城市项目政府融资领域内所出现的问题和新的解决办法还需要进一步探究。

4.3.3 财政资金负担更加沉重的农村公共服务

在西方，很早就有对于支持农业基础设施建设的相关著作，1776 年，凯恩斯在他的《国富论》中特别强调了农业基础对国民财富增加和经济增长的重要作用，提出政府应该高度重视农业基础建设，主张把资本首先投向农业，让农业获取的资本量达到充足有余状况。而舒尔茨在《改造传统农业》中继续论述了政府对农业投入，改造传统农业对经济增长尤其是对发展中国家经济发展的重要作用。萨伊在其消费理论中把非生产性消费分为个人消费和政府为公共目的而进行的消费，主张公共费用应该用于建筑铁路、桥梁、运河等交通设施，反对修建如凯旋门、宫殿之类的被他认为无效的公共建筑，他认为公共教育有助于财富的增长。并且许多经济学家提出了政府应该在基础建设方面发挥主导作用，但是随着政府投资效率的降低，也出现了采用公私合作提供的方式。总而言之，对于农业基础设施建设的积极作用已经得到了公共部门、学术部门的一致认同。

然而，中国是一个有着 9 亿农民的发展中大国，既有"新兴＋转型"的相应特征，又有经济发展中"二元经济"的显著特征。农业和农村经济发展对于经济社会发展具有重大意义。包括农民在内的"三农"问题既涉及占中国人口总数一半以上农村人口的生存和发展，也是决定社会稳定甚至现代化事业成败的关键因素。一方面，农业是国民经济的基础，另一方面，农村又是消费品、工业品的巨大潜在市场，更是劳动力市场的主要供给方，农村消费市场的挖掘对于扩大内需、拉动消费、促进经济发展方式转变具有重大意义。农业和非农业、城市和乡村统筹发展，形成真正意义上的全国市场体系，对经济社会的和谐与可持续发展有至关重要的作用。

农村公共产品供给不足是"三农"问题的突出表现和重要原因。农村公共产品是发展现代农业和农村经济的重要要素，是生产力的重要组成部分。农村公共产品供给的恶化，导致了农业生产力大幅降低。农村公共物品的有效供给也会极大地提高农民收入。总之，农村公共物品供给的改善将对农业、农村和农民问题带来正面的改善。2000 年以后，"三农"问题较为突出，加强农村公共产品供给对农业经济发展的重要性和紧迫性日益突出，中国政府强调和谐社会构建，突出城乡经济社会统筹发展，政策上加强对"三农"的倾斜,强调城乡建设一体化,对包括农业基础设施、农村社会保障体系、农村新型合作医疗等一系列农村公共物品加大了投入,并取得一定的积极效果。然而客观事实是,我国农村公共物品的供给与农业农村经济发展的现实需求还存在很大的差距,远远不能满足现代农业和农村经济发展的基本需要。

根据公共经济学理论,公共物品的特点包括非竞争性、效用的不可分割性、非排他性的特点,其供给主体大多是各级政府或者相应的政府部门,因为他们是公共的代表。所以其资金来源一般由公共财政提供。同样的道理,农村公共物品的供给主体是中央政府和地方政府(依项目涉及范围及投资额大小而异),公共财政渠道是农村公共产品的主要资金来源。

中国公共财政资金构成了农村所有公共产品及公共服务相关领域投资的主要资金来源,但在投入力度和覆盖面方面仍显不够,在不同区域以及乡村与城市间也存在较大差距。公共财政对农村的投入逐年稳步增加,但直接用于支农的支出仍然不够。根据《中国农村统计年鉴2017》的数据计算,我国对农林水财政支出达到16768.4亿元,占整个财政支出的9.8%,今年的增幅有所回落,相较于2015年支出增幅仅增加6.4%(如图4.6所示)。面对农村公共产品建设中旺盛的资金需求,政府的财政资金显得捉襟见肘。

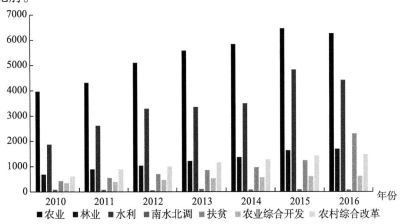

图4.6 2010—2015年国家农林水各项支出情况(亿元)

资料来源:中国农村统计年鉴2017。

随着中国公共财政体制改革的不断推进与深入，政府担当了提供公共产品的职责，但在资金供给上并不能提供所需资金。在公共产品供给的资金来源中，既可以有政府公共财政预算中的直接安排与投资，也可以有通过市场机制进行的融资。

在市场化程度和金融化程度不断加深的过程中，金融体系因其广泛动员社会资金的能力以及对资金风险配置的专业能力日益成为现代经济的核心。金融部门对农村经济及社会发展发挥出越来越显著的支持与推动作用。改革开放以来，金融部门对农村的投入甚至超过了同期公共财政对农村的投资（投入），金融部门对农村投入的年平均值是公共财政投入的3.15 倍，如图 4.7 和图 4.8 所示。

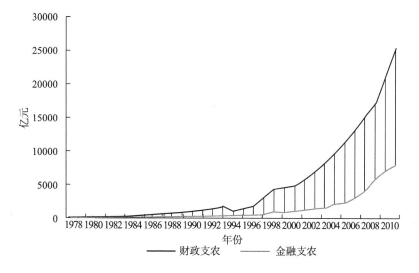

图 4.7　1978—2010 年农业财政投入与农业金融支持变动趋势图

资料来源：根据《中国统计年鉴》（1980—2010）和《中国金融年鉴》（2000—2010）数据整理。

近年来，虽然国家出台一系列惠农、支农、扶贫的政策，确实城乡关系得到了较大的改善，国家加大了对"三农"的资金投入和政策倾斜，农村公共物品的供给主体也从单一的乡村集体和农民变为国家和各级人民政府。但是这种二次分配在城乡间的调节和加大农村公共物品的财政供给力度还仅仅停留在对历史欠账和"三农"利益的补偿上，并没有形成真正意义上的"城市带动农村、农村支撑城市、城市依托农村"的良性互动机

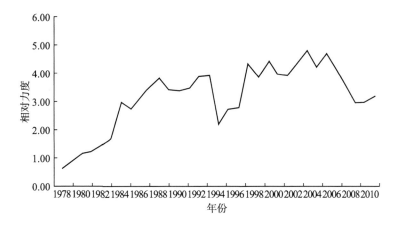

图4.8 金融支农相对力度

注：财政投入指以公共财政用于支农支出的总额，金融支持指各类金融机构发放的农业贷款余额。金融支持相对力度指各项农业贷款余额与财政支农支出之比。

资料来源：根据《中国统计年鉴》（1980—2010）和《中国金融年鉴》（2000—2010）数据整理。

制。对于资金密集的农村基础设施而言，由于本身的准公共物品性质以及乡镇和村这样的基层单位财力所限，现阶段其建设融资的主要来源仍然是各级政府和公共部门的投入，都忽视了对农村基础设施自身内生融资机制的培育，更忽视了对城市资金和社会资金的有效激活和利用，长此以往，农村基础设施的建设和管养问题就像扶不起的阿斗，只能被动地依靠国家和政府部门的补助，而无法自主地从市场上筹集资金。显然，农村公共物品供给不足的原因实质是公共产品的投融资问题。我国农村公共物品财政资金投入不足，结构不合理，投入形式单一，资金管理分散，使用效率低下，在专项资金分配环节上，存在着重复设置项目、多头审批、层层截留等问题。这些问题也直接影响农村公共物品的有效供给和群众参与公共物品供给决策和建设的积极性。因此，充分发挥财政资金的调控和引导作用，建立适合我国农村、农业发展所需要的公共物品供给投融资体系，激发民间资本多层次、多渠道地对农村公共物品进行投资，对于解决农村公共物品的有效供给、促进"三农"发展具有重要意义。

如上所述，金融部门对农村的投资比城市公共财政投入还要多。尽管如此，农村金融部门也屡遭诟病。在全部金融资源中农村金融支持不够，

"非农化""空心化"的现象比较严重。在中国农村公共物品融资中，金融机构的融资更加不足。农村公共物品有其自身的特殊性，其融资也表现出独有的特征。需要我们对我国农村公共物品的融资状况进行进一步的研究和分析。

第5章 地方政府融资平台与土地财政

地方政府财政收入包括一般公共收入和融资收入两部分。限于经济发展水平和财税体制的稳定性，地方政府的一般公共收入无法实现长期高速增长，因此一般公共收入无法满足财政支出需要的情况是一种常态，地方政府也就需要获得融资收入，地方政府融资需求由此产生，并不断增长。

5.1 基于"社会管理和公共服务"的定位与地方政府财政

5.1.1 "服务型政府"的职能模式

1. 西方政府职能理论

现代政府的发源最早来自西方，而对于政府职能的理论和实践的探索从民族国家诞生就开始了。西方政府职能的基本理论的产生和发展经历了如下的历程：

第一阶段，从15世纪开始到17世纪末，此期间是政府职能基本理论的萌芽，标志是英国重商主义的产生。从严格的意义来说，此期间还没有形成真正意义上的政府职能基本理论，但是重商主义已经开始重视政府在经济社会生活中的职能问题，提出了借助政府的力量建立新型的市场秩序和开辟世界市场的主张。

第二阶段，从18世纪开始到20世纪20年代，其标志是自由主义思想家提出的"有限政府理论"。斯密、洛克等自由主义思想家从各自的视角论述了政府只能充当"守夜人"的必要性和可能性，主张政府职能和权限仅在于为国民的自由、财产、人身等提供保障，提出政府不能干预经济活动。斯密明确强调，"政府要想管理得好一些，就必须管理得少一些"。

第三阶段，在 20 世纪 30 年代，为解决西方世界的普遍"市场失灵"现象，"政府干预理论"应运而生。这一理论的倡导者凯恩斯认为，"看不见的手"本身存在资源配置盲目性等诸多弊端，而这些弊端从其内部是不可能克服的，只有通过政府干预才能解决。因此，必须开启政府的经济职能，让政府涉足经济领域，鼓励政府刺激投资和消费，实行赤字财政。

第四阶段，在 20 世纪 70 年代，从 30 年代以来实践的"政府干预理论"的负面效应出现了，这就是我们通常所说的"政府失灵"现象，为解决这一难题，政府职能基本理论中的"公共选择理论"由此产生。该理论认为，西方政府遭遇的"滞胀"是由政府的过度干预政策所导致的，政府在干预经济的过程中必然存在缺乏竞争、效率低下等一系列的问题，因而，主张把政府基本职能定位在维护市场的秩序和正常运转上，实行自由放任的不干预政策。

第五阶段，20 世纪 90 年代以来，面对"公共行政合法性危机"，新型的政府职能理论逐步形成，代表性的有："新公共行政""新公共管理""政府再造"。在这种背景下，世界上绝大多数国家都要求对政府的职能进行改革。人们在"告别官僚制""超越官僚制""无缝隙政府""创建高绩效的政府组织""公共部门的民营化、市场化"等思潮的影响下，要求政府把公共事务特别是公共物品和公共服务民营化；推进社区主义，建立理想的政府、市场、社区三足鼎立的公民社会；加强公共部门与私营部门的合作，大力发展非政府组织；用企业精神再造政府，把企业管理中的组织文化注入政府组织中，提高政府部门的竞争力。

政府职能的侧重点随着社会经济的发展而有所不同，但是总体来看，当代政府职能基本理论主要涉及国家干预主义和自由主义政府职能基本理论两大块。

第一，国家干预主义政府职能理论。国家干预主义的政府职能理论最初形成于十六七世纪的重商主义发展时期。那时许多重商主义者认为，国家可以也必须干预经济的活动，国家的干预可以促进经济社会的发展，尤其是对外经济贸易的发展。国家干预主义的政府职能理论在 19 世纪德国大思想家及大哲学家黑格尔那里得到充分的阐述。黑格尔认为，政治国家高于市民社会，政治国家是由人的理性力量形成的状态，市民社会则是由人的非理性的力量形成的状态。因此，脱离政治国家的市民社会只能是一种无政府状态，所以，政治国家对市民社会的干预是必不可少的。可以说，黑格尔的国家干预市民社会的理论是国家干预主义政府职能理论的源泉。

但是，国家干预主义政府职能理论在 19 世纪和 20 世纪的头二十年并没有成为西方国家政府职能理论的主流。此期间居于主导地位的是自由主义政府职能基本理论。而西方资本主义的经济大危机（1929—1933）为国家干预主义政府职能理论的进一步发展提供了契机。现代国家干预主义由此一举占据了西方政府职能基本理论中的主导地位。与早期的重商主义相比，此期的国家干预主义政府职能理论有了很大的不同。在批判自由主义政府职能基本理论的基础上，国家干预主义政府职能基本理论认为，政府应该积极扩大其基本的职能，尤其是扩大其经济职能，实行政府干预经济，政府可以采取财政政策、金融政策以及货币政策等手段来对国民收入进行再分配，鼓励和刺激消费，引导需求。只有扩大政府的基本职能才能克服自由主义政府职能基本理论所带来的种种问题。

"二战"后，国家干预主义政府职能基本理论把自由主义政府职能基本理论所产生的种种问题用"市场失灵"这一经典性的话语来形容，同时还对这种现象产生原因进行深入的分析，认为公共产品、收入不公、外部影响以及垄断等现象的存在是政府职能扩大到经济社会领域的重要原因。其典型代表是美国经济学家萨缪尔森，他立足于"市场失灵"这一概念，把政府的经济职能概括为确立法律框架、改善经济效率、促进收入公平以及支持宏观经济稳定四个方面。1973 年，美国著名伦理学家罗尔斯出版了《正义论》一书，该书也讨论到政府职能的相关问题。他认为"作为公平的正义"，政府奉行的原则应该是"最大最小值原则"。为此，政府应该保证所有的人都享有平等的基本善；在经济活动和职业的自由选择中，政府所有的职位应当向所有的人平等地开放。从政府职能的角度，他还把政府分成配给、稳定、分配和转让这样的四个部门，"这些划分不等于政府的通常组织机构划分，而应被理解为政府机构的不同功能"❶。由此，我们可以看出，他对国家干预

---

❶ 罗尔斯：《正义论》，中国社会科学出版社，第 266 页。

主义政府职能理论的分析是从政治哲学层面给予的阐释。

第二，自由主义政府职能理论。自由主义的政府职能理论是与国家干预主义的政府职能理论相对而言的，这种政府职能理论的起源可以追溯到欧洲古典自由主义。古典自由主义认为，国家和政府是人类社会不满足于自然状态而通过社会契约将自己的一部分权利转移给一个特定组织的结果。因此，国家和政府的权力是契约人为了保证自己以及其他人的自由、生命、财产等权利不受非法伤害而自愿让渡给政府的。由于国家和政府的权力是契约人让渡的一部分，所以国家和政府在运用这些权力时也就是有限的。同时，古典自由主义为国家和政府的权力边界设定了标准，那就是契约人的基本权利，主张政府实行不干涉政策，给予个人和企业最大限度的自由放任，认为"管得最少的政府就是最好的政府"，国家和政府的主要职能就是保障个人最大限度的自由权、生命权和财产权等方面。古典自由主义思想家斯密曾明确界定了政府的职能，认为政府的职能主要体现在如下三个方面：第一，保卫个人的安全，使其不受他人的侵害；第二，保卫国家的安全，使其不受外敌的侵犯；第三，建设、维护某些私人无力办或不愿办的公共设施与公共事业。可以说，在古典自由主义者的眼中，政府的职能仅仅是扮演"守夜人"和"警察"的角色。

但是，市场不是万能的，在古典自由主义政府职能理论的指导下，西方经济社会危机不断。到20世纪20年代末30年代初，危机达到了顶峰。因此，古典自由主义政府职能理论受到很大的冲击，国家干预主义政府职能理论认为，危机的根源是自由主义的政府职能理论。可以说，在20世纪30年代到六七十年代，指导西方政府职能的理论基本上是国家干预主义政府职能理论。但是，在国家干预主义政府职能理论指导下的西方社会却产生了"滞胀"问题。这给自由主义的政府职能理论的复兴提供了一个契机。一批西方学者重新回到自由主义政府职能理论的立场上，对政府干预社会、干预经济领域的行为进行多方面的反思，形成了"新自由主义政府职能理论"。该理论认为"市场的缺陷并不是把问题转交给政府去处理的充分理由"[1]，政府的职能应尽可能地缩小。新自由主义的典型代表是诺齐

---

[1] 布坎南：《自由市场和国家》，北京经济学院出版社1988年版，第3页。

克，他从政治哲学的角度强烈地抨击国家干预主义的政府职能理论，强调政府职能的不断扩大会损害公民个人的权利与自由。他认为，个人权利是神圣不可侵犯的，并由此提出了最好的国家是"最弱意义的国家"；国家和政府的职能应当仅限于"防止暴力、盗窃、欺诈及保证契约履行"等方面；任何企图超越"最弱意义的国家"的政府职能都是不道德的。

2. 中国地方政府职能的理论阐释

自新中国成立以来，我国经历了三次转型：一是新民主主义国家向社会主义国家转型，二是计划经济国家向市场经济国家的转型，三是中等收入国家向高收入国家的转型。第一次转型于20世纪50年代已经完成，第二次转型正被推向纵深，第三次转型刚刚拉开序幕。第二次转型尚未成功，第三次转型已经展开，二者相互交叉，使我国的经济与社会问题凸显。经济问题主要是经济发展方式的问题，社会问题主要是社会公平与正义的问题。这两个问题解决不好，我党的执政合法性地位就会动摇，人民的根本利益和公民的合法权益也无从实现，整个社会系统将会出现混乱与动荡。

事实上，我国关于政府职能的界定处于不断的调整之中。经过改革开放以来的艰苦探索，党的十六大报告明确提出了"经济调节、市场监管、社会管理和公共服务"四大政府职能。党的十七大报告在继承十六大精神的基础上，首次提出"服务型政府"的目标模式，更加强调政府的"社会管理和公共服务"职能。党的十八大报告在服务型政府的轨迹上更进一步，以"创造良好发展环境、提供优质公共服务、维护社会公平正义"为转变政府职能的标杆。可以看出，我国关于政府职能的界定层层递进，与我国经济社会的发展轨迹紧密契合。

总体来说，我国政府职能主要包括经济职能、政治职能、文化职能、社会职能和生态职能，而其重心是经济职能和社会职能，二者在"服务型政府"的轨迹上高度相关，并对其他职能的履行和实现具有基础及统筹作用。经济职能可以细化为经济发展职能和经济监管职能两个层次，社会职能也可以细化为社会发展职能、社会管理职能和公共服务职能两个层次。不同层次的职能应在不同级别的政府中进行科学合理的纵向分配：高层次的经济发展和社会发展职能应归属中央政府和省级政府。次级层次的经济监管、社会管理、公共服务等职能则由各级地方政府履行，以使经济社会的管理与服务能直接面对民众，紧密契合我国政府职能结构的"服务"向度。各层级政府应建构职能上既相互制约又相互合作的伙伴关系，同时亦须巩固权力流向上的领导关系，并且做到财权与事权相匹配，通过事权的有效履行来充实财政上的支持。

党的十八届三中全会提出了国家治理体系和治理能力现代化的改革目标，这一目标的提出，不仅确立了政府职能转变和政府职能定位的科学性，也确立了政府职能转变的宏观改革模式，这种改革模式，必将引致各层级政府机构、行政过程、管理与服务方式、干部队伍的优化改进，引领当前的政府改革向纵深发展。

5.1.2　由公共支出支撑的公共服务供给

在公共经济学或财政学范畴下，政府通过税收和融资，之后通过公共支出提供一揽子"公共服务"，然而，这些"公共服务"当中哪些属于"公共物品"，哪些属于"社会福利"，却无法得到区分。基于"效率"或"配置功能"基础上的公共物品理论无法和基于"分配功能"基础上的公共支出区分开来。

现代公共物品理论诞生之前，对公共物品问题的研究可至少上溯至大卫·休谟在《人性论》（1740）中曾提到的相邻两个农人共同排干草地积水的例子；休谟认为两个农人可以达成协议共同排干积水，但1000个人则很难达成一致，这可以看作对公共物品"自发提供不足"的最初表达与休谟同时代的亚当·斯密在其《国富论》（1776）中也提出君主（政府）需要提供三种公共物品：国防和治安、司法、公共工程。19世纪末，瑞典经济学家威克塞尔以德文发表《正义税收的新原则》一文，提出公共物品决策过程应当将数量和融资手段一起加以考虑，并主张在公共物品决策中采取"一致同意规则"或"相对一致同意规则"。威克塞尔被视为现代公共物品理论的鼻祖。威克塞尔之后，他的学生林达尔提出了公共物品资源交易解，指出如果每人都按照自己对公共物品的边际评价出资，则公共物品的自发有效供给可以实现，林达尔结论也被称为林达尔均衡。然而，林达尔机制有赖于人们自愿披露真实的公共物品偏好，如果人们有意隐瞒并采取"搭便车"行为，则无从保证林达尔均衡的出现。与林达尔处同一时期的庇古在其《福利经济学》（1920）中提到了外部性的概念，并主张对造成负外部性的经济活动征税加以矫正。外部性的概念与公共物品是密切相关的。

现代公共物品理论的诞生，以萨缪尔森发表《公共支出的纯理论》为标志。在该文中，萨缪尔森第一次将公共物品与帕累托效率联系起来，并给出了公共物品有效提供（帕累托效率意义上的）的边际条件。萨缪尔森之后，马斯格雷夫出版《财政理论研究》一书，明确将公共财政划分为三种职能：配置职能、分配职能、稳定职能，并提出了有益物品的概念。以萨缪尔森和马斯格雷夫的开创性贡献为标志，现代公共物品理论建立在新古典范式的基础上，并成为主流经济学的一部分。马斯格雷夫更是被公认为正统财政学之父。主流公共物品理论的核心特征是以经济资源的"最优配置"为准则，通过对公共物品自身特征的界定（非排他性和非竞争性，最早正是由马斯格雷夫提出的），进而得出公共物品市场自发供给不足的实证结论。其规范含义是，通过政府代表的社会福利函数来提供公共物品，以此来解决公共物品导致的"市场失灵"。而马斯格雷夫提出的"有益物品"概念，则更是采取了一种父爱主义的立场，认为政府应提供那些确实有益但民众意识不到其"好处"的公共物品。

随着"正统财政学"的演进，公共物品理论逐渐被淹没在范畴更大的"公共经济学"之内。现代公共财政就沿着马斯格雷夫开创的方向发展：一方面，以社会福利函数为指针，将公共物品和大量非公共物品（如教育、医疗等）划归政府提供，以实现配置职能和分配职能，是为"微观财政"；另一方面，以凯恩斯的需求管理理论为依据，赋予财政政策以稳定宏观经济的职能，是为"宏观财政"。而公共物品理论在主流经济学中的地位，仅限于被用来论证政府公共支出的合理性；一旦涉及非公共物品的政府提供时，又诉诸外部性、有益物品、社会公平等理由（统统可纳入社会福利函数）。如果公共物品的公共提供对应于配置职能，转移支付对应于分配职能的话，"二战"后西方各国的实践则是，用于"公共物品"的支出份额仅占全部公共支出的一小部分，大部分公共支出被用于转移支付。

从而主流经济学对公共物品相关问题的研究主要沿着两个方向展开：税收和社会福利函数。经济学家很早就认识到征税将对私人经济产生扭曲，主流经济学既然以资源的"最优配置"为准则，那么寻求对经济扭曲最小化的"最优税制"就是自然的了。以效率为标准的最优税收原则最早是由拉姆齐提出的"逆弹性法则"，即针对两种商品的税率应与其需求价格弹性成反比。该法则的直观含义很简单，既然征税对私人经济活动产生扭曲，那么对需求弹性小的商品征收重税，即可使扭曲最小化。然而拉姆齐法则被批评为有失公平，毕竟需求弹性最小的商品往往是穷人消费的生活必需品，按照拉姆齐法则征税就意味着"劫富济贫"。为了避免"公平和效率"这一冲突，主流经济学再次诉诸社会福利函数。社会福利函数总是与某种公平观相联系的，然而，不论涉及何种公平观的社会福利函数，理论上总能找出使其"最大化"的最优税收。在这方面，以戴蒙德等的工作最为重要。在主流经济学当中，公共物品理论越来越和福利经济学搅和在一起；在对税收进行分析时，往往假定公共支出就等于公共物品，不再严格遵循公共物品在新古典范式中的定义。

对社会福利打击最大的是"阿罗不可能定理"。阿罗在其《社会选择与个人价值》一书中，从"明显合理的"五条假设出发，得出的结论是"在排除了人际间效用比较的可能性之后，我们考虑从个人口味得到社会偏好的方法，如果要求这些方法既要令人满意，又要在一个相当多样的个人排序的集合上有定义，那么这种方法要么必然是强加的，要么是独裁的。"不可能定理对主流经济学孜孜以求的"社会最优"无疑是沉重的打击。当然这样的结果并非阿罗的本意，阿罗本人正是在寻求"社会最优"的过程中发现"不可能定理"的，换言之，在寻求社会最优这一思路上，阿罗本人也属于主流经济学阵营。随后，森指出，只要在"个人价值"中引入一些"客观指标"，就可以克服阿罗不可能定理。经由森等人的工作，主流经济学的"社会福利函数"似乎又重新获得新生，并继续保持主流的地位。

20世纪70年代，"信息经济学"的兴起对公共物品理论产生了重大影响。从信息角度入手解决公共物品问题的基本思路是：由于人们往往倾向于隐瞒自己对公共物品的真实需求而采取"搭便车"的策略行为，那么，能否通过恰当的激励机制设计来诱导人们"说真话",从而消除"搭便车"行为,实现公共物品的有效供给?在这一问题上,最重要的贡献归功于克拉克和格罗夫斯,他们各自独立提出的解决方案也被称为"克拉克—格罗夫斯机制"。简言之,该机制的关键在于公共物品决策中的决定性个体必须向其他个体进行转移支付,这种转移支付也被称为"克拉克税"。"克拉克税"本身不能用来提供公共物品,否则将使得这一机制失效。"克拉克—格罗夫斯机制"能够确保人们"说真话",从而能够保证"林达尔均衡"的实现,于是就解决了市场自发提供公共物品中的"搭便车"问题。但是,由于该机制发挥作用的条件之一是"克拉克税"不能用来提供公共物品,只能用作转移支付,那么,何以保证人们愿意参与这样的集体决策?毕竟,缴纳"克拉克税"是"不公平的"。因此,"克拉克—格罗夫斯机制"只是一种理论上的解决方案,直到目前,没有任何一个政府在提供公共物品时使用"克拉克税"。从理论上来看,以"克拉克—格罗夫斯机制"为代表的"激励机制设计"摆脱了"社会福利函数"的解决思路,并且在一定程度上复活了从威克塞尔到林达尔的公共物品理论;但是,由于这一机制的核心在于将公共物品融资的一般税收与发挥激励作用的"克拉克税"分离开来,因此仍然无法解决公共物品的"税费—收益"问题。即便在该机制的改进版本中加入了"税收函数",从而提供了一种公共物品"税费—收益"问题的帕累托效率解决方案,但每个人都"说真话"已经从博弈的占优策略均衡退化为纳什均衡,从而无法保证最优解的唯一性。

以上所述,大体勾勒了主流公共物品理论的鼻祖。从以上脉络可以看出,虽然早在休谟和斯密那里就提出了公共物品问题,但他们并没有给出公共物品提供的"最优"原则。休谟和斯密都意识到了公共物品"自发提供不足"的问题,确切地讲,休谟提到的现象属于"大规模人群无法自发提供公共物品",还不能算作纯粹的"无法提供";而斯密则隐约意识到了后来被称作"排他性"的问题。但是,直到威克塞尔才第一次提出了公共物品提供的"最优原则",即"一致同意原则"。

萨缪尔森对主流公共物品理论的形成及其随后的发展具有决定性的作用,萨缪尔森第一次将公共物品的"有效"提供与"帕累托效率"或

"帕累托最优"联系起来，也就是说，萨缪尔森将公共物品提供的"最优"原则刻画为"帕累托最优"，这是对威克塞尔传统的重大偏离。因为，"一致同意原则"仅是"帕累托最优"的一个特例，"一致同意"必然是"帕累托最优"，但"帕累托最优"未必是"一致同意原则"。自萨缪尔森之后，公共物品理论中的"有效"指的就是"帕累托有效"，而所有的公共物品自发提供"不足"也指的是与"帕累托有效"状态相比而不足。在此基础上展开的公共物品理论，无论是"社会福利函数"的思路，还是"激励机制设计"的思路，都采取了"帕累托最优"这一较弱的伦理标准。可以说，正是萨缪尔森将公共物品理论纳入新古典经济学范式之下。

再次，马斯格雷夫对公共物品的定义以及主流公共物品理论的发展方向影响巨大。"非排他性"和"非竞争性"这两个概念最先由马斯格雷夫提出，而我们已经看到，流行的公共物品的定义，仍以这两条属性为标准来刻画。不仅如此，主流公共物品理论日益成为以马斯格雷夫为代表的"英美传统"的"公共经济学"或"财政学"的一部分；该传统的特点是，将政府视为一个独立于经济之外的客观存在，从而在实践中加入导向强烈的政府干预色彩。尽管一些名为"公共经济学"或"财政学"的著作也将源于"欧陆传统"的"公共选择"理论收录，但两种传统之间仍然未能得到融合与统一。无论如何，我们可以从历史的发展轨迹中这样来定义公共物品，即萨缪尔森的定义，认为公共物品是与私人物品相对应的概念，是用于满足社会共同需要，并且具有不同程度的受益非排他性和消费非竞争性的一种社会物品或者劳务，主要具有以下三个基本特征：

1. 效用的不可分割性（non-divisibility）

效用的不可分割性指公共物品或劳务是向全体社会共同提供，具有共同受益或联合消费的特点。根据萨缪尔森的定义，对于任何一个消费者，某公共物品的总供给量与该消费者对该公共物品实际消费数量相等。这说明公共物品的效用为社会所有成员所共同享有，不能被分割为若干部分，也不能按付费受益的原则来限定付费者对公共物品的享用，更不能排除其他未付者的享用。例如，国防就是典型的公共物品，不可能将国防带来的效用加以分割，也不可能创造一种市场只将效用的受益者限于付款者。相比之下，私人物品或劳务则可以被分割为买卖的不同部分，而且只为付费者提供，具有完全的排他性。

2. 受益的非排他性（non-exclusivity）

受益的非排他性指公共物品或劳务在技术上不能或者很难将不付费者排除在其受益范围之外，即当公共物品或劳务被提供出来以后，消费者购买并得到该产品的消费权并不能排除他人的消费。例如，每个人都可以从天气预报得到气象信息，每个人都可以无差别地受益于社会治安，等等。此外，即使在技术上可以实现排他，但因其排除成本太高从而在经济上也不可行。如果将一公共物品提供给某集体，那么它就不可能或者要花费昂贵的成本才能阻止其他人的受益。在私人物品或劳务上，这种情况就不会发生，因为只有在收益上具有排他性的物品或劳务，人们才会愿意为之付款。

公共物品的非排他性也被称为公共性，因为从产权的角度来看，公共物品不属于任何个人或企业，而是属于全体社会成员，如果让个人或者企业来决定对公共物品供给，只会导致"免费搭车者"问题，因为不付费也可以享受到同样的利益，所以最后会出现无人为之出钱的现象，所以只能靠政府来代表社会公众利益，行使产权所有者的责任。

3. 消费的非竞争性（non-rivalry）

消费的非竞争性指个人或者厂商对公共物品或劳务的消费并不会影响任何其他消费者对公共物品消费的数量或者质量，也不会影响整个社会的利益。由于公共物品一般具有不可分割性的特点，所以在一项公共物品或劳务达到被充分消费之前，增加一个消费者给供应者带来的边际成本为零。因此对公共物品或者劳务的消费并不存在市场经济中私人物品或劳务的那种消费竞争。例如，公共电视台播放的节目是对所有电视机开放的，他不会因为观看该节目的人数增加而导致播放成本的提高，即边际成本为零。

公共物品的非竞争性包含了两层含义：一是边际生产成本为零，即当一项公共物品被提供以后，再新增加一个消费者时，供给者不再花费任何新增加成本；二是边际拥挤成本为零，即新增加一个消费者时，其他消费者的消费数量与质量都不发生任何新的改变。

4. 公共物品基本特征的图形描述

公共物品的上述三个基本特征，使得纯公共物品具有不同于私人物品的边际成本曲线和边际收益曲线（如图 5.1、图 5.2 所示）。图 5.1 中，横轴表示消费者的人数，纵轴表示消费公共物品的边际成本。假设有一个人生产出了该公共物品，成本为 MC，那么再增加对该物品的受益者，并不会给供给者带来任何额外的边际成本，当 j 大于 1 的时候，边际成本为零。要注意的是，增加公共物品供给量的边际生产成本不为零。图 5.2 中，横轴表示消费者的人数，纵轴表示消费公共物品的边际收益。假设所有消费者的偏好相同，那么一旦生产出了这项公共物品，每一个从中得到的边际收益是相同的，对于所有的 j，边际收益为 MR。

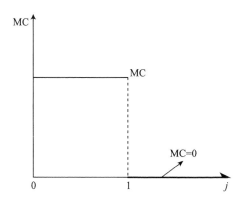

图 5.1　纯公共物品的边际成本曲线

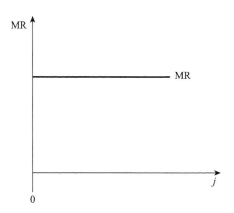

图 5.2　纯公共物品的边际收益曲线

5.1.3　以公共支出为核心的地方政府财政理论

西方公共财政学观念早在 19 世纪时梅兹拉、威克塞尔及萨克斯等人的文章中就已经提及。1919 年林得勒的"自愿交易理论"便以私有经济交易行为法则来分析政府的收支过程，始为公共财政概念的源起，但公共财政的研究热潮直到 1954 年萨缪尔森提出公共财政模式以后才正式展开，随后许多经济学家纷纷提出不同的见解，而使公共财政理论得以迅速发展。1956 年提伯特发表《地方支出的纯理论》一文以后，更使公共财政理论的探讨，发展到地方公共财政的发展范畴。

纵观西方经济学领域对公共财政学的定义，可分三种。第一种观点认为公共财政是以财产、物质的提供部门作为划分公共财政的标准，认为由公共部门提供为公共财政，由私有部门提供为私有财政。例如伯德沙认为公共财政乃是实际上透过政府预算提供或补贴的财产与物质或者是在这方面的补贴。第二种观点是以萨缪尔森、多夫曼等学者为代表，他们强调公共财政的本质，认为公共财政是完全的集体的消费财政，只要这种财产或物质一被提供，任何人都得均等享有，而且不管是否支付代价，都不会被排用，亦即不适用排斥原则。第三种观点是马斯格雷夫提出的，认为公共财政是满足公共欲望，其本质上是属于公共部门提供的财政，也就是说公共财政必须具备两个条件，即满足公共欲望和由公共部门生产。这种观点比前两种较为妥当，它说明只要满足公共欲望，而由政府预算提供的财物即属之。

现代西方经济学认为，公共财政是公共部门的经济交易，而公共部门被认为是从事某种服务，这种服务的范围和种类不取决于消费者的直接愿望，而由政府机构的决策决定，并且传统意义上的这种资源配置职能已扩展到包括再分配职能与稳定性职能。这种公共部门的定义借助了其职能，即提供非物质和范围由政府非市场来决定的那些物品和服务。由此西方公共财政可归纳为由公共部门提供，而以满足公共欲望为目的的财产和物品，包括外交、公园、警治等劳务。

从对公共财政的界定来看，西方公共财政主要的理论观点如下：

1. "公共提供"与"公共生产"

公共提供物品指由国家财政出资提供，不涉及怎样生产或在何处生产。由于各国公共部门提供的物品、服务的性质与范围各异，使不同国家的公共部门所供给的产品和劳务在品种和范围上有明显的差异。对于现代公共财政学分析，一个比较重要的观点认为，政府越来越多地提供其供给直接或间接地由政府机构的偏好而非个人偏好来决定的产品。马斯格雷夫用"价值产品"这一术语来描述通过预算提供的产品，因为有关当局认为它们"符合社会需要"。基于政府能较好地知道什么东西对人们有益这种理由，这些价值产品被专门用来干预消费者的偏好。不同的学者例举的其他价值产品占有，例如充分就业、消灭贫穷等符合社会需要的广义"产品"、教育等狭义"产品"、小学生的免费牛奶、艺术馆、国家队参与奥运会的比赛、政府对体育运动员的资助等。

这里以澳大利亚为例，在澳大利亚市场上出售的许多物品是公共生产的，如国营煤气公司提供的煤气，由州电力委员会负责生产并由委员会出售的电。同样，公共提供的物品如国防用品，可能包括许多私人部门生产的产品。如由私人部门生产的卡车等运输工具。西方经济学家在确定私人产品时用两个原则来判别，第一，拒绝性原则，即消费者能够对不满意的产品拥有拒绝权利；第二，竞争性原则，个人从消费中获得的利益会因为别人分享其消费而减少。纯粹的私人产品很容易同纯粹的公共产品区别开来。首先，私人产品的消费完全具有竞争性，拒绝性原则也容易适用。其次，一人在消费所有人都喜欢的产品时，不会导致其他人减少对这些产品的消费。但是总的来说，这两种纯粹产品是两个有相反性质的抽象物。在实践中，几乎所有的公共供给产品都兼有公共产品和私人产品的性质。

2. 政府预算部门

公共财政讨论中，公共部门通常限于预算部门及子部门，在澳大利亚除了联邦政府、议会和预算，还有六个自治州政府并各自具备议会、预算、税制和公共支出。政府同公共部门的分类以及预算部门与非预算部门的分类很重要，对联邦及州政府都适用。大致上预算部门包括所有活动均翔实报告于公共账户中的部门和机构，非预算部门包括的活动只部分反映于公共账户的公共机构。澳大利亚的预算部门又包括联邦年度预算、各州预算、各地方政府预算，其中对支出、借款及税收决策权基本上属于民选代表。

以联邦公共部门为例，联邦预算部门包括主管行政、国防、社会福利的大部分政府部门。一些具体活动在公共账户中并未反映的机构，由于资金基本依赖政府，因而不算公共企业，而是同预算部门一起组成一般政府部门。联邦企业部门包括通信、邮政、航空等，除以租金、股利及权利金形式向联邦上缴收入外，其经营不受预算制约。各州的一般政府部门包括健康、教育、社区服务，州辖企业主要是电力、煤气及大多数公交部门。

3. 社会支出理论

在英、美的支出理论中设想了只有个人才具有和表达需求，社会作为一个整体，不具有独立于作为社会组成部分的个人需求以外的各种形式的需求。这种市场导向的公共财政认为，公共物品的需求是确定的，并不等于所有个体需求之和，而这种物品的供给受制于：为获得一定数量的该物品，这些个体所愿意以纳税方式支付的价格。当市场上需要某种公共物品的个人达到足够量时，他们的愿望就通过民选代表准确地反映出来。这种预算决定理论受到"国家需求论"的挑战，即市场经济中个人欲望和私利决定物品的供应，而公共精神则往往在国家处于极度困境时发挥作用。据此，国家甚至统治者能比民主政府更好地表达国家意志，尤其是在危机时期。这种"国家需求论"在20世纪30年代纳粹党统治的德国表现得特别突出。由此可以看出，在公共财政研究中，国家性质是很重要的课题，不同性质的国家有各自的哲学角度和政治观点，他们的公共财政支出理论也迥然不同。

5.2 土地财政——地方政府主导的土地金融

5.2.1 土地财政的历史❶

"土地财政"一词是我国城乡二元土地制度下政府的一种特殊财政收入，因此，土地财政问题在西方的学术研究中较为鲜见，更多的则是从财

---

❶ 黄惠，何雨. 土地财政的历史、逻辑与前景研究［J］. 现代城市研究，2018（03）：39 - 42，51.

产税、物业税方面展开研究，同时我国的土地财政使于分税制改革，西方的财政分权理论对我国土地财政问题的分析具有一定的启发性作用。

早在太平天国时期，人们就绕着土地制度的重构进行了新的探索。带有大同理想色彩的《天朝田亩制度》规定了"凡天下田，天下人同耕"和"无处不均匀"的原则。其在土地分配安排上采取的做法是：以户为单位，按照人口和年龄平均分配土地（需要注意的是，再分配后的土地，归私人所有，在性质上依然是私有制）；在土地产品分成方面，根据"天下人人不受私，物物归上主"的原则，每户留足口粮，其余归圣库。这一过于理想化的农民阶级土地制度，在实践中困难重重，最终仅仅成为一个历史口号，无疾而终。

到了 19 世纪末 20 世纪初，现代中国革命的先行者——孙中山先生领导下的同盟会，同样注意到了土地危机及其严重的政治后果。在"民族主义、民权主义和民生主义"的三民主义的政治纲领中，同盟会提出了资产阶级革命党人化解土地危机的政治主张，即"平均地权"，并以之作为民生主义的核心内容。较之于太平天国政府，孙中山领导的资产阶级革命党人的土地政策，采取了更为变通和灵活的提法，即"现有地价归原主，增长地价归国家"。然而，受制于资产阶级革命政党的政治属性与当时客观的社会形势，这一土地政策主张同样无疾而终。

直到代表工农利益的无产阶级革命政党——中国共产党走上历史舞台，才真正地把土地革命的政治理想与伟大实践结合起来，并由此开辟了中国历史进程的新篇章。从诞生之时起，土地问题就是共产党人关注的核心问题，并在实践中结合当时当地情势，因地制宜，在总的原则与大的方向不变的情况下，根据形势与任务进行针对性的调整。大致来说，共产党人的土地制度革命实践从最初的开始到基本制度定型化，大致经历了下述阶段：

1927—1936 年的国共对峙时期。共产党人的土地革命目标与任务为变封建半封建的土地所有制为农民的土地所有制。期间，实践中的土地政策在阶级诉求与现实国情上，出现了剧烈的反复波动，但是，因为后来的大规模普及，提供了经验和教训。

1935—1945 年的抗日战争时期。随着第二次国共合作全面开展，面对日本帝国主义者的入侵，在民族危机上升为主要矛盾的情况下，共产党人采取了有针对性的、柔性化的土地政策，即"地主减租减息，农民交租交息"。以调动全民族一切力量，投入抗日民族统一战线之中。也只有这一时期，才暂时性地放弃了彻底剥夺地主阶级土地所有权的根本目标。

1945—1949年的解放战争时期。抗日战争的胜利，让主要矛盾从民族国家矛盾转变为国内的阶级矛盾，即，革命的形势与任务发生了根本性变化，刚从反帝（反对日本帝国主义为核心）转变为"反封建"。为了维护农民阶级的利益、争取农民阶级支持，共产党人在土地政策上重新转向自身的阶级立场。1947年的《中国土地法大纲》明确提出"没收地主土地，废除封建剥削，实行耕者有其田，农村人口平分"，集中体现了该实际土地政策的阶级属性。

1949—1956年时期。新中国的成立，宣告"中国人民站起来了"。以工农联盟为基础的人民政权开始致力于全面改造半殖民地半封建的土地制度。1950年6月28日，中央人民政府委员会第八次会议通过了《中华人民共和国土地改革法》，正式把新民主主义革命时期的土地路线上升为国家意志，并进行土地安排层面上的制度定型化。该法明确指出，土地改革的目的是"废除地主阶级封建剥削的土地所有制实行农民的土地所有制"。在实践中的行动维度主要有：一是没收地主的土地。二是征收祠堂、庙宇、寺院、教堂、学校和团体等在农村的土地及其耕地。三是保护富农所有自耕和雇佣耕种的土地不得侵犯，所有其出租的小量土地，一般亦予保留不动。四是所有没收和征收得来的土地和其他生产资料，除依法收归国家所有外，应统一地、公平合理地分配给无地少地的贫苦农民所有；对地主同样分给一份土地，使其靠自己的劳动自食其力，在劳动中改造为新人。

《中华人民共和国土地改革法》，改变了数千年来中国土地的阶级属性，但是，中国土地制度的最终定型化，还是由更大的历史事件来敲定的。1953—1956年开始的农业合作化运动，为中国土地制度的所有权变更画上了彻底的句号，即"农村实行集体土地所有制，城市实行国有土地所有制"。人民政府也以土地公有制的形式，结束了始自1927年以来的土地政策尝试，确立了中国革命在土地上的最终成果。土地公有制，成为中国革命最重要的成果与遗产之一。公有的土地属性，不仅让改革开放后的中国土地市场区别于其他国家土地市场，而且也影响房地产业发展、地方政府财政状况的一个基本国情。

在相当长一段时间内，在制度化上定型了的土地政策，已经淡出了国家制度设计的议程，直到1978年，随着新一轮农村土地改革的启动，围绕着调动人民积极性，促进农业生产恢复与提高，在保持农村土地集体所有制根本属性不变的情况下，推动以包产到户为内容的土地改革。这次改革，核心是调整经营权与收益权的关系，扩大农民土地经营的自主性，并没有改变土地的公有属性。因此在此后十余年间，舆论关注热点中的土地金融属性，依然未被清晰梳理厘清。

又一次促进变化的关键事件是在1994年。无论是1978年的农村改革，还是1984年的城市改革，其核心内容就是改变高度集权的资源控制模式，对地方创新性经济活动进行大放权。央地关系的这一巨大转向，在调动地方自主性、积极性的同时，也对中央政府的集中与统筹能力产生了负面影响。1990年年初，中央政府出现了严重的财政危机，中央财力无法支持一些具有重要意义的全国性项目。例如，粮食收购亏损补贴，跨地区的交通项目，国防建设等。为此，1993年7月23日，朱镕基在全国财政会议上首次正式提出分税制的想法。一个多月后，分税制改革的第一方案出台，中央将税源稳定、税基广、易征收的税种大部分上划，消费税、关税划为中央固定收入，企业所得税按纳税人隶属关系分别划为中央和地方，规模最大的增值税被划为共享税，中央和地方按75%和25%的比例共享。

1993年11月14日，中共十四届三中全会通过的《中共中央关于建立社会主义市场经济体制若干问题的决定》明确规定，进行税收制度改革，将财产包干制改造为分税制。分税制的施行从根本上重构了中央与地方政府之间的财税关系，改变了中央政府在税源分配上的被动局面，极大地提升了中央政府的财政动员能力，增强了中央政府在经济权力和利益分配中的主动权。据统计，从1995年到朱镕基退任的2004年，中央财政收入平均占国家财政总收入的52%，但财政支出平均值只占国家财政总支出的30%。在水源上，中央对地方进行削藩，但是在事务上，不仅没有为地方政府减轻负担，相反，还不断地向地方增加公共服务配套的要求。这种状况造成了财权与事权的不匹配。以 2004 年为例，地方政府财政收入约占国家财政总收入的 45%，但财政支出却约占全国财政总支出的 72%。在教育事业上，中央财政支出为 219.64 亿元，而地方财政支出为 3146.3 亿元，是中央的 14 倍多，社会保障补助方面，地方财政支出是中央的近 7 倍；支农支出是中央的 10 倍。

财权与事权的不匹配，或者在事权的重压下，地方政府不得不寻找到新的财源。面对突如其来的亚洲金融危机与经济增长的大幅下滑，1998 年我国再次进行了一个具有深远意义的改革，即住房商品化改革，让市场成为住房资源配置的决定性力量。随着经济成长带来的居民收入增加，人们的居住需求得到快速持续释放，房地产价格也不断上涨，越来越高。这一逻辑迅速反馈到土地市场上。地方政府不仅可以通过直接卖地，获得大量现金流，而且还可以用土地作为抵押，获得银行贷款。正是按照这一路线图，作为革命成果的土地，开始被赋予金融属性，成为地方政府财政最高效的筹资工具。土地与财政实现了结合，由之也诞生了一个现今充斥各类媒体的术语——土地财政。

在此期间，真正让土地财政合法化和制度化的，源自 2002 年 4 月 3 日国土资源部第四次部务会议通过并于同年 7 月 1 日起施行的《招标拍卖挂牌出让国有土地使用权规定》。这一文件的重要性在于，它确定了被赋予金融属性的土地的定价方式。在此之前，地方政府在土地定价方式上，以"协议转让"为主。协议转让的弊端在于，一是容易导致权钱交易，滋生腐败；二是因为估值偏低，导致国有资产流失。新文件确立了新的土地定价方式——"招标、拍卖、挂牌"。相对于行政主导的协议转让方式，招标、拍卖或挂牌基本上是市场化定价方式。自此以后，更加透明化、公开化、市场化的"招、拍、卖"成为土地定价与转让的主要方式，之后受房地产市场持续繁荣影响，市场化的招、拍、挂方式为地方政府实现了最大化的财政收益。

5.2.2 土地财政引发的问题

1. 土地财政规模缺乏可持续性

经过多年发展，我国土地财政收入规模的增长日益受到制约，尤其是

2015 年全国土地出让收入比去年下降了 21.6%，土地出让收入的减少使得土地财政规模也受到限制。财政收入的不可持续性主要表现在：

第一，后土地财政时期，土地供给总量增长缓慢；近年来，国家逐步加强了对于地方政府占用耕地行为的限制，这就更进一步减少了土地资源的供给规模。例如国家为了防止地方政府无限制地圈占土地，我国近年来撤销很多地区的高新技术开发区。总而言之，后土地财政时期，地方政府掌握的土地越来越有限，土地财政收入增长的可持续性会受到更为严峻的考验。

第二，后土地财政时期，房地产业发展到高峰期逐步结束，降低了土地市场交易的活跃度与成交价格。近年来，全国房地产市场的遇冷直接制约了土地财政的收入状况。土地财政与房地产市场之间可谓是相辅相成的关系，一方面，地方政府通过出让土地使得房地产业获得了扩张所必须具备的资源条件；另一方面，地方政府也在房地产业的高速扩张中，获得了大量的土地出让收入。

我国经济发展已经步入新常态，尤其是最近两年，除了北上广深这些城市继续保持着比较旺盛的刚性需求以外，全国的房地产市场已经整体处于放缓的状态，我国房地产市场近年来景气指数均低于 100，房地产市场的不景气使得许多房地产开发企业的库存处于高位运行的状态，许多新建楼宇在常规的销售周期内都无法销售完毕，土地交易量也受到严重冲击，土地交易增长的空间受到限制，土地出让收入的增长将会面临更加严峻的考验。

2. 土地财政收入的稳定性不足

我国土地财政收入稳定性缺乏，出现了有的年份比较高，有的年份甚至负增长的情况，土地财政稳定性缺乏有如下表现：

第一，征地的难度日益加大；我国已经进入后土地财政时期，国家规定，我国当前的城市规划当中，30% 的土地用于工业用地，40% 的土地用于基础设施建设领域，余下的 30% 的土地被用于居民用地与商业用地，这一块当中只有 50% 可以用来作商业用房，其余 50% 必须建设经济适用房。这就在国家发展规划上限制了可供出让的土地资源。由于之前大量的耕地被占用，为了保证国家的粮食安全，耕地保护制度只会更严格，地方政府征用耕地的难度越来越大。而且国家对于房地产市场的调控日益加强，土地出让收入在今后增长会受到更大的限制，由于土地出让金所占据的主导地位，使得我国土地财政收入的结构十分脆弱，缺乏足够的稳定性。

第二，土地出让价格具有波动性，土地出让价格波动性比较大，土地出让价格不同年份间经常出现忽高忽低的情况，而且土地出让价格地区及城乡间价格差异明显，很难用一个统一的平均价格衡量全国的普遍水平。

3. 土地财政容易透支未来经济发展的动力

我国的土地财政收入模式缺乏可持续性，我国现行的土地转让制度是，一般地方政府是一次性地将未来 30～50 年的土地使用权出售给开发企业，地方政府一次性取得的收入，如果没有高效地利用这些资金实现价值增值，透支了未来的收入，这种模式将缺乏可持续性。与房地产业之间关系又十分密切主要表现在：其一，地方政府依赖房地产业来消化所供给的土地，通过抬升地价，提高供地的成本，来增加土地出让收入；其二，地方政府依赖房地产业的有关土地的税收来增加自身的财政收入。过度依赖房地产业的直接后果就是房价上扬。进而又引发了一些其他问题：

第一，不注重资金的长期分配与投资效率低下；我国地方政府官员每五年进行一次换届，地方官员一般只关注任期内的发展目标，对于今后的长远发展重视不够，未考虑到今后几十年乃至上百年的生产、投资以及消费，盲目地去推动投资的扩大，不注重资源与资金分配的长期平衡，这就压制了未来的经济发展。1995—2005 年，我国全社会固定资产投资占固定资本形成总额的比例为 90%～100%，在 2015 年则高达 165%，这表明投资增长没有有效地形成资本，资本积累不足。1995—2005 年，我国的增量资本产出比为 3.65，2005—2015 年，我国的增量资本产出比为 5.97，这说明资本使用过程中，投资增长较快，但是投资效率在下降。具体表现为基础设施使用率不足，资金使用效益不高。

第二，地区产业结构的优化面临高房价与不公平的市场环境的阻力；其一，会增加企业的经营成本，同时增加居民的住房成本；根据 2014 年的统计，我国主要的大城市中，商业企业经营成本的 30% 属于租金。餐饮等服务业则高达 50%，普通住宅租房成本也在 50% 左右，第三产业的经营成本中租金所占比重过高，这会限制第三产业的发展，第三产业的缓慢发展不利于整个地区产业结构的升级。其二，地方政府给予房地产业特殊照顾，不利于维护市场的公平性；房地产业的发展无可厚非，可是现有的土地财政模式主导下地方政府往往把房地产业作为主导性产业，各种生产要素与资源的供给向房地产业倾斜，这往往会压制其他产业的发展，不利于本地区的经济转型以及产业结构调整，这就直接制约了未来的经济发展。

4. 征地补偿分配不公影响社会稳定

土地补偿收入分配不公产生的问题主要表现在：由于我国当前的土地制度管理不完善，地方政府与居民在征地补偿费的分配中，地方政府处于主导地位，地方政府获得了征地补偿费（我国在土地征用的过程中，需要向被征地的居民支付征地补偿款以及拆迁安置费等费用）的70%左右，然而村级集体分得25%左右，被征地的居民往往只能分得5%～10%，失去土地的居民本应该得到最大程度的补偿，占有的比例却最小。由于征地引发的群众上访或者维权活动早已是屡见不鲜，这会给社会带来不安定的因素。

由于地方政府收益最大，地方政府积极地高价卖地，使得房价也会随之水涨船高，高房价对中低收入者影响最明显。房价的攀升使得中低收入者买房难的问题比较普遍，买房支出基本属于我国普通居民家庭最大的一笔开销，尤其是年轻人买房的压力比较大，过高的房价会破坏社会的和谐与稳定。

5. 土地融资抵押容易诱发金融风险

土地财政的金融安全问题主要指的是地方政府融资平台公司对于银行信贷的过度依赖，很有可能引发商业银行等金融机构的坏账问题，进而影响到金融安全。土地抵押贷款的规模增长十分迅速，2014年总量已经达到4万多亿元，由此产生的巨额利息，很有可能导致地方融资平台公司无法及时地偿还银行的债务，这会给银行造成坏账，我国的商业银行是金融业的主体，一旦商业银行坏账严重，很有可能影响到整个金融系统的安全。

为了解决这些坏账银行一般采取资产剥离的方式，我国资产剥离的接收方就是国有资产管理公司，这就相当于国家通过财政资金买下银行手中的坏账。如果坏账问题严重，商业银行就会宣布破产，由于地方融资平台的借款对象属于国有商业银行，一旦银行破产，将会严重影响到国家信用，会导致社会的波动，国家不会对国有商业银行出现的严重坏账问题视而不见，这些坏账到最后很有可能由中央财政支付，这样银行的金融风险又有可能引发中央的财政风险。

5.3 土地金融工具——政府融资平台（LGFV）

5.3.1 政府融资平台（LGFV）的概况

1. 政府融资平台（LGFV）的定义

中国地方政府投融资平台从其产生到发展至今已有20多年的历史，期间各相关学者对该课题不断进行过理论和实践上的研究和探索，在地方政府投融资平台概念的界定上，就有许多学者纷纷提出了许多不同看法并给出自己的表述。但截至目前，界内还尚未对这一概念形成统一的定论。

例如在地方政府投融资平台形成和发展的初期，芜湖市政府就将地方政府投融资平台定性为由政府出资设立的国有企业，它的职能就是依托于政府所掌握的资金和各种资源，在政府信用担保的条件下通过在资本市场进行投融资活动，从而为政府进行基础设施建设提供所需要的支出资金。2009年召开的"政府融资平台规范与发展论坛"研讨会则将地方政府投融资平台定义为一种由地方政府主导并参与，利用政府资信从而在市场上为地方政府自身筹措财政资金的一种融资方式[1]。

显而易见，"地方政府""投融资"和"平台"这三个词就是地方政府投融资平台的关键词构成部分。"地方政府"这一概念不难理解，本书所要讨论的地方政府层级主要是指省（包含自治区、直辖市、计划单列市）、市、县三级政府。"投融资"这一关键词则可以分为投资和融资两个层面来理解，投资通常而言就是货币转化为资产的过程，它主要包含两种投资形式，即实物投资与证券投资；融资的通常说法就是企业进行资金有偿活动和货币借贷的活动。"平台"这个词从现代意义上来理解就是人们在进行互动行为时所需要借助的舞台或媒介，比如交易平台或信息平台

---

[1] "政府融资平台规范与发展论坛"研讨会，2009。

等，但"平台"一词放在地方政府投融资平台当中应当看成是一个载体也就是企业的意思。

通过对上述几个关键词的分别阐述，本书将地方投融资平台（LOCAL GOVERNMENT FINACIAL VEHICLE，LGFV）的概念界定为：由各级地方政府出面发起设立，通过各种有形资产或无形资产来进行注资组建并且能够在资本市场进行投融资活动的现代企业，它的主要目的是通过在市场上所筹措到的资金来帮助各级政府直接或间接完成其应当履行的相关政府职能。

2. 政府融资平台的类型特点

事实上，地方政府投融资平台的类型可以按多重标准划分，比如按照是否盈利、是否具有社会公益性质、专业化程度等标准来划分。本书将根据地方政府投融资平台的受益情况和专业化程度来对其种类进行划分，同时对其类型特点进行简要阐述和介绍。

（1）按其受益情况划分

根据地方政府投融资平台受益状况或者说是其公益性质，可将其划分为三种类型：公益性平台、准公益性平台与经营性平台。公益性政府投融资平台主要是为了帮政府供给具有公益性质的公共产品而设立的平台，所投资的项目集中于当地政府的城市道路、桥梁、广场以及城市安全设施和公共运动场所等基础设施建设。此类平台的特点在于其职能是基于政府主导下为社会提供服务，不具有盈利的目的。由于这类平台不能参与市场化运营，缺乏稳定持续的经济收入，因此其本身不具有还本付息的能力，其项目资金主要靠其所属政府的财力支持。

准公益性政府投融资平台的特点与纯公益性平台基本类似，但又有所区别。其所投资的项目既有满足政府需要的公益性产品，也有能为平台带来稳定收入的金融资本产品，也就是说，这类平台在配合政府提供公共产品的同时还具有一定的盈利性质，可以通过一些资本运作获取一定的经济收入。所以这类平台在偿还债务时的资金包括政府的财政补贴和自身的投资收入。

经营性投融资平台以盈利为目的，可以通过市场化经营手段来获得稳定持续的现金流收入。这类平台在项目投资上主要以类似高速公路修建、城市水电气热供应等项目为主，通过在金融市场上的资本运作，最终实现财务收支平衡并自负盈亏。

（2）按其专业化程度划分

这里的专业化程度主要是指地方政府投融资平台所开展业务的专门化程度，因为现实存在的各类地方政府投融资平台中，某些平台只专门从事某一领域，而有些平台经营范围则比较广。因此根据地方政府投融资平台经营业务范围的专门化程度，可将其划分为专业性投融资平台和综合性投融资平台两大类。

专业性投融资平台具有业务经营范围注重精而细的特点，通常此类平台在长期内只专门从事某一行业或领域，因此专业化程度很高。这类投融资平台通过长时期的经营，在其专门从事的领域内不断进行相关产业链的合理扩展，相比较综合性地方政府投融资平台，其在经营领域的竞争力更强。目前而言，我国专业性地方政府投融资平台主要包括从事城市建设、铁路投资、金融投资等这些领域的各类平台。

综合性地方政府投融资平台是与专业性投融资平台相对而言的一个概念，类似于一般性的生产型企业，它是随着市场经济不断发展和行业竞争日益加剧的情况产生并发展的，这种综合性平台往往政府背景深厚，能够享受更多优惠政策，从而能够更好地发展壮大。正因为如此，此类平台通常具备资产丰厚、规模大、信用度好、内控严格、产业范围广泛的特点，这种综合实力强劲的综合性地方政府投融资平台一般为省一级平台。

3. 政府融资平台的融资渠道种类

与发达国家相比，我国在融资工具的创新上处于相对落后的状态，因此我国地方政府投融资平台的融资渠道种类也相对较少，就目前而言，我国地方政府投融资平台的融资渠道主要以下几种：

（1）银行贷款

银行贷款，这一融资方式是指基于国家政策的前提下，银行为资金需求方按约定提供贷款金额，同时要求借款方在借款期限到期时支付一定的利息费用。由于银行处于资金供求双方的中间，所以其信贷活动被称作间接融资。由于银行贷款相对而言操作流程比较简单，所能提供的贷款资金也相对较多，所以我国地方政府投融资平台主要采取这种融资渠道。

（2）债券融资

债券融资是指平台公司通过发行公司债券筹集资金的过程。在新《预算法》颁布前，地方政府的债券融资明确为包括财政部代发的地方政府债券和城投债。在此之后，地方政府开始具备以往不曾拥有的自主发行债券的权利，同时该法还规定政府类投融资平台不再允许替地方政府代为发行债券。事实上，在国家法律政策变动前此种融资渠道一直被地方政府投融资平台大为看中并频繁利用，但随着新《预算法》的出台，地方政府投融资平台不能再通过这一融资渠道进行融资，这也就意味着这一融资渠道已经名存实亡。

（3）股权融资

股权融资一般是指企业通过对自身所有权的部分出让来获取外来资金并让资金供给方占有一定股权的融资方式。企业通过这种融资渠道所获取的资金，不需要对资金供给方进行还本付息，同时新老股东对于该企业而言享有相同的权利和承担同等的义务，并依照股权比例共同分享企业的经营成果。这种融资方式的优点在于融资成本相对较少，但具有隐藏多种风险隐患的缺陷。我国地方政府投融资平台绝大多数并没有运用这一融资渠道，只有极少数拥有城投背景的地方政府投融资平台利用这种融资渠道进行融资。

（4）信托融资

信托融资是以银行类金融机构为投资方，以信托公司为中介，与融资方三方共同参与完成投融资双方资金融通的融资方式，它是一种间接融资渠道。信托融资的典型代表就是银信合作理财产品，实质是商业银行委托信托公司就某个项目发起集合或单一资金信托计划，然后银行以自有资金或理财资金购买此信托计划，从而间接贷款给融资方。其运作流程是：首先由银行和融资平台就贷款额度、收益状况、贷款期限等条件进行磋商，达成一致意见后商业银行将发行理财产品用于购买信托公司发行的相应的信托产品，以投资于地方政府融资平台股权或债权，同时政府向银行和信托出具回购的承诺函，最后融资平台从信托公司处获得所需资金。

（5）项目特许融资

项目特许融资就是政府为了得到社会资本的参与来完成某一特定项目

的建设，在一定时期内将这一特定项目完成后的经营管理权出让给为政府提供资金的企业，从而达到政府在短期内以较少的成本完成项目建成的目的。这一融资方式存在多种形式，最为流行的是 BOT（建设—运营—转变）模式，也称为特许经营模式。在这种模式下，项目承包企业从政府获得项目特许权，同时按照约定在规定期限内完成项目的设计和建设等要求，项目建成后承包企业获得一定期限的该项目经营权，同时在项目建设过程中所产生的各种成本费用由企业自主负责，在规定期限内项目运营所获的收益也归企业所有。待企业运营项目的期限截止后必须无条件把该项目移交给政府。

4. 政府融资平台的功能

（1）管理功能

地方政府投融资平台的管理功能主要是在其所属政府的授权之下对平台本身及其资产进行全面管理。在这一过程中，地方政府投融资平台以政府代理人的身份行使部分决策权，对平台的资本运营和债务等各方面进行管理。同时，地方政府投融资平台还需要配合政府对其所提供的公共产品和城市基础设施进行管理和安排，对所在城市建设项目实施全面的项目管理。

地方政府投融资平台的投融资功能拆开来讲就是投资功能和融资功能。首先，平台公司作为投资主体，拥有对外投资的功能，代表政府进行重大公共设施、基础设施、相关支柱产业等项目的投资。其次，融资功能是地方政府投融资平台最基本也是最重要的功能，融资平台通过发挥基础设施建设主要融资渠道的作用，最大限度地吸收社会资本和引进外资，并把这些资金运用于当地政府的重大建设项目中去。

（2）资本运作功能

地方政府投融资平台大多具有资本运作的功能，这类投融资平台依据当地政府政策法规和经济发展的要求，对其资本结构进行调整并整合资源优势，提高经济效益，甚至最终通过上市来扩大资本运营规模。此外，地方政府投融资平台还可以通过各种融资渠道来筹集资金，以合理选择优质的投资项目进行投资，从而能够增加平台盈利能力，扩充资本。总而言之，地方政府投融资平台资本运作功能的发挥就是要通过科学合理的资本运作手段最终实现平台资产保值或增值的目的。

5.3.2 政府融资平台的问题

1. 融资平台管理不规范

地方政府融资平台与地方政府之间的关系模糊不清。在对融资平台和其债务开展合理限制以前，地方政府为融资平台企业准备的隐性担保转变了融资平台公司作为具备独立法人资格的经济主体的借贷行为，造成融资平台公司不根据本身偿债水平而大范围的借贷，此外银行信贷资金供给量很大，融资平台公司多头融资、多头授信，最终负债累累，债务风险形成并不断积聚。除此之外，融资平台公司自身的经营和公司治理情况进一步加大了债务风险爆发的可能性。

部分融资平台公司的注册资本中包含不能带来经营性收入的纯公益性资产，当融资平台公司出现偿债困难时，此类资产根本无法变现。再加上，融资平台公司为准公益性项目投融资所产生的债务，要让融资平台公司以本身经济效益来归还，此类项目建设时间长且注重的是社会效益，项目建成后现金流是否稳定具有不确定性。即便部分融资平台公司同时兼营非公益性项目，其盈利能力也有待商榷。此外，融资平台公司的管理结构不合理，市场化运作的背景就是地方政府官员是关键的运作管理者。很多地方政府官员缺乏管理市场化运作公司的能力，对融资平台公司投融资项目的前期可行性论证、项目中期建设和现金流管理以及后期收益管理与债务清偿都缺乏系统性的规划和安排，导致融资平台公司的运营效率普遍低下。另外，他们的风险意识淡薄，部分融资平台公司互相抵押、相互担保。一旦一家融资平台公司资金链断裂则会牵连甚广，容易造成地方政府融资平台债务风险的大规模爆发。

2. 融资行为不规范

改革开放以来，我国以经济建设为中心，希望通过发展经济来改善人民的生活，于是以经济发展为核心的政绩被纳入干部考核与晋升制度中。与此同时，我国的行政权力主要集中在上级政府，上级政府对下一级政府领导的任免拥有绝对的权威。这样的政治环境使我国对地方官员"政绩锦标赛"的激励机制得以有效推行。周黎安、李宏彬等（2005）的研究表明，省区 GDP 的增长率对省级官员的升迁概率有正的影响。另外，我国官员实行任期制。为了在任期内做出引人注目的政绩，追求短期 GDP 最大化，地方政府官员倾向于突破已有预算，动员足够多的资源投入产生资产存量的工程当中，特别是基础产业和公共基础设施。一方面通过完善基础设施和基础产业，可以改善当地招商引资环境，拉动地区经济发展，增加政府收入，另一方面也改善了当地居民的生活条件。然而，在预算吃紧的情况下，摊派或加征各项税费虽不会形成债务但有损官员声誉，而通过举借长期债务可以将偿债压力留给下一届政府，所以举债成为地方政府官员的最佳选择。为应对全球经济危机，中央经济工作会议提出"保增长"目标，即 GDP 增速达到 8%，强化了地方政府官员"政绩锦标赛"激励体制的实际效果，因此也强化了地方政府官员的举债动机，很多地方开始学习融资平台企业的相关经验，再加上 2009 年中央的大力支持，全国地方官员纷纷上马搭建融资平台公司进行举债融资。此外，为了让融资平台企业可以全面地大范围举债，地方政府更为其提供各种担保。

金融机构，尤其是银行，为地方政府融资平台提供高额信贷资金，在促进融资平台公司快速发展的同时，对其债务规模迅速膨胀起到了推波助澜的作用。在之后激励地方政府融资平台自主融资与不断发展的环境中，有时候会出现地方政府为融资平台公司贷款准备多种类型信用担保的情况，包括承诺在融资平台公司偿债出现困难时提供临时性偿债资金，导致银行对融资平台公司的信用评价更多的是取决于地方政府财力，而不会受到融资平台公司自身还款水平的影响。然而因为信息不对称，银行无法了解地方政府的财政收支与财政还款水平。即使银行想了解融资平台公司自身的还款能力和借贷情况，也由于时间跨度短和信息不对称，无法取得融资平台公司被审计过的财务报表，难以把握融资平台公司的真实经营和负债状况，也无法监控融资平台公司跨银行的资金流向。即便如此，相对于政府，处于弱势地位的银行仍会选择相信有政府背景的融资平台公司，进而向其大量投放贷款。另外，随着我国经济的发展，银行之间的竞争日益激烈，除了争取储蓄客户外，还争夺优质信贷客户。基于从众心理，一家银行向融资平台公司贷款，其他银行也争相向融资平台公司贷款。在 2009 年货币政策宽松以及实体经济萎靡的情况下，为争夺 4 万亿元投资计划中率先推出的项目，许多银行都对融资平台公司做出了优惠和让步，使其能够获得大量的信贷资源。

3. 融资平台风险大

地方政府融资平台的资产中地方政府划拨的土地占有很大比例。在实际中有这样的情况，当地方政府要上项目而平台公司的资产负债率不达标时，地方政府会通过增加注册资本的方式来改善平台公司的财务状况，最主要的增资方式就是划拨土地。可是，一级政府管辖区域是既定的，从长期来看，而这一区域待开发的区域是越来越少，这就意味着土地储备越来越少，因此，这种注资方式不具有长期的可持续性。

地方政府融资平台的还款来源根据其投资项目不同而有所差异，例如公路和水务的投资依赖建成后的收费还贷，基础产业的投资依赖于股权收益还贷，纯公共商品性质的基建项目还贷来源依赖于公共设施完善带来的地块升值，地块升值主要通过房地产项目来实现。在实际操作中，由于准公共商品的投资回收期长于贷款期限，基础产业也需要较长时间才能完成建设并产生利润，因此，融资平台还款能力很大程度上取决于地块开发项目的收益。这就导致融资平台的还款能力很大程度上受到房地产市场的影响。只有地价和房价的上涨才能带动土地出让金及房地产相关税费的增长，才能保证融资平台公司的还款来源，可是房价是一个与民生息息相关的问题，过高的房价会带来社会的不稳定，房价成为中央的重要调控目标，因此，地方政府依赖房价上升来保证平台公司的还款能力与中央控房价保民生是个相悖的论题。在这样一个难解的局面下，融资平台公司的还款来源不确定性因素增加，增加了平台债务风险的潜在危险。

此外，我国政府会计制度普遍采用"收付实现制"，其核算特点是费用和负债的核算只有在实际发生现金收付时才进行。这种核算体系既无法对当前发生但尚未用现金偿付的政府负有偿还责任的直接负债进行反映，也无法对可能发生的政府或有负债进行确认、计量和报告。不仅造成所披露的融资平台地方政府性债务规模远远低于实际债务规模，可预见的融资平台债务风险对地方政府的影响也远远低于实际存在的影响，还会在客观上鼓励地方政府官员把在自己任期内尚未纳入核算范围的融资平台债务转移给下一届政府，将融资平台债务风险对地方政府的影响滞延。带来的后果就是作为出资人的地方政府，过度寻求融资平台公司的资金数目，缺少对融资平台公司相关渠道稳定性以及公正性的查看，以及对融资平台公司运营情况的定期考核和检查，更是缺乏针对融资平台债务风险的评估和预警机制。另外，政府预算体系也是采用"收付实现制"，所有预算文件都不反映政府或有负债，也就谈不上为各种担保以及其他或有负债建立专项风险准备金。通常，一个地方政府还会下设多个融资平台公司。多个融资平台公司的存在更是增加了当地地方政府的管理难度。所以，地方政府对融资平台公司的多种债务监管不合理，导致其选择继续扩大融资平台公司的债务规模。

5.3.3 政府融资平台的转型对策

1. 结合平台定位，明确转型发展方向

制定平台转型发展战略。融资平台要在总结历史经验和客观分析内外部环境的基础上，立足眼前实际，着眼未来发展，制定过渡时期的发展战略，确定发展定位和使命愿景，明确一定时期的发展方向。

继续推进城市开发建设。一般来说，城市开发建设是各地平台的主业，也是核心竞争优势。在转型过渡期间，基于继续获得地方政府支持以及自身转型的需要，平台首先要继续坚持城市开发建设的目标任务。一是继续做好当地政府交办的任务，取得政府层面的大力支持和帮助，为转型赢得良好的外部环境。二是在此期间，要培育形成可复制、模块化的城市开发建设能力，为"走出去"参与市场化竞争奠定基础。

确保国有资产保值增值。把资产运营管理作为重要任务之一，科学高效运营在城市开发建设过程中形成的国有资产，健全管理体系，拓宽经营思路，创新经营模式，不断提升国有资产运营管理能力，确保国有资产保值增值。例如西城集团（济南西城投资开发集团有限公司，以下简称西城集团）制定了 2014—2018 年五年发展战略，战略明确提出西城集团的发展定位为：以城市开发建设和资产运营管理为核心，培育发展优势产业，建设有实力、可持续的现代企业集团。

2. 规范资本运作，严格防范债务风险

投资决策科学审慎。平台要建立集中管控、分级审批、预算管理、阳光公开的预算管理制度，严格实行预算管理；建立投资决策机制，在现有"三重一大"议事制度的基础上，结合平台实际对投资方向、投资数额限定等进行明确规定。

融资渠道多元合规。要建立多元化、结构化的融资渠道，多措并举，确保资金安全和资金链安全。要把合规放在首位，建立专门的法务部门和监察审计部门，对各类融资进行内部审计；聘请专业的中介机构，定期不定期对融资运作进行外部审计。

政府债务安全可控。投融资平台要未雨绸缪，对未来一定阶段的到期债务科学制订还款计划，完善各项保障措施。同时，根据当地城市发展需要，结合自身债务情况，合理确定融资规模，及时报当地主管部门审批。在具体实施过程中，对于由平台承担的公益性项目或业务，要积极协调当地政府，明确资金来源。近几年，西城集团在做好风险控制的前提下，积极推行了预算管理制度，在市主管部门的监督指导下，合理确定年度投融资规模，同时加强与银行金融机构的战略合作，重点进行了直接融资的有益探索，成功发行了企业债、中期票据、海外债等，初步建立了多元化的融资渠道，有力规避了各类金融风险。

3. 完善治理结构，健全现代企业制度

构建经营"防火墙"。首先，进一步理顺和政府的关系，在新的发展阶段，要积极协调政府按照购买服务等合规程序操作；其次，要尽快解决投融资平台在当地与其他国有企业等之间的互保问题，逐步斩断风险链条；最后，要合理确定平台内部的公司层阶，避免管理失控，引发连锁反应。

提升财务管控水平。投融资平台的本质即为投资融资，核心业务即为资本运作。财务管控水平总体要完成从"会计核算型"向"管理+服务+监督型"转变，力争建成"决策支持型"财务团队，为平台各项经营管理决策提供重要支撑。同时，建立科学完善的资金结算中心，必要时可组建成立财务公司。

完善内部治理结构。在投融资平台本部层面，以资本结构为基础，构建完善的公司治理结构，健全党委会、董事会、总经理办公会、所属子公司经营例会、职工代表大会等决策机制和会议制度，同时健全监事会体系和纪检工作体系，为平台发展筑起坚固防线，全面提升投融资平台的决策水平和执行效率；在所属子公司层面，以股权结构为基础，通过人力资源统管、高管人员派出、财务委派、定期审计、组织架构审核、重大事项报告等制度，加强所属企业管控，有效行使出资人权利，维护平台合法权益。例如济南西城集团结合自身实际，实行了以党委会、董事会、总经理办公会以及子公司例会为主体的决策治理体系。党委会决策由谁干，董事会决策干什么，总经理办公会和子公司例会作为执行层确定怎么干。

4. 强化资产整合，奠定转型发展基础

加强与政府沟通协调。平台公司要加强与政府部门的沟通协调，积极争取现有资产的确权划转，实现资产与资金的良性循环，必要时可通过资产证券化直接融资。

加强资产优化重组。各平台公司要明确专职单位将分散在各个板块的资产进行集中管理和优化重组，提升整体运营效益。例如济南西城集团成立了企业管理部和资产运营公司，企业管理部负责资产监管、完善确权手续，资产运营公司负责集团所有物业资产的运营管理。

提升资产经营收益。广泛借鉴资产经营管理的先进经验，创新经营思路，在确保出租收益稳定提升的同时，大力发展相关领域的主力公司，孵化新兴产业，打造经营专业、模式多样、效益突出的综合性资产管理运营集团公司，努力在各自优势行业形成自主性品牌。

5. 完善约束机制，激发队伍整体活力

健全人力资源体系。要坚持"德为先，能为本"的用人理念，打造一支有理想、有担当、有作为的干部队伍。平台的员工队伍要实现由建设者向建设者和经营者兼具的总体转型，形成专业结构、年龄结构和职位结构合理，核心骨干队伍稳定，后备人才梯队充足的优势人力资源；改变不适应企业发展和市场竞争的传统行政人事管理机制，建立健全现代企业用人机制，在薪酬、绩效、培训、招聘等人力资源模块中构建科学、健全的管理制度体系。

强化目标约束。在完成上级主管部门政府性考核指标的前提下，要根据平台公司的实际情况和市场化经营要求，科学合理设置考核指标，制定自身考核方案。要积极参考平台各业务板块的市场化指标和占用母公司资源情况，合理制定发展目标。例如济南西城集团业务涵盖金融投资、城市开发建设、资产运营、健康、文化和旅游六大板块，由于各业务板块发展模式不一，西城集团主要参考各自板块市场平均利润率、各板块占用集团资金资源情况等确定的考核指标。

全面评价成效。结合平台公司机构设置，明确承担考核任务的责任单位，严格按照考核方案进行业绩评价。平台公司要将考核结果与绩效工资发放、干部岗位调整等挂钩，真正发挥考核激励约束作用和导向作用，为平台转型发展提供坚强保障。

6. 增强市场意识，提高经营管理水平

企业管理实现制度化。要注意搞好制度设计，重点要着眼管根本、管方向、管长远。要根据投融资平台实际确定合理的管理幅度和层次，用制度来管人管事管钱管权，让权力和决策在制度框架内阳光运作，以制度为抓手提升平台管理水平。

业务流程实现规范化。投融资平台要根据自身的政府背景和市场化运作需要，进一步完善平台内部各项工作流程，明确职责权限和任务分工，做到责权利的统一。

经营决策实现科学化。主要是决策要科学，科学决策关键要树立科学的理念，明确科学的思路，制定科学的程序，要加强研究论证，加强民主协商。

7. 主动沟通协调，积极争取政府支持

抢抓新型城镇化机遇。新型城镇化及相关政策导向为城市的开发建设指明了目标方向，新型城镇化不再单纯追求规模与空间的扩张，要求平台要以提升城市品质、完善功能配套为着力点，打造生态、宜居、宜业、可持续发展的城市片区。

抢抓国企改革机遇。随着新一轮国企改革大幕的拉开，在国家和地方政策的指引下，国企改革在产权层面、经营层面迈出了实质性步伐。投融资平台应围绕国企改革方向，拓宽合作思路，扩大自主经营权，利用国有资本撬动社会资本，可考虑选择与知名上市房地产开发公司、大型商业管理运营公司等业务关联度高、资金雄厚、技术先进的大企业集团开展多种形式的合作，逐步提升自己的竞争力。例如，在济南西客站片区，西城集团先后与恒大集团、中建八局、上海绿地、山东高速等实力企业组建了合作公司，直接参与土地二级开发和城市建设。

抢抓推进 PPP 运作模式机遇。顺应眼前国家大力推进政府和社会资本合作方面的形势，将积极参与 PPP 和企业自身的转型发展二者紧密结合起来，实现从最初履行政府出资方职责、获取股权收益向作为社会资本方投资运营区域开发项目的角色过渡和转变。例如济南西城集团正在推进的西部会展中心总建筑面积 55 万平方米，是济南市规模最大的会展中心，已经纳入济南市首批 PPP 运作示范项目，同时也是济南西城集团的首个 PPP 运作项目。济南市政府已初步确定由济南西城集团作为社会资本方负责投资运营。通过深入沟通交流，取得政府大力支持，深度参与 PPP 运作，将使西城集团进一步提高市场化、专业化运作水平。

尽管各类地方政府投融资平台公司为城市开发建设做出了巨大贡献，同时也积累了不容忽视的风险和问题。在经济新常态下，平台公司面临中央监管措施不断加强和自身债务不断膨胀的双重压力，为保证健康可持续发展，更好地发挥积极作用，平台一方面要加强业务模式创新，提升经营管理水平，另一方面要充分抓住市场机遇，加强与政府的沟通协调，转变思路观念，拓展外部市场，实现真正的转型发展。

第6章 土地财政引发的地方债务风险

迫于日益激烈的地区竞争压力，地方政府在基础设施建设过程中的态度和行为都比较积极，缺乏客观与长远的规划。如近年来，全国多个中心城市要升级到国际大都市。这些不顾及当地实际情况的发展规划，需要许多城建项目来支撑。由于项目上马得过快过多，后续的土地资源与资金的供给日益不足，造成了一些工程的烂尾，浪费了大量的土地与资金资源，资金使用效率的低下加深了地方政府的债务风险。

而且，我国地方政府债务问题一直是普遍存在的，尤其是当越来越多的地方政府在地区竞争过程中，将土地抵押融资当作自己的融资手段，这实际最终扩大了地方政府的财政收支缺口。因为我国地方政府无法直接参与资本市场的融资，主要通过地方融资平台公司去向其他金融机构贷款，获得的资金投入基础设施建设，生地转为熟地，银行的贷款不是无偿的，需要地方政府偿还本息。政府投资的项目多为大型项目（社会效益高而经济效益不高）。一方面，政府会采取财政补贴的方式去还本付息；另一方面主要通过土地的开发与经营，即将生地开发建设转变成熟地，土地实现价值增值，获得可观的差价来向商业银行还本付息。这种方式有赖于土地价值的增值，存在着较大的不确定性，如果土地价格没有达到预期的增长目标，地方融资平台公司会出现巨大的债务负担，这些债务并非地方政府的显性债务，无法通过财政资金来偿还。甚至很多情况下，贷款的数额超过了地方政府的财政收入，一开始就已经存在债务违约的风险。总而言之，迫于地方经济竞赛的压力，地方政府纷纷上马了大型项目，而这些大型项目具有成本回收期长、收益的不确定性、收益比较低的特点，也导致了地方债务负担的加剧。

6.1 地方政府土地财政的不利影响

为在地区竞争中脱颖而出，我国地方政府在地区经济发展过程中逐渐过度依赖土地财政的收入来推动本地区的经济发展。在中央集权的行政管理体制下，下级政府面临着政绩考核的压力，地方政府为了在激烈的地区竞争中胜出，依靠大量的政府固定资产投入，去改善地方基础设施，以此来推进地方的城镇化和工业化进程，将这个过程所产生的大量资金缺口由土地财政来弥补。而且，地方政府在推进地方经济发展中，为了提高工业化和城镇化水平，政府在转让土地的问题上始终保持十分积极的态度，在政府所控制的尚未开发利用的土地面临圈占完毕后，为了寻找新的出路，个别地方政府将目光投向了农民的耕地，近年来出现大量征用农民耕地、违法出让土地、转让土地使用权的案例，在政府圈地过程中地方政府出现过无节制的卖地现象，导致严重的土地浪费。对地方政府土地财政危害的研究比较丰富，本书也对地方政府土地财政的不利影响进行了分析归纳。地方政府土地财政的不利影响集中表现在三个方面：一是潜在财政金融风险；二是扭曲经济发展，阻碍经济转型；三是影响人民生活质量的提高，催生扭曲的社会心态，滋生社会怨怼。

6.1.1 地方政府土地财政潜在财政金融风险

地方政府土地财政潜在财政金融风险包括财政风险和金融风险，其中财政风险表现为地方政府债务危机，金融风险表现为地方政府债务危机可能引发系统性金融风险。尽管地方政府一般公共收入增速随着经济潜在增速的下降而趋缓，但地方政府财政支出增速却持续高于收入增速。在此背景下，作为地方政府土地型权益融资主要形式的土地出让收入增长乏力且不可持续性日益突出，作为地方政府土地型债务融资结果累积表现的地方政府债务偿付时间集中（详见图6.1），且相当部分资金来源于以商业银行为主体的金融机构（详见图6.2），地方政府土地财政潜在财政金融风险日益凸显。

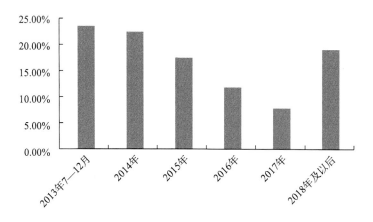

图 6.1　地方政府债务不同时间段偿付比例

资料来源：根据审计署《全国政府性债务审计结果》（2013 年 12 月 30 日公告）相关数据整理。

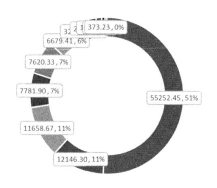

■ 银行贷款　　　　　　　　■ BT　　　　　　　　　　　■ 发行债券
　应付未付款项　　　　　　　信托融资　　　　　　　　　其他单位和个人借款
■ 垫资施工、延期付款　　　■ 证券、保险和其他金融机构融资 ■ 国债、外债等财政转贷
■ 融资租赁　　　　　　　　■ 集资

图 6.2　地方政府债务资金来源（单位：亿元）

资料来源：根据审计署《全国政府性债务审计结果》（2013 年 12 月 30 日）相关数据整理。

　　从图 6.1 可知，2013 年 7—12 月、2014 年到期的政府负有偿还责任债务分别占 22.92% 和 21.89%，2015 年、2016 年和 2017 年到期需偿还的分别占 17.06%、11.58% 和 7.79%，2018 年及以后到期需偿还的占 18.76%。也就是说，2013 年下半年到 2017 年近五年的时间，是地方政府偿债高峰期，这段时期需偿付的债务金额占债务总额的比例高达 81.24%，特别是已经过去的 2013 年下半年到 2015 年，到期偿付压力尤大。而最近两年正是地方政府债务问题和融资问题相关政策出台的密集期，也从侧面佐证了地方政府债务偿付时间集中的问题。

此外，由图 6.2 可知，在地方政府债务资金来源中，银行贷款、BT、发行债券是政府负有偿还责任债务的主要来源，分别为 55252.45 亿元、12146.30 亿元和 11658.67 亿元，合计 79057.42 亿元，占比达到 72.62%；其中，银行贷款占比最高，达到 50.76%。也就是说，银行信贷是地方政府债务最主要的资金来源，一旦出现地方政府债务危机，就可能引发系统性金融风险。

综上所述，由地方政府土地财政因其根基土地型融资形成的地方政府债务，规模持续扩大，资金来源高度集中于以商业银行为主的金融机构，到期偿付时间集中等，因而潜藏着巨大的财政金融风险。

6.1.2 对地方经济转型升级的阻碍效果

地方政府土地财政对经济转型升级的不利影响表现在三个方面：一是房地产行业对包括新兴产业在内的其他行业的所需资源的挤出效应；二是办公、商业、工业性住房价格高企对其他行业利润空间的挤压；三是畸高住房价格催生的高工资要求对其他行业生存空间和利润空间的挤压。

首先，房地产行业对高强资源的汲取能力对其他行业生存和发展的资源，产生明显挤压。地方财政对土地型融资的依赖，促使地方政府在政策制定与执行、各类资源分配中，不自觉地偏向房地产行业。房地产开发逐步成为许多地方的支柱产业，获得了大量的政策、信贷和财政支持，大量社会资源快速向房地产行业集中。再加上我国正处于人口快速向大城市集聚的快速城镇化阶段，房地产行业在最近十多年中始终处于黄金发展时期，利润空间巨大，也吸引了其他行业的产业资本的涌入。对长期资本需求量巨大的、作为经济转型升级核心驱动的战略性新兴产业，在这样的竞争环境中，更难以获取资源，其生存甚至都面临挑战，何谈发展壮大成为经济发展新驱动力。在可以通过低风险的房地产开发投资就可以获取高利润的情况下，逐利的资本投身新兴产业的积极性并不高。传统行业的转型升级更加难以获得资本青睐了。

其次，高企的住房价格也使其他行业不得不增加维持基本生存的开支，发展空间被进一步压缩。包括写字楼、商铺、厂房在内的商品住房，是其他行业从事生产经营活动所必需的基础资源，高昂的房地产购置费用和租金支出，势必挤占企业有限的资源，间接影响企业研发、制造水平与生产能力的提高。这样，企业盈利能力不可能得到有效提升，企业利润空间十分有限。有限的利润显然无法支持企业创新与升级。

再次，商品住宅价格过高催生的高工资要求，进一步挤压企业利润空间。商品住宅价格持续高企和保障住房供应的严重不足，使得在任何行业从事生产活动的无房者都必须承受高昂的租金支出和未来可能的住宅购置支出，这势必促使劳动者要求更高的工资收入，从而不可避免地抬升企业工资成本，进而进一步压缩企业利润空间。从近几年的情况看，实体经济净利润率在 5%～10%，部分行业净利润率甚至只有百分之二三。在业已形成的经济结构中，任何其他行业产生的财政收入都不足以替代来自土地和房地产的收入。这样一来，地方政府不得不倚重房地产，不得不给予房地产更多的政策支持、信贷支持等诸多稀缺资源，而又进一步强化了土地及房地产的经济产出，从而使地方政府对土地及房地产的依赖程度进一步提高。综上所述，地方政府土地财政将扭曲经济发展，阻碍经济转型升级（详见图 6.3）。

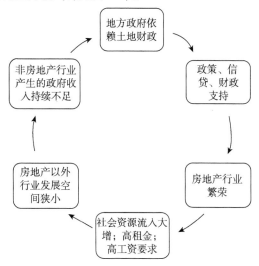

图 6.3　土地财政对经济发展的不利影响循环图

6.1.3 无法令人满意的社会效益

地方政府土地财政造成的一个重要结果就是大中城市持续高企的住房价格。住房价格高企固然可以使我国吸纳更多资本，但也降低了城市居民生活质量，扭曲了社会心态，滋生了社会怨怼。

一是住房价格高企降低了大中城市居民生活质量。大中城市住房价格高企，既迫使新移入居民花费大量收入和财富积累购置住宅，也使得有改善需求的原有居民不得不支付更高的价格来换房，这直接大量减少了这些居民的可以用于消费的收入，从而使其减少消费数量或降低消费质量，节衣缩食、减少休闲娱乐等都是直接体现。这显然大大降低了居民生活质量。

二是住房价格持续高涨扭曲了社会心态。大中城市住宅价格高涨，使得人们热衷于房地产投机，焦虑浮躁心态普遍；同时，拥有住房者与没有住房者之间的贫富差距，因为住房价格高涨产生的财富再分配效应，而进一步扩大，导致中低收入群体产生极大的心理扭曲，社会心态因为高房价而普遍不健康。

三是多次宏观调控未改房价并一路飙升，滋生社会怨怼。大中城市住房价格非理性上涨引致了多次针对房地产的宏观调控，但住房价格却越调越高，广大中低收入群体对此甚为不满。尽管有不可抗拒的客观原因，但因地方政府土地财政而产生的利益掣肘无疑也是造成调控无效的一个重要因素。部分社会群体，已经对控制房价没有期待了，对高房价的抱怨也是普遍现象。

6.2 地方政府隐性债务累积问题

6.2.1 地方债务总体规模增长迅速

从地方政府是否对地方债务具有法律上的偿还责任上，可以将地方债务分为显性债务和隐性债务，显性债务是指签订了书面合同，在法律上承担偿还责任的债务。隐性债务是指并未签订书面合同，地方政府在法律上不承担偿还责任，但是在道义上承担偿还责任的债务。从偿还是否需要特定的条件上，可以将地方债务分为直接债务和或有债务，直接债务是指政府在任何情况下都必须偿还的债务。或有债务是指政府承担担保责任，当债务人不履行还款义务或无力偿还时，由地方政府偿还的债务，是在特定条件下才需要偿还的债务。

通过审计署的数据（见表6.1）可以看出，自2010年年底开始到2013年6月底，地方政府债务规模达到175261.37亿元，其中105789.05亿元为负有偿还责任的债务，26539.75亿元为负有担保责任的债务，42932.57亿元为承担救助责任的债务。较2010年年底数据，全国各级政府债务总规模增长近183%，年均增长73%，负有偿还责任债务增长近208%，年均增长83%，负有担保责任债务增长25%，年均增长10%，可能承担一定救助责任的债务增长298%，年均增长115.6%，地方政府债务规模增长过快。

表6.1 2010年年底与2013年6月底地方各级政府性债务规模情况表

（单位：亿元）

债务种类 政府层次 时间	政府负有偿还责任债务		政府负有担保责任债务		政府承担救助责任债务	
	2010年年底	2013年6月底	2010年年底	2013年6月底	2010年年底	2013年6月底
省级	12699.24	17780.84	11977.11	15627.58	7435.59	18531.33
市级	32460	48434.61	7667.97	7424.13	6504.09	17043.7
县级	21950.27	39573.6	3724.66	3488.04	2755.98	7357.54
合计	67109.51	105789.05	23369.74	26539.75	16695.66	4293.57

数据来源：审计署2013年第32号公告和2011年第35号公告。

融资平台公司、经费补助事业单位和地方政府部门和机构在举债主体中占很大比重。2013年6月底通过融资平台公司融资达69704.42亿元，与2010年年底相比，增长了40.22%；政府部门和机构及经费补助事业单位到2013年6月底为止，分别举债40597.58亿元和23950.68亿元，比2010年年底分别增加15621.99亿元和6743.24亿元，年均增长率分别为17.87%和11.24%（见表6.2）。

表 6.2 2010 年年底与 2013 年 6 月底全国地方政府举债主体情况

（单位：亿元）

时间 主体	2010 年年底	2013 年 6 月底	2010 年年底	2013 年 6 月底
融资平台公司	49710.68	69704.42	40.22%	11.49%
政府部门和机构	24975.59	40597.58	62.55%	17.87%
经费补助事业单位	17190.25	23950.68	39.33%	11.24%

数据来源：审计署 2013 年第 32 号公告和 2011 年第 35 号公告。

6.2.2 地方政府融资结构的扭曲

中国地方政府债务的组成主要有中央代发地方债、上级财政借款、信托公司的征信合作余额、保险资金基础设施债权投资、券商资管和私募合作 BT 代建债务融资、地方融资平台贷款和其他借款。其中，地方融资平台产生的债务占地方政府债务将近 50%，如图 6.4 所示，2010 年年底地方政府通过融资平台公司融资比重达到 46.38%。

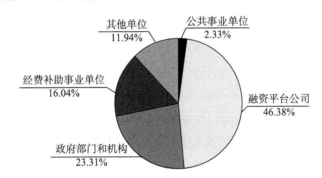

图 6.4 2010 年年底全国地方政府举债主体情况

数据来源：审计署 2013 年第 32 号公告和 2011 年第 35 号公告。

"地方融资平台"这一"中国式"政府经济产物，包揽了地方的基础设施建设及其资金的筹措。地方政府对于类似于城市建设投资公司的地方融资平台给予实物（土地使用权）、货币（财政资金）、无形资产（特许权）方面的资助，使其在资产规模和现金流上达到融资标准，必要时再辅之政府承诺函、财政补贴和设立政府偿债基金作为还款保证。"地方融资平台"虽是地方政府解决资金不足的"完美方案",但是政府过多的介入,最终将导致地方政府债务结构产生"扭曲"。

首先,地方政府对于政绩的追求,刺激地方政府加速融资,对于融资平台的需求也更加旺盛。旺盛的需求致使政府迫切想要扶持一批具有融资贷款资格的公司,这些公司在获得融资贷款资格时,政府的信用和资源支持起到了巨大的推动作用。政府对融资平台的需求和介入,导致政府在很多不规范的操作上睁一只眼闭一只眼,地方政府债务在结构上过于依赖融资平台,而融资平台本身存在不规范操作的风险,随着债务规模的积累,隐藏的债务风险将会对社会的安定、金融市场的稳定和政府的公信力产生严重的影响。

其次,债务期限存在不合理配置。由于城市化和工业化的推进,城市路网、市政建设和公共基础设施建设在整个债务投资结构中比重猛增,而投入公共基础设施建设中的资金投资回收期限长,回报率低,地方政府的还本付息压力激增。加之该期间内的集中投融资导致地方政府债务偿还期限集中,中银国际(2011)的研究表明,从2011年年底起五年期以上的融资平台贷款逐步进入还款高峰期,由于债务期限的不合理配置,导致未来某一期限内偿债压力增大,这已成为地方财政安全的隐患。

再次,从政府层级出发,省、市、县政府呈现出政府级别越低、债务负担越重的特征。据2011年的审计署报告,2012年年底全国地方债务余额中,省级政府占29.96%,市级政府占43.51%,县级政府占26.53%。基层政府财权有限,承担的事务支出多,融资建设的公共基础设施项目,需要靠项目收益来偿还债务,但公共基础设施项目通常建设期限长、项目收益低,难以保障债务的到期偿还,因此增加了基层政府的债务风险。

最后,或有债务比例的上升,使地方政府债务风险不断增长。或有债务是在债务人违约拒绝偿还时,由地方政府承担偿还责任的债务。我国《担保法》明确指出,国家机关不允许充当担保人。现有的地方政府担保而形成的债务是违反法律规定的。由于现存担保形成的或有债务,导致地方政府隐性债务增加,并且由于其隐蔽性强,地方政府积累大量潜在债务风险,由于或有债务在偿还期限上并不确定,随着债务期限的推延,它的债务规模将越滚越大,债务风险将不断膨胀,一旦或有债务转为直接债务，将爆发严重的债务危机。

6.2.3　地方债务信息不透明

我国的政府财务报告制度是以权责发生制为前提，须全面反映政府资产负债情况，要求地方各级政府建立相应的债务公开制度，将集资项目的进展和债务信息定期公布，但对于如何公开、公开信息的详细程度缺乏细致要求。现阶段，我国主要采取以财政部为主体，县级以上财政部所管辖的地方政府为统计对象，非公开汇总填报方式的地方政府债务统计报表制度。由于数据的真实有效性难以确保，因此，公布的数据基本上是部分公开状态。

隐性债务的存在使得地方债务信息难以透明公开。一方面，需要地方政府资金配套的中央项目，其中一部分由中央政府代地方政府发行债券募集，另一部分则由地方政府通过政府预算担保从商业银行借款。由于地方政府对于项目无控制权，无项目的收益权，债务的还本付息成为问题，中央代发债务使得地方政府隐性债务增加，债务风险增大。另一方面，政府部门的预算外资金和事业单位的预算外资金滋生了隐性债务。尤其，政府部门挪用专款专用的专项资金，产生隐性债务的现象比较突出。在事业单位经营过程中大量存在负债经营的情况，政府负债变相存在，产生隐性债务。

地方政府债务报告的信息不够详细，也是导致地方政府债务信息不透明的一个重要原因。由于各地人大代表对地方债务信息掌握不够全面，仅掌握模糊的债务规模总量，对于地方政府如何使用资金，如何偿还，如何控制风险方面缺乏详细可参考的标准，无法定量进行风险评估。审计署在进行全国地方债务审计时，更是耗费巨大的人力、物力和财力。缺乏公开、规范的债务报告制度，审计署在统计债务时，得不到相关部门的全力配合，审计过程步履维艰。

6.2.4　土地财政成为地方债务风险的催化剂

我国土地均为国有，农村土地只是使用权归集体所有。在城市化进程中，建设用的土地，包括国家所有的土地和国家征收的使用权原属于农村集体的土地。地方政府通过出让土地使用权取得土地出让收入及与土地有关的城镇土地使用税、土地增值税、耕地占用税以及契税等税收收入。土地出让收入占地方财政总收入的一半以上，是地方财政收入的重要组成部分。地方政府对于土地出让收入依赖过高，促使房地产市场土地供过于求，引发房地产商的逐利炒作，催生了房地产泡沫。这种"扭曲"的债务结构，是由土地出让托举起政府、融资机构和房地产商的"倒金字塔"，通过金融机制链接社会各阶层，众人拥护，"倒金字塔"才可以站稳，当消费者退步观望时，则会坍塌。

数据显示，近年来土地出让规模持续扩大，2008 年全国土地出让成交价款总额约为 12216.72 亿元，至 2009 年全国国有土地使用权出让收入达 17179.53 亿元，占地方财政收入总额的 52.73%，而 2010 年全国土地出让收入为 30108.93 亿元，占地方政府财政收入的 74.14%。由三年数据可以看出，地方土地出让收入占地方财政收入比重逐年增长，土地出让金收入总额逐年上升，地方财政对土地出让金收入的依赖程度不断加深。地方政府对土地财政的依赖程度越高，该市的房地产价格上涨越快，房价上涨导致地价上涨，地价的上涨又推高了房价，面对房价的大幅增长，政府不断出台政策来进行调控，因此土地出让收入具有不稳定性和不可持续性，难以保证财政支出的稳定性。土地出让金作为地方财政收入的支撑力量，这些年来在地方债务偿还方面起到了重要的作用，然而，土地资源的稀缺性和房地产市场的周期性，这两点显示出地方财政不能长期依靠土地出让收入来维持。因此，为了降低地方债务风险，地方政府急需加强对土地利用的规划，控制土地出让的结构、总量和速度。

6.3　地方政府债务风险因应对策

6.3.1　完善地方债务信息披露制度

通过立法，对债务信息披露的内容渠道、方式以及相关权责分配规范化，确保披露内容的完整性、可靠性、及时性，明确地方政府、债权人、政府监督部门的权利和义务，建立有效的政府内部监督和社会监督机制，确保地方债务的来源、用途、使用情况、资金偿还等情况清晰明了。

首先，明确政府信息披露的内容。内容包括政府财政预算、政府债务报告表、政府资产负债表、债权人权利公示表、政府债务风险情况、政府外部社会监督机构名单以及监督机构资质情况。其中政府财政预算在预算平衡的前提下，必须详细列出政府财政预算收入各项来源、预算支出清晰列明 29 项支出明细；政府项目举债专项资金使用预算、实际使用以及预算实际差额说明；政府债务报告表应完整、清晰、简洁地报告政府债务来源、举债项目资金使用情况、债务规模、债务构成、已偿还债务、未偿还债务、未来债务偿还计划等。地方政府应真实、完整地披露债务信息，保障债权人的权利，提升政府公信力，增强社会群众对政府工作的监督，防止贪污腐败现象发生，杜绝地方政府追求政绩过度举债现象。

其次，规范信息披露方式。我国财政预算按照一级财政一级预算的原则，由各级财政主体自行披露债务信息，并保证披露信息的真实性和准确性。披露方式可以参考我国金融市场信息披露的要求，对资金使用企业的资产信用状况、项目投资收益及生产经营情况等资金使用情况，按照规定的样式定期向上级主管部门呈报。在信息公布后，对涉及债权人的相关信息，应该以适当的方式通知债权人，在计算机运用普及的区域，通过电子邮件的方式告知，普及度不高的区域，采用信件等方式通知债权人。确保债权人可以完整、准确地获得地方政府债务资金使用信息。在信息披露过程中，债权人、政府、监督机构应该明确自身的权利和义务。债权人有权知道政府债务情况，并对其进行监督；政府要确保其所披露的信息的真实性、完整性、可理解性。社会监督机构则负有对政府行为监督的权利和义务。

再次，建立全国联网的债务信息管理系统。建立以数据共享为目的的集成数据环境，实现债务信息的数字化、网络化、集成化。建立债务信息管理系统，需要将各融资单位的每笔融资款项以及资金的使用情况等债务信息录入系统，对各融资单位的债务信息进行准确全面的统计。由县级及以上地方政府对债务数据进行准确统计，及时更新，并将债务信息按照行政层级逐级上传至上一级政府债务信息管理系统，达到债务信息的互联互通和有效利用。建立全国债务信息数据库，保证数据的准确性和全面性，可以为政府部门对债务规模进行总体上的掌握和风险防范提供充分且可靠的数据信息资源。通过全国地方债务信息管理系统，对地方债务数额进行全面统计，准确计量，合理评估，使各级政府可以掌握债务总额、各项债务资金来源及使用信息，更好地进行预算安排、制定财政政策以及经济发展战略。社会公众及企业作为债权人通过全国联网的债务信息管理系统，可以随时了解和掌握地方债务资金投向以及资金的使用情况。对各级地方政府债务规模、结构等债务信息公开，提高了债务信息透明度，有利于社会公众更好地做出投资决策，有助于加强社会监督。保障社会公众对债务信息的知情权，更好地监督债务资金的使用情况，可以保证债务资金的高效使用。

最后，通过立法来强化地方政府债务信息透明度，提高债务信息公开度，增强信息对称性。必须对现有的《预算法》做出必要的修改，出台新的法案，在《预算法》中明确地方政府发行债券的法律主体地位，厘清发债主体的责任与义务，配套出台相关信息披露的法律法规，就债务规模、资金使用、信息公布流程以及信息规范等进行约束，增强地方政府债务信息披露意识，提高地方债务信息的透明度，使债务信息满足可靠性、可得性、可理解性、对比性以及重要性的信息公布要求。

6.3.2　构建地方债务信用评级体系

为提高地方政府信用评级的规范性、统一性和公平性，建议中国人民银行出台全国统一标准的地方政府信用评级管理办法，并借鉴美国经验，在明确评级内容、次数和信息披露的基础上，细化评级内容，如债务结构、预算管理能力、行政纪律、财政收入、收入稳定性等。

对地方政府信用进行评级是防控债务风险，维护地方政府财政健康的重要保障。在构建地方政府信用评级体系时应从以下三方面考虑：第一，完善信用评级体系的基本指标框架，通过地方政府的财力指标、债务指标和应债指标，衡量地方政府债务风险。财力指标反映地方经济发展状况，地方政府的财力和债务偿还能力；债务指标反映地方政府的债务信息及其发展趋势；应债指标可以反映出地方政府实际能够承担的债务量。重新权衡现有指标的主次顺序，优化指标对地方政府信用的等级区分能力，考虑增添新的指标，提高信用评级的全面性，同时注意，提高指标的量化可行性及可靠性。第二，确定指标权重，结合地方政府债务特征及风险所在，确定指标权重，因地制宜地选取指标并测量权重，得出各地方政府可靠的指标权重。第三，评级标准及等级解释，信用等级分类应参考国际标准，满足我国债券市场未来国际化的需要，明确各个信用等级的地方政府融资的规模、成本及偿债期限。

在构建地方政府信用评级体系时，建议考量地方经济发展情况，如经济增长前景、经济结构和人口结构等，权衡地方政府财政管理能力，如财政支出与收入的灵活性和财政赤字的平衡能力，同时，基于地方政府现有的债务和财政状况，地方政府债务管理应该审慎地衡量地方政府财政和债务绩效的水平，建立良好的信用报告体系，加快信用信息的流通，控制预算表内和表外项目，全面监督地方政府债务运营情况，加强政府预算执行力度，保持稳健和良好的财政状况，构建完善的地方政府信用评级体系。

在信用风险管理中，强化债权人对债务人信用风险的识别意识及能力，认真评估债务人的财政运行状况，存在担保人的，还应该对担保人的担保资质进行审核，为降低债务违约率，必须确保担保人和被担保人的财务状况良好，降低债务人的违约风险，否则将会提高债务人的信用违约风险。同时，加强信用评级机构的独立性和公正性。我国在信用评定市场上缺乏合理有效的竞争机制，众多评级机构，为了抢占市场，在评级过程中迫于外界的压力和诱惑，违背信用评定规则，损害信用评定的客观公正性。因此，必须从法律层面保护资信评级机构的独立性，并鼓励评级机构良性竞争，加强相关机构对信用评级机构行为的监督管理，保障其社会公信力，营造良好的信用评级环境。

在地方政府信用补给方面，积极创新信用担保机制，为信用等级低的地方政府增加资金来源渠道。允许并规范地方政府通过同级政府的担保，在融资项目上实现信用增级。规范培育地方政府债券保险机构，引导保险机构开展政府债券保险业务，同时，对购买政府债务保险的地方政府实施一定的信用增级。配套合理有效的信用增级机制，搭载信用风险管理，降低地方政府债务违约率，提升政府债券收益可靠性，加强地方政府债务计划和财政预算的执行力，整个地方政府信用评级体系将会更加完善。

6.3.3　建立地方债务危机预警系统

建立地方政府债务风险预警机制应从三个方面入手，首先，需要重点解决好三大问题：隐蔽的债务风险、债务期限错配和现存的债务危机。积极完善和发挥地方政府债务危机预警作用，控制地方债务规模，防范债务风险引发债务危机，应从以下四个方面入手：第一，加强地方政府债务规模控制的有效性。严格控制新增债务规模，积极探明显性债务的债务余额去向，将隐性债务作为重点管理对象，同时，置换偿还期限集中的债务，延缓地方政府偿债时间，加快地方政府资金周转，保障地方政府财政健康运行。第二，对风险预警指标的预警值，做好量化处理，在选取预警指标时抓住主要指标，发挥其他指标的辅助验证解释作用，协调各指标之间的配合度。第三，债务管理中心转变。避免对债务偿还和融资项目的忽视，偏向新增债务的控制，导致地方政府真实的债务需求得不到满足，全面地在事前、事中、事后进行风险管理。第四，打通地方政府债务管理与金融机构信贷风险管理的通道，做好地方政府债务与金融机构信贷的信息沟通，降低地方政府债务危机的发生对金融市场的影响。

其次，中央层面应建立规范化的地方政府债务风险预警体系。一是，中央政府强制要求省、市、县执行债务风险预警制度，对风险预警制度的执行表现进行考核。二是，中央政府牵头组建全国各级政府债务风险预警系统，各级债务风险管理部门全权负责本级政府债务发行、债务使用监督、债务偿还计划。债务风险管理部门包括中央、省、市、县四个层级。三是，统一债务风险预警信号。风险级别由低到高依次为Ⅰ、Ⅱ、Ⅲ…，并考量当地政府的 GDP 增长率、财政状况、偿债能力及债务运行状况，评定地方政府债务的风险级别。风险级别的变动需及时向上级债务管理部门报告，向下级债务管理部门发出警示，当债务风险到达预警级别时，限制地方政府举借新债，及时采取风险防范措施。四是，构建科学合理的风险预警指标体系。从风险敏感度和代表性入手，通过政府现有债务数据、新增债务数据、当期还本付息数据、到期未还本付息数据、预期到期的债务数据及政府资金流数据，构建科学、合理的风险预警指标体系。

最后，加强各部门之间的协商合作，完善相关制度及管理规范。在地方政府提交的各项报告中，如若存在疑点，中央债务管理部门可以向相关金融机构求证地方政府债务融资的相关信息，银行定期向中央债务管理部门汇报地方政府债务资金使用情况及财政资金流信息，实现债务管理部门间的信息流通，增强对全国地方政府债务的宏观把控。同时，清理违规融资平台，规范融资平台秩序，严厉打击地方政府违规担保行为。

6.3.4　完善地方债务监管体系

1. 加强地方债务监管部门之间的协调与配合

建立健全地方债务监管体系，需要加强地方债务内外部的监管，加强各监管部门间的协调与配合。地方债务监管职责是通过对地方债务发行计划、偿债计划等信息进行披露，确保地方债务在安全区间规范运营。通过对地方政府债务实施动态监督，在债务的发行、管理、使用和偿还过程中全面监控，切实监管债务运行状况。将地方政府债务情况纳入地方政府官员政绩考核的重要考核项目，深化责任追究制度。

财政部门是地方政府债务借入和投出的直接执行者，对本级政府的债务负主要的监督管理责任，负责对每一项债务资金进行登记、分类和统计，对债务资金的来源、使用及偿还进行全面统计，对负债率、债务增长率、偿债率以及债务逾期率等风险指标进行无间断的动态监测。

县级以上各级地方政府内部需要成立专门的地方债务监督管理部门，对本级地方政府的债务进行监管，该部门受上级监督机关领导，直接向上级监督机关报告，对债务资金的投向，融资建设项目的进度等债务资金使用情况的真实性及合理性进行监管，保证债务资金的使用效率。对本级财政部门提交本级人大及其常务委员会审批的举债申请及债务计划的真实性进行严格审核，保证各项债务信息的真实性。

地方人大及其常委会是独立于地方政府之外的监督部门，具有客观性和公正性，但由于其获取地方政府债务信息的有限性，对其监督的效力有一定的减弱，因此，应加强其与地方政府内部专门债务监管部门的合作，实现内外部监督相结合，建立全方位、多层次的债务监督管理系统，更好地行使监督职能。地方政府财政部门定期向人大常委会汇报地方债务情况，包括地方债务规模、债务结构、债务期限，新增债务量、逾期债务等债务信息，保证信息的准确性和全面性，提高人大监管效率。地方政府内部债务管理部门保持与地方人大及其常委会对地方政府债务的信息沟通，对于债务规模庞大、债务结构不合理的地方政府，在其原有债务全部偿还之前，限制其举借新债。加强地方政府内外部监管部门的协调与配合，对地方政府举债进行全程监督，对地方政府债务收支情况以及潜在风险进行监控，切实履行监督职能，降低地方政府财政风险。

2. 明确规定债务偿还责任主体

地方政府在制订举借债务计划的同时，也要明确债务的偿还责任主体。地方政府的直接债务由地方财政部门负责偿还。地方债务在经人大批准发行后，应在每年年初从预算中安排出相应的债务还本付息预算，用于偿还当年应偿还的地方债务；对于能够产生收益的项目可以在项目建成后由自身收益偿还债务；对于在建的暂时没有收益的项目，地方政府需要建立偿债基金来防范债务风险，提高偿债能力，财政部门按债务余额的一定比例，将年度经常性收支结余和债券投资项目收益列入偿债基金，以此来保证尚未产生收益项目债务的偿还。政府部门承担担保责任的债务，应由最终债务人负责偿还。偿债主体要严格执行偿债计划，落实偿债资金，及时足额偿还债务本息。

3. 严格执行债务审批程序

地方政府举借债务要结合当地经济发展水平。人大作为地方政府债务审批部门，应限制其超出自身财政承受能力过度举债，结合当年财政收入、债务偿还情况以及当年的财政预算数，确定该政府的举债规模，对超出其财政偿还能力的债务不予批准。对存在大量逾期债务的地方政府，只批准民生类融资建设项目。对地方政府新增债务，需要提供详细的债务申请书，包括债务资金来源、总额、用途、融资项目建设计划、偿债计划等详细信息。对地方政府为企业提供担保变相举债，不予审批。对地方政府债务资金用途严格审查，只可用于基础设施建设的资本性支出，不得用于地方政府经常性支出。地方政府融资进行的项目建设需要具备科学性、合理性和必要性。对于非必要的重复建设项目申请，不予审批。严格的债务审批程序能够有效控制地方债务规模增长，降低、化解地方政府财政风险，促进地方经济良性发展。

4. 制订科学合理的土地使用规划

土地出让金是地方政府通过出让土地使用权取得的收入，由于地方财政对土地出让金的依赖性较高，加之国家对过高房价的调控，导致房地产市场低迷，土地出让收入减少，直接影响了地方财政收入的稳定性。因此，需要制订科学合理的土地使用规划，控制土地出让总量和进度，降低地方财政对土地财政的依赖性。地方政府制订土地出让计划时，需要结合当地的经济发展状况以及土地存量。经济发达地区可以适度控制土地出让规模，转变经济发展方式，以依靠发展工业、服务业及其他产业来拉动经济增长，达到财政收入的增长，获得稳定的债务偿还资金，保证土地出让收入的稳定性、长期性和可持续性。经济欠发达地区，需要严格控制土地出让的速度，制订出以保证土地出让规模与当地基础设施和公共服务提供相适应的土地出让计划，做到土地资源的可持续利用，降低过度依赖土地财政所导致的地方债务偿还风险。

第7章　地方经济发展与土地价值显化

2002 年 4 月 3 日原国土资源部第四次部务会议通过并于同年 7 月 1 日起施行了《招标、拍卖、挂牌出让国有土地使用权规定》。这一文件的重要性在于，它确定了被赋予金融属性的土地的资产定价方式。

7.1　土地有偿使用目的下的"招、拍、挂"制度

7.1.1　国有土地出让之"招、拍、挂"制度

国有土地出让是指国家以土地所有者的身份将土地使用权在一定年限内让与土地使用者，并由土地使用者向国家支付土地使用权出让金的行为。显而易见，国有土地出让无论采取何种方式均是对土地使用权的出让，其原因在于我国土地所有制的性质。我国实行的土地所有制，是二元的城乡土地公有制结构，分为城市土地国家所有制和农村土地集体所有制。城市土地国家所有制即全民所有，土地所有权由国家代表全体人民行使，具体由国务院代表国家行使，单位和个人仅拥有使用权。农村土地集体所有制即农村村集体所有，农民集体所有的土地依法属于村农民集体所有，由村集体经济组织或者村民委员会经营和管理。

城乡二元的土地所有制结构决定了我国土地有偿使用制度下能够出让的土地范围，包括国有土地，而农村集体所有的土地与此无关。狭义上看，"招、拍、挂"制度作为国有土地出让方式的一种，应该仅限于城市国有土地使用权的转让，我国《土地法》和国土资源部门对此要求：我国经营性土地使用权的出让必须通过"招、拍、挂"方式，其中经营性的限

制为"招、拍、挂"制度打上了市场化的印记。

　　国有建设用地的土地使用权支配和实现方式主要有四种，分别为出让、租赁、划拨和其他方式。从数据上看，随着房地产业市场化开放，土地出让方式占总国有建设用地的比重快速上涨，进入稳定期后比重逐渐稳定在40%的水平。具体看每个时期，进入21世纪至2006年前后，土地出让方式随着房地产市场化进程迅速上涨，2006年达到峰值超过80%的国有建设用地通过出让完成使用权的转移。2008年金融危机后随着中央政府的四万亿元投资计划，房地产作为周期之母应声而起。2011年以后，土地出让逐渐回归到稳定的水平，但也占据40%以上，如图7.1所示。

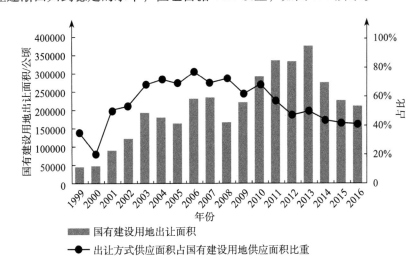

图7.1　1999—2016年国有建设用地中出让面积占供应面积比重

数据来源：国土资源统计年鉴。

　　在各种土地出让方式中，除了本书所关注的"招、拍、挂"方式外，另外一种主要的出让方式为"协议出让"。协议出让的方式曾在我国土地资源利用历史上，在由计划向市场的过渡时期被广泛地使用。而后，"协议"出让虽然已经被"招、拍、挂"出让方式大面积、大范围取代，但对于某些特殊领域事实上仍在采用协议出让的方式。比如虽是政府供应的各类经营性用地以外用途的土地，供地计划公布后同一宗地只有一个用地意向者；或者是划拨土地使用权转让申请办理协议出让等。

　　如图7.2所示，2003—2016年，以协议方式出让的国有建设用地面积呈波动下降的趋势。2003—2008 年，协议出让面积与协议出让价款走势高度相关，这说明这些年单位土地协议出让价格较为稳定。2008—2016 年，协议出让面积与协议出让价款走势倒挂，虽然协议出让面积仍然呈下降趋势，但协议出让成交价款却持续升高，原因是单位土地出让金持续升高，房地产市场火热，土地竞争激烈。

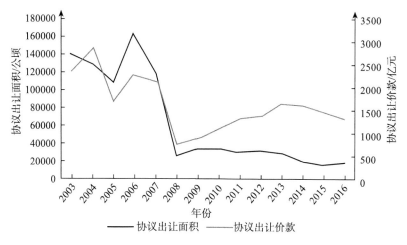

图 7.2　2003—2016 年国有建设用地中协议出让面积和成交价款

资料来源：Wind 经济数据库。

对比出让面积，2007 年之前协议出让方式占据主导地位，此后招、拍、挂出让面积几乎占据垄断地位，并稳定在 90% 以上，协议出让在国有建设用地出让方式中逐渐被取代（如图 7.3 所示）。

结合出让面积和出让价款数据看（如图 7.4 和图 7.5 所示），协议出让面积与协议出让价款以及招、拍、挂出让面积和招、拍、挂出让价款未呈现完全一致的趋势。比如 2003 年协议出让面积虽然占据总出让面积的 72%，但协议出让价款却仅占总出让价款的 43%，往后规律亦然。2003 年招、拍、挂出让面积占总出让面积的 28%，而其出让价款却占总出让价款的 57%。2007 年后，招、拍、挂出让方式已毫无争议地成为国有建设用地出让方式的主角，衡量其出让量与价款呈高度相关的规律，比如 2016 年招、拍、挂出让面积占比为 92%，招、拍、挂出让价款占比为 96%。公开竞价的出让原则使得，且溢价能力显著。在面积与价款以及单位协议出让地价与单位招、拍、挂出让地价的对比中，招、拍、挂作为具有公开性、公平性和市场化运作的出让方式其优越性可见一斑。

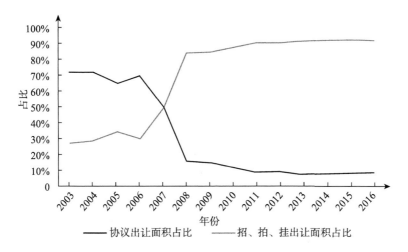

图 7.3 2003—2016 年协议和招、拍、挂出让面积占比

资料来源：Wind 经济数据库。

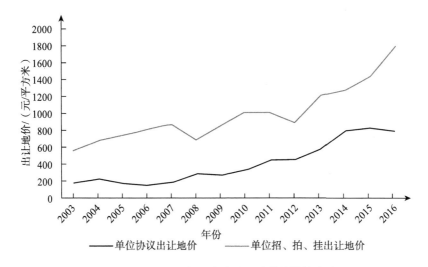

图 7.4 2003—2016 年国有建设用地单位协议出让和

招、拍、挂出让单位价格

资料来源：Wind 经济数据库。

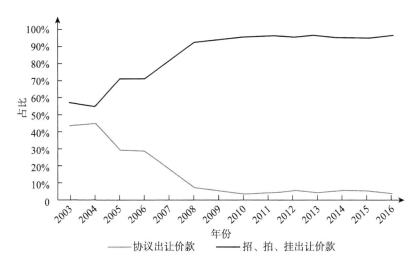

图7.5　2003—2016年协议出让和招、拍、挂出让价款占比

资料来源：Wind经济数据库。

7.1.2　"招、拍、挂"制度与地方财政的关系

土地使用权的出让是地方政府主导的行为，地方政府可以通过出让、租赁、划拨以及各种其他合理的方式支配土地使用权，分享土地使用权出让收益。在众多方式之中，土地出让和土地划拨是最重要的方式（如图7.6所示）。划拨方式是指县级以上人民政府依法批准，在土地使用者缴纳补偿、安置等费用后将该幅土地交付其使用，或者将国有土地使用权无偿交付给土地使用者使用的行为。以划拨方式取得的土地使用权，除法律、行政法规另有规定外，并没有其他对使用期限的限制和规定，但土地使用权不能进行转让。因此，无论从理论抑或数据上看，土地出让方式都是地方政府财政收入的主要来源。2010—2016年通过土地出让中的"招、拍、挂"方式取得的土地出让价款占地方政府基金收入平均超过76%（如图7.7所示）。根据《土地管理法》等法律法规，土地出让收入直接缴入地方国库，纳入地方政府性基金预算。尽管政府性基金收入多达43项，但土地出让收入尤其以"招、拍、挂"为主的出让收入不断上升已经成为地方政府财政收入的重点（如图7.8所示）。

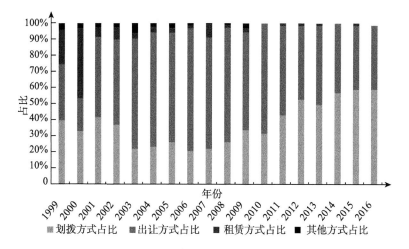

图 7.6　1999—2016 年国有建设用地供应面积各方式占比

资料来源：Wind 经济数据库。

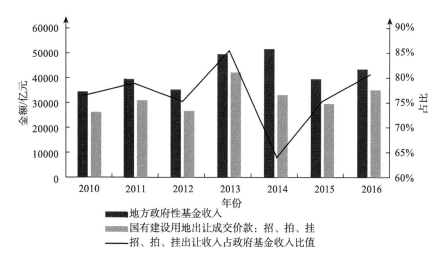

图 7.7　2010—2016 年招、拍、挂土地出让价款占地方政府性基金收入比值

资料来源：财政部相关资料。

从土地出让的量和价上看，随着招、拍、挂制度的稳步推进和运营，土地出让市场呈现水涨船高的态势。2010—2016 年通过招、拍、挂方式取得的土地出让价款年平均增长率为 8%，极值增长率高达 58%。价格上，2003—2016 年单位面积招、拍、挂出让金额呈逐年增长的态势，十余年间

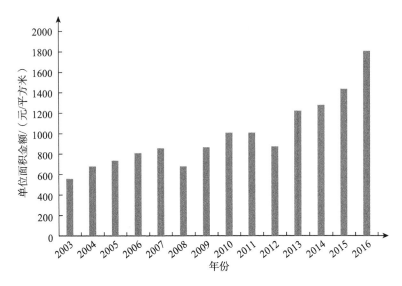

图 7.8   2003—2016 年单位面积土地招、拍、挂出让金额不断上升

资料来源：Wind 经济数据库。

单位价格增长超过 217% 。在销售量和成交价格都持续上涨的形势下，政府土地招、拍、挂出让金额必然带动地方政府性基金收入的增长，有赖于土地出让价款的收入，地方政府财政收入得到保障。

"招、拍、挂"制度是保障房地产市场公平性与效率性的有效手段，是国有土地出让方式的一种。从定义上看，它是国家土地资源出让和买卖的招标、拍卖、挂牌制度的简称。具体来看，土地招标是指以招标的方式出让国有土地使用权，即市级、县级人民政府土地主管部门发布招标公告，邀请特定或者不特定的公民、法人和其他组织参加国有土地使用权投标，再根据投标结果确定土地使用权的行为。土地拍卖是指以拍卖的方式出让国有土地使用权，即指市级和县级人民政府土地主管部门发布拍卖公告，由竞买人在指定时间、地点进行公开竞价，根据出价结果确定土地使用者的行为。土地挂牌是挂牌出让国有土地使用权，即指市级和县级人民政府土地主管部门发布挂牌公告，按公告规定的期限将拟出让宗地的交易条件在指定的土地交易场所挂牌公布，接受竞买人的报价申请并更新挂牌价格，根据挂牌期限截止时的出价结果确定土地使用者的行为。而在交易的过程中，"价高者得"是拍卖竞争中的重要原则。

从招标、拍卖和挂牌三者的供需方看，它的供给方明确被限定于市级和县级的土地行政主管部门，即地方政府。由于地方政府在地方，它可以将对于中央政府而言更为分散的土地以集中的方式进行相对有效的管理，这为地方政府的土地出让行为奠定地理基础，并且从全世界范围内看，地方政府分享地方土地相关收益具有普遍性。而土地需求方可以是公民、法人或者其他组织。具体而言，由于我国法律明确规定，能够以"招、拍、挂"出让的土地是限定于商业、旅游、娱乐和商品住宅等国有经营性用地的土地使用权，而经营性用地往往具有商业性质，这也就能够部分解释在土地一级市场上是以盈利为导向的原因。另外，由于土地出让金额巨大，且土地开发和投资建设周期较长，作为生产要素之一的土地往往更多成为房地产开发企业的需求品。

"招、拍、挂"制度被确认为土地出让方式，这与中国房地产行业的市场化息息相关。无论是招标、拍卖还是挂牌方式，都隐含了公开竞争、价高者得的市场经济原理。1999 年，国务院出台了《国务院办公厅关于加强土地转让管理严禁炒卖土地的通知》规定："商业、旅游、娱乐和豪华住宅等经营性用地，在原则上以招标、拍卖方式提供。出让土地首次转让、出租、抵押，必须符合法律规定和出让合同约定的条件，不符合条件的不得转让、出租、抵押。划拨土地使用权转让、出租等，必须经有批准权的人民政府批准。"这拉开了中国土地使用权公开竞争的序幕。2002 年 7 月 1 日，生效通过了《招标拍卖挂牌出让土地使用权规定》：商业、旅游、娱乐和商品住宅等各类经营性用地，必须以招标、拍卖或者挂牌方式出让。商品住宅经营用地被纳入招、拍、挂范围是中国房地产业走向市场化的标志，也是中国房地产市场化进程的开端。

事实上，土地使用权"招、拍、挂"制度的确立与中国土地资源利用与实现方式的转变高度相关。新中国成立之初，中国存在土地私有制和土地私人买卖，1949 年中华人民共和国成立后伴随社会主义改造和土地改革，中国确立了土地社会主义公有制。《中国人民政治协商会议共同纲领》的临时宪法第三条规定："中华人民共和国必须……有步骤地将封建半封建土地所有制改变为农民的土地所有制，保护国家的公共财产和合作社的财产。"第二十七条规定："土地改革为发展生产力和国家工业化的必要条件。凡已经实行土地改革的地区，必须保护农民已得的土地所有权。"1954 年《宪法》第八条规定："国家依照法律保护农民的土地所有权和其他生产资料所有权。"第十三条规定："国家为了公共利益的需要，可以依照法律规定的条件，对城乡土地和其他生产资料实行征购、征用或者收归国有。"遵从宪法的规定，直到八二宪法之前中国对土地资源的使用和利用未曾将土地使用权和所有权分开。1982 年《宪法》直接规定："城市土地属于国家所有，任何组织和个人不得侵占、买卖、出租或者以其他形式非法转让土地。"这一期间实行以三无即无偿、无期限、无流动为主要特征的土地使用制度。从 1987 年深圳试点土地使用权有偿转让开始后，三十余年的土地使用权有偿转让制度在中国房地产业和土地资源利用方面扎下深根。1988 年，八二宪法进行了修正："允许土地使用权依法转让，确认私营经济的法律地位。"《宪法》和《土地管理法》的修订以及《城镇国有土地使用权出让和转让暂行规定》的颁布在法律上对土地交易行为予以了承认。随后十几年，中国的土地使用实行"双轨制"，划拨和出让并存，公开出让与协议出让并存。"双轨制"持续至今，其各在不同领域发挥着同样重要的作用，并对中国城市规划和地方经济发展影响深远。

国有建设用地出让采用"招、拍、挂"方式在中国有迹可循。中华人民共和国成立后进行社会主义改造确立社会主义公有制度，因此改革开放后从计划经济体制向市场经济体制的转变并不是一蹴而就的，中国的土地出让"招、拍、挂"制度事实上经历了从"协议出让"—"招、拍、挂出让"—"招、拍、挂出让、结合综合条件最优者"的三个不同的阶段。

在中国土地资源利用从无偿向有偿的过渡中，协议出让作为过渡时期的产物同时具有计划和市场化的特点。其中，计划性体现在政府对地价的控制能力较强，且未引入充分竞争机制，因此从中很容易滋生腐败和权钱交易以及土地资源浪费等弊端。2001 年国务院发布《关于加强国有土地资产管理的通知》后，除符合特定条件的土地外，商业、旅游、娱乐和住宅用地等各类经营性土地明确了以"招、拍、挂"方式出让。以下几种情况可以采用协议出让方式：①供应商业、旅游、娱乐和商品住宅等各类经营性用地以外用途的土地，其供地计划公布后同一宗地只有一个意向用地者的；②原划拨、承租土地使用权人申请办理协议出让，经依法批准的；③划拨土地使用权转让申请办理协议出让，经依法批准的；④出让土地使用权人申请续期，经审查批准的；⑤法律、法规规定可以协议出让的其他情形。协议出让的方式应该遵循《协议出让国有土地使用权规范》，并以公开、公平、公正和诚实信用为基本原则。

如上所言，以"招、拍、挂"方式出让土地的核心原则是"价高者得"，具体实施过程中，在保证土地使用权买卖公开、公正的基础上，价格机制贯穿其中。从经济学原理出发，土地价格根本上是由土地的供给与需求共同决定的，并围绕土地价值上下波动，这是市场机制得以顺利运行的基础。具体而言，在中国，地方政府（市县级）是土地供给方，各大小房企则是土地需求方，有限的土地资源体现了资源的稀缺性和自由交易的原则使得价格机制得以运行。在"招、拍、挂"制度顺利实施运行的十余年中，本着经济功能优先原则下中国土地市场化进程快速推进，并且从结果上看也的确实现了国家土地资源的价值最大化。为进一步规范土地出让和房地产市场秩序，2004 年 3 月 31 日，国土资源部与监察部联合下达文件《关于继续开展经营性土地使用权招标拍卖挂牌出让情况执法监察工作的通知》（"71 号令"），要求从即日起就"开展经营性土地使用权招标拍卖挂牌出让情况"进行全国范围内的执法监察，各地要在 2004 年 8 月 31日前将历史遗留问题处理完毕，否则国家土地管理部门有权收回土地，纳入国家土地储备体系，即房地产业内俗称的"8·31 大限"，这与我国土地储备制度的确立和全面开展有关。也就是说，在 2004 年 8 月 31 日之前，各省区市不得再以历史遗留问题为由采用协议方式出让经营性国有土地使用权，以前盛行的以协议出让经营性土地的做法被正式叫停。该文件还规定，2004 年 8 月 31 日以后，开发企业必须及时缴纳土地出让金，而且如果在两年内不开发，政府可把该土地收回。所谓"8·31 大限"就是指这一天新的全国土地政策将正式实施。"8·31 大限"也被舆论认为是中国"地产界的土地革命"和"阳光地政"。2005 年以后，国家开始对房地产开发行业进行强势的宏观调控，并出台了一系列调控文件，双限双竞等供地模式应运而生。2010 年国务院发布《关于促进房地产市场平稳健康发展的通知》，进一步对土地市场和房地产市场进行调控。

当然，单纯以"价高者得"为单一竞价机制会产生一系列问题。随着时代发展和经济形势的变化，"招、拍、挂"制度也必须应时而变、顺势而变。传统的"招、拍、挂"制度需从单纯追求土地收益发展过渡到提倡效率与公平兼顾的原则。客观而言，在找到新的财政增长点之前，地方政府对"招、拍、挂"的依赖程度仍然较深，不以价格为核心将会损害地方政府的利益和国土资源的有效利用。然而过去年间，价高者得的评选标准催生了"地王"，"地王"是社会舆论对房地产开发土地招标活动中以硕大的资金数字拍得自己属意地块的中标单位的谐称。除却"地王"现象，2003—2005年深圳、南京、武汉等地出现土地"流拍"现象，土地流拍是指国家有关部门拿出土地进入市场拍卖的时候，由于买家竞价太低，或者没有买家出价，导致土地没有拍卖出去的现象。"地王"现象和土地流拍都是土地一级交易市场上的极端现象，市场过热或市场上有意哄抬价格时就会滋生"地王"，市场遇冷投资人多持观望态度或地方政府惜售时就会造成土地流拍的结果。极端现象的出现会在一定程度上扰乱市场秩序，扰乱投资者和购房需求者的市场预期，使得房地产市场难以保持在合理稳定的运行区间。比如"地王"现象，长期看这种现象的出现会导致土地供应减少，加大房价上涨的空间和预期。无论是"地王"抑或"土地流拍"现象都是我国在实行土地"招、拍、挂"出让制度运行过程中出现的不合理现象，为了弥补现实"招、拍、挂"制度的缺点，勾地制度和综合条件最优者得地等措施的施行是政府宏观调控的新方向。勾地制度和"综合最优者得地"及"招、拍、挂"制度并不是相互替代的关系。勾地制度起源于我国香港，具体要求是国土资源部门按照相关法律法规制定的本年度土地供应计划，计划审批通过后公布，这样用地者可以按需在更为公开透明的市场环境下竞价得地。对于开发企业而言，通俗地讲，勾地制度等同于对土地一级市场进行充分调研，这可以为开发企业有效供地，最大化实现土地资源的优化配置。"综合最优者得地"则是国土资源部门在出让土地时对用地者打分考量时，降低"价高者得"的权重，而更多可以综合参考投标价款、付款进度、开发建设周期、企业资质以及财务状况等的方式。因此，二者是对"招、拍、挂"制度的补充和夯实，仅是在招标标准上做出权重上的调整和倾斜。在具体操作过程中，各地相关部门以本地实际情况进行调整。

我国土地出让制度经历了由协议出让到招、拍、挂出让再到综合最优的发展和过渡。虽然使用招、拍、挂的方式出让国有土地使用权存在很多缺陷，但它的确能在一定程度上减少暗箱交易与腐败，促进国有土地资源的有效利用。因此在对"招、拍、挂"制度的继承基础上取其精华去其糟粕是最好的选择。

7.1.3 土地公开出让与土地储备制度

如上所述，招、拍、挂制度背后代表的是国有土地有偿使用制度的确立和实施，它成为地方政府资金融通的起点，土地不仅可以成为收入来源，也可以作为地方政府债务融资的抵押担保品，成为地方政府履行各种职能和促进经济发展的补充资金来源。

"招、拍、挂"制度的良好运转与维系离不开土地收储制度的确立。土地储备制度是我国土地管理的基本制度之一，是地方政府强化对土地一级市场的控制和调控能力的有效途径。伴随着土地供应方式的改变和国家对土地市场宏观调控的优化，土地供应市场和土地供应主体随之发生变化。我国实行土地公有制度，政府代表国家行使土地管理权，也因此被法律赋予了征用集体土地和土地使用权出让的权利。也就是说，从政府职能、法律与政治体制角度而言，土地一级市场应被政府所垄断，这也是政府的固有职能。但在土地储备制度正式确立之前，大量存量土地被划拨给企事业单位和房地产开发公司，这使得大量土地通过各种渠道进入市场，政府也因此无法有效控制土地一级市场，也就无法实现土地总量控制，这不利于充分利用国土资源和实现政府职能。

土地储备制度并非单一运用于我国，事实上它广泛存在于全世界范围内。但是对土地储备制度的定义尚未形成统一意见。英国学者 Harold B. Dunkerley 强调政府对土地的掌控力，即使在没有事先需要和特殊安排时，政府预先取得相当面积的土地最后将其释放。而美国学者 Richard P. Fishman 从城市管理的角度看待土地储备制度，认为土地储备制度的目的是控制城市发展速度和城市发展方向，通过在城市发展的过程中取得或者租赁土地，这样可以在一定程度上避免不成熟的开发。

我国土地储备制度起源于上海，1996 年上海成立了我国第一家土地储备机构——上海市土地发展中心。1997 年，浙江省杭州市确认土地储备制度。1999 年，国土资源部以内部通知形式转发了《杭州市土地收购储备实施办法》和《青岛市人民政府关于建立土地储备制度的通知》，并向全国推广杭州、青岛两市开展土地储备的经验。至 2001 年 11 月，全国已建土地储备机构 2000 余家。2007 年，国土资源部颁布了《土地储备管理办法》，其中规定了土地储备的内容：土地储备是指市、县人民政府国土资源管理部门为实现调控土地市场、促进土地资源合理利用，依法取得土地，进行前期开发、储存，以备供应土地的行为。这标志着中国土地储备制度正式确立，虽然各地土地储备机构的机构设置各有不同，但其发挥土地储备和珍惜、爱护和合理利用土地资源的工作大体一致。

土地收购储备制度的确立和发展是我国地方政府和国土部门为顺应"经营城市，经营土地"的需要所进行的我国土地制度创新的一个重要成果。土地收储制度得以运行使得地方政府在进行国有土地出让时具备了相当充实的货值，也就平衡了政府与土地竞买者在土地一级市场上的买卖关系。

土地储备的流程主要包括征购、储备和供地三个环节。其中征购环节获得土地储备的方式，征收之前应该首先明确纳入土储范围的土地。根据我国《土地储备管理办法》，被纳入储备范围的土地有：新增城市用地的征用、依法收回的国有土地、收购的国有土地、优先购买的国有土地。在具体的征购阶段，土地储备机构应该履行对收储地块尽职调查并核算收购成本，根据协议支付补偿款的职能。第二个环节是储备环节，它是指土地储备机构将已经征购回来的生地（也称为毛地）进行开发，通过拆迁、平整土地和配套基础设施比如"三通一平、五通一平"等将生地变为熟地以备出让，在土地一级开发的过程中施工方往往不是地方政府或是土储机构，而是通过授权、委托或者公开招标的方式选定施工单位，其中生地是指完全未经过一级开发建设的土地，毛地是指在城市旧区范围内尚未经过拆迁安置补偿等开发过程的且不具备项目基本建设条件的土地。熟地是指已经经过征地、拆迁和市政建设的，可以直接用于开发建设的土地。上述提到的三通一平、九通一平就是指其中的基础设施建设内容。而供地环节是指本节关注的重点，即通过"招、拍、挂"方式出让国有土地。

土地储备制度现存三种运行模式：政府主导型、市场主导型以及政府—市场混合型运作模式。事实上，三种土地储备模式都是政府运行模式和市场运行模式相结合的模式，其中既有市场运作的成分，也有政府行政的因素，只不过是偏重"政府"或偏重"市场"的区别。

1. 政府主导型

政府主导型的土地储备制度是指在土地收储过程中，政府掌握土地的"统一收购权"和"统一出让权"，也就是说政府在土地一级市场上垄断了土地收购和储备。土地储备中心代表政府依法收购土地且在土地收购的各个环节具有强制性的特点。

杭州市是政府主导型的典型模式，同时杭州市是全国最早建立起土地储备制度的城市之一。杭州市相关土地文件规定，杭州市区范围内所有需要盘活的土地都需要纳入土地储备体系之中，政府具有强制性和权威性，可以将需要盘活的土地进行垄断收购和储备。这意味着，除了土储机构，其他任何单位和个人都不能够收购和储备土地。另外，由于政府明文规定了土地一级市场上的交易行为，政府具备更强的竞价能力。因此整体上实现了对土地一级市场的绝对控制。

2. 市场主导型

市场主导型土地储备制度的特点是虽然政府对土地收储的内容进行规范，但是其规范内的土地收储并无强制性。土地储备中心需要与用地单位进行协商后才能确定是否能够将土地收储成功。土储中心与用地单位协商的关键在于成交价格和土地收益。上海市的土储制度是典型的市场主导型，市场主导型能够充分发挥市场和价格机制，实现土地资源利用效用最大化。得益原因在于：第一，市场化的方式更加注重产权和财产的保护，通过协商的方式进行土地收储而不能强制性干预。第二，市场主导型的土地储备制度下权责明确，有效防止相关部门突破法律框架"多管"和"瞎管"。但是由于缺少强制性，市场主导型很容易在谈判时缺少权威性，削弱土地储备部门对土地资源的宏观调控能力。另外，由于是市场主导型，储备土地时往往更关注土地升值空间衡量经济效益。

以上海市为例，上海市土储中心是典型的市场主导型土地储备制度，相比其他城市，上海市缺乏土地垄断和规模供应能力，在一定程度上影响了上海市土地一级市场的发展。

3. 政府—市场混合型

政府—市场混合型的土地储备制度既强调政府意志又遵循市场原则，在具体运作中，土地储备机构会对需要盘活的土地进行划归，但并不会将土地收储范围的土地全部收储，因此并没有对土地一级市场实现垄断。但同时在土地收储过程中，土储机构并不会给予土地使用者过大的讨价还价空间，在符合国土资源部门规划和城市建设被收储的土地里，政府仍然具有强制性和主导性。尤其是对于尚未被纳入土地收储范围之内的土地和已经被纳入但不宜收储的土地，虽然土地使用者拥有土地转让的权利，但转让前需要获得政府许可和备案方可公开转让。因此，政府—市场混合型的土地储备制度同时兼具两者的优点和不足。

武汉市是典型的政府—市场混合型土地储备制度，其土地储备既体现政府意志又不具备绝对的强制性，同时兼顾市场原则。

土地储备制度在我国实现国土资源利用和地方政府职能发挥上具有重要作用。其一是规划土地一级市场的健康发展，通过统一划归收购，各个城市不同程度的垄断土地供应，使得分散的土地能够集中起来。可以有效减少违法用地、越权批地等行为，地方政府能够根据自身城市发展掌握土地供应的节奏和大小，建立起公平、公正、公开、高效的土地市场。其二是实现地方政府职能、扩大地方政府财政收入。由于在土地一级市场上统一划归、有法可依，可以杜绝土地隐形交易和减少灰色地带，盘活存量土地使得地方政府在一级市场上更具话语权，因此可以使土地收益在符合发展的原则下收益最大化。其三是促进国有企业改革。在我国土地储备过程中需要和国有企业交易，在此过程中迫切需要改革的国有企业由于可以通过土储交易盘活存量土地，用土地资产解决企业燃眉之急，而统一、合法、公正、公开的土地储备可以有效保护企业利益，降低交易风险。

总的来说，土地储备制度的建立使得地方政府在土地一级市场上更具话语权，由于统一收储、规模垄断，为国有土地出让积累了大量且集中的土地，对实现"招、拍、挂"土地出让具有正面影响。

7.2 来自土地和房屋的财政收入——房地产税

在西方国家，财产税、消费税和所得税是地方政府的三大财税来源，其中，以土地和房屋为基础资产的房地产税是一种比较稳定的税收，也是西方国家地方政府的主要财政资金来源。从有关文献的研读中我们可以了解到，西方国家也经历了从土地中获取高额收益的发展不平衡的阶段，尽管中、西方的财政体制与土地制度有所不同，但是在更好地发挥土地价值上，从国外文献中能得到相当的启发。

国外对于财产税的研究，主要集中在以下方面：一是财产税的类型，包括累退税、累进税等；二是财产税产生的社会经济影响；三是财产税改革。就累退税而言，Nezer（1966）认为财产税的征收结果会导致房价上涨，对于低收入人群而言，财产税会对他们形成累退性质，对社会公平产生了抑制作用。Zodrow-Mieszkowski（1986）用资本竞争性回报解释，土地税率的增加使得资本更容易流出，生产要素的收益下降，并提升了房价。在财产税对社会经济的影响上，Seligman（1890）从历史、理论和现实层面批判了当时西方的财产税制度。从历史上看，由农业社会转变为工业社会，财产税转变为房产税，对整个社会的士气产生不良的影响；从理论上看，财产税被分解成各类元素，个人的压力不堪重负，而且财产税不再是实现收入合理分配的有效手段；从现实来看，财产税成为政府惰性的来源。从改革角度，住房经济学家Schechter和Gale（1971）[1]认为以支撑土地价值税收的财产税系统应该被取消，税基和税率的不同应该产生较大的差异，而财产税的税收系统又违背公平性原则。Gaffney（1972）[2]认为改革财产税的第一步应该是要对土地进行评估，来避免对财产税的评价并且实现土地集约利用。

[1] Kasper, S. A Debate on Property Tax Reform. The American Journal of Economics and Sociology, 1972, 31（2）：161–163.

[2] Gaffney, M. What Is Property Tax Reform? The American Journal of Economics and Sociology, 1972, 31（2）：139–152.

7.2.1 庞大且具综合性的房地产税概念

房地产税是一个较为庞大且具综合性的概念，事实上与房地产经济运行有关的税都可称为房地产税。从税种角度看，中国现行房地产业主要有五个税种：房产税（目前我国限经营性房产）、契税（俗称财产转移税）、土地增值税、城镇土地税和耕地占用税（印花税作为附庸环节的税种）。房产税是指对房屋征税；契税针对不动产产权变更征税，具体是指土地使用权的成交价格×适用税率得到的金额；印花税分为两种，其一根据应纳税凭证记载的金额×适用税率，其二根据土地使用权出让合同金额×5%得到印花税税额；土地增值税是指转让国有土地使用权、地上的建筑物及其附着物并取得收入的单位和个人，以转让所取得的收入包括货币收入、实物收入和其他收入减去法定扣除项目金额后的增值额为计税依据向国家缴纳的一种税赋，不包括以继承、赠予方式无偿转让房地产的行为。因此，契税和土地增值税均是对不动产有偿转让和交易行为的征税，但纳税额和承税对象不同。城镇土地使用税是国家在城市、县城、建制镇和工矿区范围内，对使用土地的单位和个人，以其实际占用的土地面积为计税依据，按照规定的税额计算征收的一种税。耕地占用税是对占用耕地建房或者从事其他非农业建设的单位和个人征收的一种行为税，是以纳税人实际占用的耕地面积计税，按照规定税额一次性征收。因此，耕地占用税和城镇土地使用税均是对使用国家土地资源征收的税，但耕地占用不限城镇农村，只要是改变了所占用的耕地用途就应征税，而城镇土地使用税则限制在城镇地区。

从房地产的不同阶段对房地产税进行划分，一般分为房地产开发、房地产保有和房地产交易三个环节。房地产开发环节中企业涉及的税种主要有契税、房产税、城镇土地使用税、营业税、城市维护建设税、教育费附加、土地增值税、耕地占用税、印花税、个人所得税、企业所得税等。房地产交易阶段则是对房屋买卖行为征收税费，主要税种为契税和土地增值税。而房地产保有环节则主要涉及房产税，也可称为物业税。由于我国一直尚未对居民住宅型房产征税，因此在定义房地产税时往往会将房产税和非房产税混淆。

本书侧重于房地产税种中的房产税（物业税），它属于财产税（Property Tax）的范畴，主要以房产为征收对象，在持有环节进行征税。中国房产税仅向单位及个人经营性房地产征收，而尚未对个人住宅商品房征税。我国政府频频释放出对个人住宅征收房产税的信号，房产税作为社会和政治热点也因此被推向舆论的高潮。

从税务要素划分可以分为税率、税基、纳税义务人、计税依据四方面。税率是指对征税对象的征收比例或征收额度。税率是计算税额的尺度，也是衡量税负轻重与否的重要标志。我国现行的税率主要有比例税率、超额累进税率、超率累进税率、定额税率。比如个人所得税实行的税率就是超额累进税制，即把征税对象按数额大小划分为若干等级，每个等级由低到高规定相应的税率，每个等级分别按该级的税率计征。税基是计税依据，是据以计算征税对象应纳税款的直接数量依据，它解决对征税对象课税的计算问题，是对课税对象的量的规定。也就是说，税基衡量了对谁的"什么"征税的问题。现阶段立法和政策在房产税上的着力点就是是否要将房产税的税基扩大的问题，是否要将税基从对仅向单位及个人经营性房地产征收扩大至包括向个人住宅商品房进行征收。

7.2.2 源于土地和房产的课税历史

房产税是房地产税种的一种，也是历史最悠久的税种之一。早在周代，为了规范都城内的商业集市及都城建设和开辟新的税源，周代政府就开始有目的地向商人征收一定的赋税。当时西周的商人分为行商与坐商，行商就是在规定时间内进入都城贩卖商品的货郎担，而坐商指的是在都城内有固定店铺的商人，西周政府仅向坐商征收一种名为"廛布（钱）"的税。据《礼记·王制》中记载："廛，市物邸舍，税其舍而不税物。"意思是廛是存储物品的房屋府邸，征税的时候要对房屋进行征税而不对所储物品征税。《周礼·地官·司徒》中记载："廛人，掌敛市絘布、總布、质布、罚布、廛布，而入于泉府。"廛人是周朝专门具体负责市场商税征收工作的人员。郑玄注："廛布者，货贿诸物邸舍之税。"商税的收入专门用来供应天子的饮食和衣服费用。商税成为国家税收来源，是社会经济发展，商业在社会经济活动中地位、作用增长的表现。因此，中国对房产税的征收远始于周代，这也是中国历史对房产税最早的记载。西汉时期政府征收"赀算税"，征税标准是以房屋及田产为统计对象的。

唐代德宗时期，房产税开始作为一个独立的税种出现，当时被称为"间架税"，它是由德宗朝户部侍郎赵赞以军费不济为由开征的。间架税是根据居民房产的占地面积、时间以及房屋质量好坏作为纳税依据征收的一种赋税。"间"是房屋间数的意思，衡量数量多寡。"架"是房屋前后两根柱子，两架柱子即构成一间房屋。政令规定："凡屋两架为一间，约价三等。"因此，间架税是根据房屋数量和大小进行征收的，上等房子，每年每间两千文；中等房子，每年每间一千文；下等房子，每年每间五百文。房子越多，税负越高，而非根据房屋的市场价值征税。历史上间架税的开征对象为长安城内居民，但由于当时反对意见较大，间架税开征不到半年便草草结束。五代十国时期由于战争频繁、军费紧张，各国皇帝纷纷开征间架税，后晋少祖石重贵和后周世宗柴荣均把间架税更名为"屋税"，用以避免间架税的污名。宋代立国后延续五代传统，将屋税定为正式税种之一。征收的范围为"诸州县寨镇内"，即全国各个城市、城镇。因此，宋朝征收的房产税虽然开征范围广于唐代的"长安城内"，但它是一种城市税，只向市民征收，农民并不需要缴纳。宋代"藏富于民"与市民经济发展的经济特征为房产税的广泛征收奠定了基础，宋代是中国古代历史上城市化水平最高的朝代，根据历史学者的研究，北宋城市化水平达到20.1%，南宋为22.4%，对比清代中叶的城市化水平仅为7%。因此，宋代统治者将纳税对象分为"民田之赋"和"城郭之赋"，其中城郭之赋包括屋税、地税、城市契税、商税、市舶税，屋税（房产税）就是其中一种。

宋朝之后，元代的房产税被称为"钱税"，按照房产地基面积征收粮食或者折钱缴纳。而明清两朝都不再重视包括房产税在内的"城郭之赋"，即城市税，而以田赋为本。这主要与明清政府以农桑为主的经济政策有关。因此，明清之后房产税不再作为正式税种出现，而零星存在于各个朝代的更迭之中。只要国库空虚比如军备不济之时，房产税就会作为开源之策重登舞台。

中华人民共和国成立后房产税政策在曲折中发展，最早在1950年1月政务院颁布《全国税政实施要则》，就已经开始征收房产税，1950年6月房产税又与地产税合并称为"城市房地产税"。1951年8月，政务院颁布了《城市房地产税暂行条例》，规定在全国范围内征收房地产税，征税对象为城市的房地产，征税依据为标准房价或者标准租金，按年征收，税率分为1%、5%、15%三档，1953年又提高税率为1.2%、1.8%和18%。"文革"后包括房产税在内的房地产税一并停止征收。

国外房产税在欧洲中世纪已有记载，在中世纪房产税成为封建君主扩充财政的手段。如"窗户税""灶税""烟囱税"等，这类房产税大多以房屋的某种外部标志作为确定负担的标准，名目繁多。

通过对中外古代房产税追根溯源，可以发现房产税来源已久，并在不同历史阶段、不同社会经济背景下发挥不同作用。我国正处于房产税加快立法阶段，房产税的出台与落地符合我国现实经济发展状况，只要公平、合理、公正，并配以相应的法律、技术等手段，中国房产税正式开始实施并不遥远。

7.2.3 房地产税与地方财政

土地和财产税是大多数发达国家悠久的税种之一，对稳定政府财政收入、维持城市运转具有重要的作用。房地产税作为流行且成熟的税种，已经广泛地被征收于发达国家。事实上，房地产税在世界上很多国家都被作为地方税种，是地方财政收入最重要的来源，房地产税主要归地方政府征管，中央政府只承担很小部分的责任。总体而言，房地产税在国际上具有某些制度上共性的特点。以下将从不同国家/地区视角解读与分析房地产税。

1. 新加坡

新加坡房地产税的特点是评估和纳税的计算依据精准明细，纳税人缴税有法可依有账可寻，符合纳税标准的公民定期都会收到新加坡税务局的缴税账单，缴纳税款方便且方式多样化，逾期缴税会有相应的惩罚，即需缴纳滞纳金。

房地产税的税制内容包括财产税、资本增值税、租金收入所得税、印花税以及遗产税。对于本书关注的财产税，在具体执行中新加坡将房产划分为自住型房产和投资型房产。房产的计税依据则是将房产视同于出租，税务署工作人员评估后所得租金减去相应的成本，比如维修费用、家电维修费，即为评估所得价格。这是新加坡房产税的创新之举，评估所得价格被称为房产的年值。年值的评估精准细腻，评估单位仅为每栋住宅的每一间房，而非对整栋房产集体评估。

自住型房产采用累进税制：0~8000新加坡元予以免税，8000~4.7万新加坡元税率为4%，5.5万~7万新加坡元税率为6%，7万~13万新加坡元之间每超过1.5万新加坡元，税率累加2%，13万新加坡元以上税率为16%。投资型房产亦采用累进税制，0~3万新加坡元之内税率为10%，3万~4.5万新加坡元税率为12%，4.5万~9万新加坡元之间每超过1.5万新加坡元税率累加2%，9万新加坡元以上的部分税率为20%。对于非住宅房产，税率一律为10%。所有房地产财产税征收频率均为一年。

新加坡是特殊城市国家，其住宅房产主要由政府提供的组屋解决大部分公民的住房需求，剩余部分则由市场化解，也因此并不存在房产税的央地归属问题。由以上的累进税率和税收优惠政策可以看出，新加坡的房产税主要作用为调节收入分配。

2. 美国

美国房地产税主要以财产税的形式存在，它以不动产和建筑物等统一征收财产税为主体。

美国房地产税是典型的地方税种，中央只有税收的立法权，地方政府明确征税宗旨为为州和地方政府提供持续可靠的财政收入，为城市基建提供稳定的资金支持。据统计，美国房产税占据地方财政总收入的50%以上。

美国房产税的征税原则为"以需定支"，即房产税的税率一般在地方政府预算时计入立法程序，形式上采用比例税制。具体原则是根据本年度地方财政预算需求，刨除地方政府非房产税外的财政收入，得到的即为财政需求缺口，需求缺口再除以房产的评估净值得到名义税率。

由于美国是典型的联邦制国家，实行三级分税制，地方（州和地方政府）权力与中央集权制国家相比更为灵活自由，因此美国各州的房产税税率方差较大。全美51个州均征收房产税，夏威夷州、亚拉巴马州、路易斯安那州税率低于 0.5%，而新泽西州、伊利诺伊州、新罕布什尔州税率却超过 2%。同样地，由于联邦制的作用，各州对房产税税基的评估方法和确定亦不尽相同。主要有三种评估方法：可比价格法、重置成本法、入息收入法。房产的评估频率分为年度重估、全周期重估和部分重估。

缴税方式和征收管理由州和地方政府负责。州政府负责制定全州的评估标准和方法，地方政府建立评估委员会负责具体的评估执行。

3. 加拿大

房产税在加拿大被称为地税，是地方税收最重要的组成部分。虽然同样属于地方税种，但加国房产税的征收和管制由市级政府负责。征税原则与美国相似为"以需定支"，市级政府根据年度财政预算，由政府对财产的评估值乘以系数而定。由市级政府制定税收原则和标准的结果是在加拿大每个城市之间税率亦不尽相同。

房产税主要用于地方市政和教育，加拿大各市之间房产税税率并不相同，主要原因是房产虽然征税房产的价值各地相异，然而市政公共建设的投入却是相似的，因此在房产价值较低的城市反而房产税率偏高。由表 7.1 加拿大前两大城市与普通城市奥尔维克房产税的差异不难得出，房产税在加拿大主要承担收入功能，地方政府通过房产税取得财政收入再投入当地的公共服务建设中。充分说明在加拿大房产税于公民就是花钱购买公共服务，因此房产税有时被称为物业税也在情理之中。

表 7.1 　2015—2017 年加拿大主要城市房产税率

年份	2015	2016	2017
温哥华	0.35%	0.32%	0.26%
多伦多	0.71%	0.69%	0.66%
奥尔维克	0.85%	0.83%	0.80%

资料来源：加拿大统计局。

4. 中国香港

中国内地地产学效仿中国香港，均是土地公有制度。香港房地产税涉及房产取得、流转和持有环节。取得环节征收印花税，税率为 0.25% ~ 3.75%；流转环节征收利得税，但只对投机流转行为征税；持有环节即房产税的税基与新加坡类似，也是假设以房屋出租的租金水平为基。香港房产税分为三部分：地租税、差饷税、物业税。地租税是指房屋保有阶段的税收，按照账面价值征收。与内地类似，由于实行土地公有制度，土地所有权归政府所有，土地使用权可以自由转让。20 世纪 90 年代，租期达到之前，地租税中只涉及批租制度。租期达到后，批租制度和年租制度共同组成地租税。批租约等同于内地的地价，即在土地出让时一次性需缴纳的土地出让金。年租则是租期达到后每年的"续租费"。由于租期时间久、物价水平变化大，房屋的账面价值和公允价值差额往往巨大，因此早期房产税地租税额较小。差饷税是为公共服务征收的税。征收标准为房屋出租的租金估值，税率为 5.5%。物业税是房屋处于出租状态的税收，私人业主缴纳租金收入的 15%，企业缴纳租金的 16.5% 且每年享有 20% 税收优惠。地租税、差饷税和物业税共同计入香港特区政府公共预算收入为公共建设服务。

我国内地和香港所共通的土地制度设计决定二者皆存在土地财政问题。从财政收入角度看，利得税和地价收入是特区政府财政收入的主力，分别占财政收入的 33.8% 和 31.1%。差饷税、物业税和年租收入合计占财政收入的 6.16%。简单对香港持有环节税负进行测算，2018 年年初数据显示港岛 A 类住宅租金升至 44 港元/平方英尺，换算为年租金和平方米约为 4945.48 元人民币/年，假设 A 类住宅面积为 50 平方米，租金共计 24.72 万元人民币/年。2017 年香港差饷物业估价署公布的数据显示，100 平方米以下的物业售价在 15 万~19 万港元/平方米，本书取中位数 17 万港元/平方米，折算人民币为 14.8 万元/平方米，房屋总售价约为 740 万元（见表 7.2）。

表 7.2　香港房地产税费计算

房屋售价 = 740 万元	差饷税 = 5.5%	物业税 = 15%	地租税 = 年租 = 3%
年租金 = 24.72 万元	1.36 万元	3.7 万元	0.74 万元

资料来源：香港地署网站。

由表 7.2 可知，假如港岛房屋自住或空置房地产税为差饷税和地租税之和，约为 2.1 万元，占房产资产比重的 0.284%，赋税负担较小。假如港岛房屋出租房地产税为差饷税、物业税和地租税之和，约为 5.8 万元，占房产资产比重的 0.78%，而出租房屋的收益率为 2.56%。从以上数据可知，香港房地产税负较轻，其征收意图不在于平抑房价实现社会公平。

从以上发达国家/地区的房地产税运行和实践可知，尽管不同国家/地区房地产税下设税种、税率和税基不尽相同，运行方式也因时因境而异，但大体而言在房产保有环节征税大抵相同。就保有环节征税的作用而言，它具有稳定房产价格、保障公共服务建设以及社会公平的重要作用。房地产税先发国家/地区经验各异，亦有共同处，其中房产税的设立和征收值得我国内地借鉴和学习。

1986 年《中华人民共和国房产税暂行条例》的出台，成为我国改革开放后开征房地产税的标志。必须明确，在中国，房地产税是地方税种，因此税收收入完全属于地方财政所有。由统计数据可知，房地产税五大税种占地方财政收入的 30% 左右，是地方政府税收收入的主要来源。必须承认的是，房地产税在中国运行三十余年，无论从实行结果抑或政策初衷衡量，它都主要是为统筹财政收入服务的，另外，也可以通过税收手段对房地产业进行宏观调控。

从两种税收的定义上看，综合性的房地产税主要涉及房地产市场，从房企角度涉及取得土地使用权、开发、销售等相关环节；从消费者角度涉及新房或二手房的购置交易。将以上环节简化描述，则是房地产市场上的供给方与需求方的纳税问题，因此这其中涉及房地产价格与数量的双重关系。如此，当住房市场交易活跃时，地方政府房地产税就会提高。反之，住房市场冷清、成交较弱时，地方政府房地产税就会减少。

房产税是对房产持有阶段进行征税，尽管中国现在尚未形成规模性、统一性的房产税，但从其定义和内容上可知，房产税是一种财产税，是对存量财富重新分配和统筹，而非增量。由于土地财政危机已久，党的十九大以后，中央政府提出"坚持房住不炒"的房地产调控政策，这在一定程度上平抑了房地产市场炒作投机行为，三、四线城市棚改货币化过去后才能观察出各地住房需求与供给的均衡点在哪里，而峰值已过的部分城市土地流拍频发，这给非核心城市的地方政府提出预警，没有房地产市场和高房价（地价）的支撑市场上都寄希望于房产税的出台，用以缓解地方政府土地财政问题。讨论房产税是否能够替代土地出让收入，最直观的方式是测算全年全国房产税能产生多少财政收入。相关机构对此进行了简单测算，根据统计数据，假设居民人均居住面积为 30 平方米，2017 年全国商品住宅成交均价为 7613 元/平方米，全国总人口为 13.9 亿，城镇化率为 58.52%，且仅对城市居民开征房产税，计税依据：房屋市场交易价格的一定比例，参考上海房产税施行标准，取交易价格的 70%；房屋价值评估的标准：房屋评估值（V）= 全国商品房成交均价（p）× 房屋面积（S），因此税基 = 房屋评估值（V）× 70%。税率：参照上海、重庆和国际税率标准，税率 tr [0.4%, 1%]，全国商品住宅纳税总额 = 总人口（P）× 城镇化率（ur）× 人均住房面积（m）× 征收面积比例（sr）× 全国商品住宅房成交均价（p）× 70% × 税率（tr）。因此城镇居民住房面积总量为 $13.9 \times 58.52\% \times 30 = 224.03$ 亿平方米，税基为 $224.03 \times 7613 \times 70\% \times sr$，当无税收优惠，并且税率为 1% 时，即 $tr \times ur = 1\% \times 1$ 时，2017 年全年所能征收的房产税总量约为 1.3 万亿元。这种情况下，全年房产税收占地方公共预算收入的比例不足 12%，而占土地出让金收入的比例也是低于 30% 的，并不能有效替代土地财政收入。而倘若希望房产税能完全替代土地出让收入，根据机构测算，城镇居民人均需要缴纳房产税超过 6000 元/年，占城镇居民人均可支配净收入的 51%，这将极大增加城镇居民的纳税负担，同时将大大限制城市居民的预算约束，最终不利于消费并进一步影响经济发展。因此，虽然房产税出台仍处于立法阶段，但将地方财政与土地财政问题的化解全都寄希望于房产税并不现实。

7.2.4　房地产税的功能定位与中国房产税改革

将实践和政策结合来看，在中国房地产税的功能有收入、调控和分配三大作用。结合中国国情，收入功能是我国房地产税的核心功能。收入功能可起到聚集政府财政收入的作用，由数据可知，房地产税现行的五大税种，在不同年份虽有波动，但总体而言几乎占据地方税收收入的 30% 左右（如图 7.9 所示）。房地产税金额数量巨大，无论是对央地财权、事权划归统一抑或是稳定地方财政均有重要意义。从增量上看，房地产税总收入在 2010—2018 年之间呈不断上升态势，不同年份增长率虽方差较大，但始终呈正向增长。

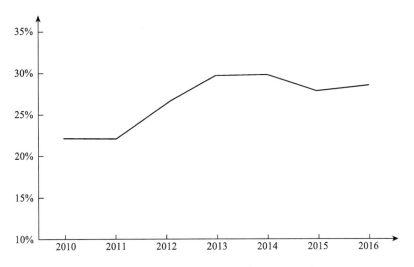

图 7. 9　2010—2016 年中国房地产税占地方税收收入比重

资料来源：Wind 经济数据库。

　　细分税种看房地产税的收入功能。房地产税下设五大税种，分别为土地增值税、房产税、契税、城镇土地使用税以及耕地占用税。如图 7.10 所示，2010—2018 年上半年，五大税种较去年同期总体呈增长态势。在房地产税总额不断增长之中，契税和土地增值税分别占据 30% 左右（如图 7.11 所示），二者之和贡献了房地产税 60% 以上。2014 年之前，契税占比超过 30%，大于土地增值税占比。2014 年至今，土地增值税从小于 30% 逐渐上升至 30% 以上，超过契税占比。由以上契税和土地增值税的定义可知，契税和土地增值税主要来自房地产交易环节，也就是说现阶段我国房地产税收入主要来自房产交易环节。未来房地产税改革着力点在房产保有环节，牵一发而动全身势必将强化房地产税的收入功能，缓解地方政府的土地财政问题。

　　宏观调控作用是房地产税的另一大功能，具体是指通过税收影响房产价格从而间接地影响房地产市场供求关系，又因房地产业对宏观经济的巨大影响而辐射到整个市场的供求状况中。

　　收入分配调控作用是房地产税的第三大功能，即强调房地产的财产属性，通过对这一财产征收税费来缩小贫富差距、促进社会公平。对房地产不同阶段征收房地产税会产生不同的作用。众所周知的是，房地产业一度

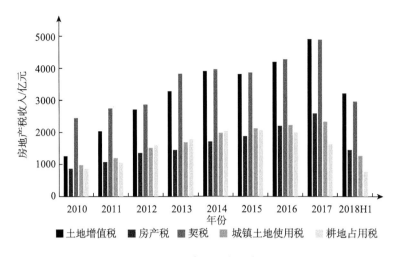

图 7.10　2010—2018 年 H1 房地产税收入变化

资料来源：Wind 经济数据库。

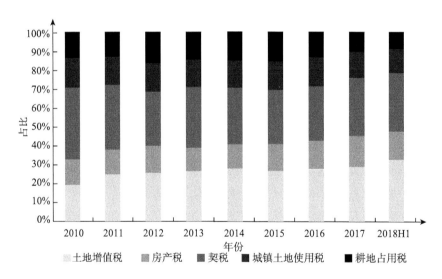

图 7.11　2010—2018 年 H1 房地产税税种占总房地产税比重

资料来源：Wind 经济数据库。

是高利润行业，倘若对房地产开发阶段征税将会提高房企的开发成本，房产开发企业有动机将成本转嫁于房产价格之上，因此开发阶段征税呈现中性特征。对房产交易环节征税主要针对房屋买卖行为，买卖的成本上升将抑制房产买卖行为。房产买卖行为区分为投机性买卖和刚性需求买卖。对刚性需求买卖比如购买首套自住房征收房地产税直接增加了普通居民购房成本，居民经济负担加重；对于投机性买卖行为则有助于打击炒房平抑房价。对房产保有环节征税可以细分为空置型、自住型和出租型。空置型是对拥有多套房产非自住非租出征收的税负，对空置型房产征收更多体现出"财产税"的特点，即有财产者纳税，无财产者不纳税，财产多者多缴税，财产少者少缴税。对自住型房产征税类似我国香港房地产税中的年租制度，自住型房产税过高会加大普通居民的生活成本，不利于实现社会公平。合理的自住型房产税更多实现的是房地产税的收入功能。出租型房地产税是对房产出租行为产生的收益征税，此种情境下出租者将通过提高租金价格转嫁税负，最终增加了承租方的税负。综上所述，房地产税的收入分配调控运行机制复杂，在具体设置上不仅应当考虑在不同阶段征收可能产生的不同后果，还要考虑同时对不同阶段增减房地产税时结构性差异的设置，比如当且仅当降低房地产税开发环节税费大于房地产持有环节的税负时，居民的居住成本才有可能降低。

自1986年开始征收的房地产税简单划分为只对营业性房屋和出租房屋征收房产税。对居民征收则是2003年10月党的十六届三中全会提出的，当时被称为"物业税"，改名为"物业税"是因为当时楼继伟部长担心与已有的房地产税混淆。在当时对"物业税"的构想主要有：其一，对居民住房征税；其二，对房地产交易和建设环节的税收进行整合，保有环节增加而交易环节降低；其三，隐含了征收的普遍性以作为地方税收的来源。此后在北京亦庄、宁夏、南京和辽宁丹东进行了空转试点。这次试点的实质更侧重于如何对房屋评估增值，认为应该按照房产评估增值征收。

2011年中央政府决定开始在上海和重庆两个城市进行试点。当时法学界对此存有质疑，认为法理依据不足，在此之前必须制定相关法律。进入21世纪10年代，有关中国房产税改革的言论甚嚣尘上。2011年1月28日，在国务院领导下我国上海、重庆两市开始对个人所有非营业房产征收房产税，即开始对房地产的持有环节进行试点性征税。此次试点的革命在于我国迈出了向居民征收房产税的第一步。2013年11月十八届三中全会通过了《中共中央关于全面深化改革若干重大问题的决定》，其中指出要加快房地产税立法并适时推进改革，此后房产税的征收与制定进入制定法律的正规阶段，由全国人大着手去做。

正如以上言自 2011 年 1 月 28 日，我国重庆和上海已经开始了对房产税（物业税）的征收缴纳的试点。以上海为例，上海征收对象为本市居民家庭第二套及以上新购房产（包括二手房和新建商品住房）和非本市户籍在上海新购住房。本市户籍家庭人均居住面积超过 60 平方米，又新购且属于第二套以上房产将交易价格（账面价格）的 70% 作为计税价格，税率 0.6%。重庆房产税的征收对象则是独栋别墅、高档公寓，以及无户口无投资人员所购的第二套房，税率为 0.5% ~ 1.2%。

我国上海和重庆的房产税试点运行具有如下特点：其一，仅针对增量房产征税，说明在我国房产税的征收仍处于试水和过渡时期，只有从法理、立法、计税方案和试点实践多方面印证才可能在全国范围内逐渐推广。另外，存量到增量房产是否过渡、如何过渡、后果如何，仍然是个问号。其二，重庆与上海的试点各有侧重，上海仅针对增量房产，并对本市户籍家庭给予税收优惠。重庆存量与增量并存，且仅针对高档住宅征缴税费。

在房产税试行的 7 年多时间里，试点效果褒贬不一、各有优劣。第一，根据房产税的国际惯例，房产税一般呈现宽税基、低税率的特征。我国两地试点税基过窄、实际税率也过低，事实上对地方财政收入的补给能力有限。郭玲和刘跃（2011）曾在重庆房产税实行当年按照重庆实行房产税改革后的方案进行全国性房产税的简单测算，以自用房开征房产税的最大税基估算，其以 2010 年数据为基准，若税率为 0.5%，当年新增房产税收入约为 2500 亿元，逐级推算以重庆方案最高累进税率 1.2% 测算，则当年新增房产税收入为 6000 亿元，仅占 2010 年地方本级政府收入的 14.7%，补给能力有限。现实角度同样印证了测算结果，我们以重庆试行房产税后的结果来看。如图 7.12 所示，重庆于 2011 年试行房产税改革后房产税年增长率为 49%，达到历史高度。但从占比上看（如图 7.13 所示），2010—2016 年房产税占重庆市总地税的比值变化不大，约为 2% ~ 4%。而房地产税占重庆市地税比重却不断上升，2013 年虽有下降但总体也稳定在 30% 以上。这说明即使重庆在试行房产税改革后，房产税于地方财政收入的确贡献不大，甚至是意义甚微。第二，我国房产税计税依据也与国际惯例不同。我国试点以购入的原始价格为依据，国际大多为评估价格。正由于以上所提到的种种区别，此次房产税试点更多被认为作用在"制度破冰"，而非房产税的收入功能和调控功能。

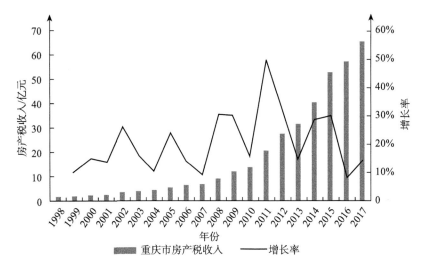

图7.12　1999—2017年重庆市房产税收入及增长率变化

资料来源：Wind经济数据库。

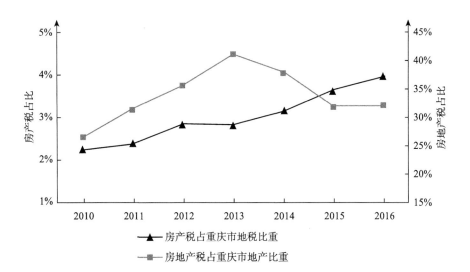

图7.13　2010—2016年重庆市房地产税与房产税占总地税比重

资料来源：Wind经济数据库。

在 2018 年两会上，我国财政部副部长史耀斌答记者问时释放了房地产税的房产税改革方向的信号，他认为："房地产税是大多数国家都普遍采用的税收制度或者是一个税种，它的作用主要就是调节收入分配，特别是个人财富的集聚，起到促进社会公平的作用。同时，筹集财政收入，用来满足政府提供公共服务的需求。"同时，史耀斌副部长认为，房地产税作为一个"世界通行的税种"，应强调房地产税的主要作用是调节收入分配，起到促进社会公平的作用。暂且不论部长所言房产税的主要作用究竟如何，从其发言中不难看出中央政府对房地产业的态度与促进社会公平的决心。当然就本章以上对发达国家房地产税经验借鉴与总结而言，房地产税最主要的作用是汇聚地方财政资金，房地产税的多寡其中很多都遵循了"以需定支"的原则，可以说房地产税在很大程度上体现了财政资金收回后"专款专用"的原则。2019 年两会上，政府工作报告中对房地产税的表述为"健全地方税体系，稳步推进房地产税立法"，其后国税总局进一步释放关于推进房产税落地的信号，其中表示"房地产税的立法工作将稳步推进"。从稳妥到稳步推进房地产税立法，代表了房地产税逐渐进入制定程序中，房地产税落地的速度预期在加快。

除却法理问题和社会舆论，房产税的运行还涉及了技术难题。房产税征收的技术难题，是指开征前应当实现不动产统一登记。已经开征房产税的国家基本上都有一套完整而专业的不动产登记系统或者配备专业且足量的房产评估团队。不动产统一登记是指把原来分散在不同部门的登记整合在同一体系下，其范围适用于集体土地所有权、国有建设用地使用权及房屋所有权、集体建设用地使用权及建筑物构筑物所有权、宅基地使用权及房屋所有权、土地承包经营权、海域使用权、地役权和抵押权等。时至 2018 年 6 月，我国已经实现了全国统一的不动产登记信息管理基础平台的全国联网。根据自然资源部消息，全国 335 个地市、2853 个县市共设立 3001 个不动产登记办事大厅、3.8 万个窗口、8 万多名一线登记工作人员平均每天为 30 多万企业和人民群众提供不动产登记服务。也就是说，我国不动产统计登记已经实现了登记机构、登记依据、登记簿册的统一，而信息平台的统一尚在筹备与建设之中。目前，我国不动产登记主要以增量与存量交易市场的不动产权利为主，后续存量数据登记的补充是房产税运行的重要前提。

7.3 房地产对地方经济的促进作用以及隐含风险

7.3.1 房地产业对地方经济的带动

房地产业作为众多产业的上游行业，其辐射和带动作用明显，主要表现为产品周期长、产品相关产业众多，比如钢铁、建材、家电、汽车、银行等。房地产市场的任何风吹草动都是国民经济运行最重要的先行指标，尤其是房地产市场的销量、土地购置以及新开工面积等。从供给与需求角度理解房地产业，需求方是人口与金融，供给方是土地。我们知道，在土地一级市场上主导供给行为的是地方政府，大多情况下通过以出让方式转移土地使用权的行为是整个行业资金融通的起点。开发企业通过融资整合资金在土地一级市场上获得土地使用权，多次大量地在土地一级市场上获取土地使用权形成了房地产开发企业的土地储备，充足的土地储备是企业进行项目开发的生产要素。从土地储备到房地产项目开发是周期行业的上游环节，二者的变化可以反映出房地产开发企业对生产经营活动的决策和规划，同时关系到下游产业链的生产和经营活动。项目开发需要大量钢筋、水泥、建材等原料，而钢材等重工业生产又关联煤炭开发和发电量，因此当房地产项目开发需求变弱时会削弱对上游行业产业的需求，从而改变生产流程内各个环节的要素供给需求水平变化，影响地方政府行使权利收到土地出让金后以财政资金的形式转化为地方建设的成果来履行责任。

如何理解房地产业于地方经济的重要性可以从地方财政角度入手。我国现行的地方财政体制起源于 1994 年的中央分税制改革，从预算体系看，我国地方政府财政预算由一般公共预算、政府性基金预算、国有资本经营预算、社会保险基金预算构成。一般公共预算由税收收入、非税收入和转移性收入组成，房地产税收收入是一般公共预算收入的重要组成部分。政府性基金预算则是国家通过向社会征收和出让土地或者发行彩票等方式取得的收入。如上文所述，以出让方式为主取得的土地出让价款是地方政府基金收入的最重要组成部分，在使用上遵循"专款专用"的原则。国有资本经营预算是指国家以所有者的身份对国有资本进行存量调整和增量分配而发生的各项预算和收支。社会保险基金预算是指社会保险经办机构根据国家社会保险制度的实施计划和任务编制的、经规定程序审批的年度基金财务收支。本书重点讨论的通过以土地"招、拍、挂"取得的出让收入属于地方政府性基金预算收入，而房地产税则属于一般公共预算收入中的税收收入，国有土地使用权出让的收入和房地产税收入之和约为房地产业对地方财政的贡献程度（如图 7.14 所示），2012—2018 年上半年国有土地使用权出让收入和房地产税相关收入二者合计约平均占地方财政收入的 68%，最高占比达到 77%，最低也高达 56%。细分种类看，2012—2018 年上半年房地产税收入占地方财政收入的比重较为稳定，为 17% ~18%。因此对地方财政状况整体影响较大的是土地出让收入的变化，一旦房地产开发业进入下行周期，土地一级市场成交冷淡抑或是受到货币政策和宏观经济、融资环境缩紧、人口老龄化等到来的影响，地方财政将陷入窘境。另一方面，地方财政的缺口催化了房地产业的发展。总体而言，自 1994 年分税制改革后地方政府巨大的财政缺口被房地产业贡献的税和非税收入所弥补。

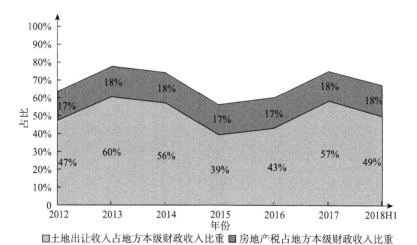

图 7.14　2012—2018 年国有土地使用权出让金与房地产税收入占地方财政比重
资料来源：Wind 经济数据库。

1. 地方财政收入与政府投资

本书前面章节已经提到，2010—2016 年通过土地出让中的"招、拍、挂"方式取得的土地出让价款占地方政府基金收入的比重平均超过 76%。

可以说，土地出让收入是地方政府非税收入的重要组成部分，也是地方政府财政收入的主要来源。地方政府财政收入的另一重要组成部分是地方政府税收收入，由数据可知，2010—2016 年，房地产业税收占总税收比重呈稳中有升的趋势，约为 30%。除却与房地产直接相关的五大税种，尚有 6 个与房地产业间接相关的税种，分别为教育附加费、城市建设维护费、房地产企业营业税、房地产企业所得税、房屋转让个人所得税以及印花税，六大非相关税费也占到地方政府一般预算收入的 10% 左右。1994 年分税制改革后地方政府财政赤字逐渐扩大（如图 7.15 所示），赤字扩大的背后地方政府却仍然担负着不断扩大的各项职能与公共建设需求。对地方政府职能问题的讨论，绝大多数学者认为我国地方政府的主要职能为经济职能，地方政府直接干预微观经济活动和直接从事经济建设活动，并且直接提供私人物品、经营企业。而土地财政收入是地方政府履行这一职能的前提和保障。

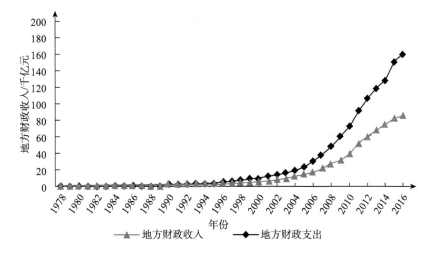

图 7.15　1978—2016 年中国地方财政收入与支出变化

资料来源：Wind 经济数据库。

政府投资是政府履行经济职能的主要方式之一，地方政府投资是以地方政府（省、县政府）作为一级投资主体进行投资，地方政府投资范围包括地方性教育、卫生、科技、水利、地方公路、水运、铁道建设、地方能源和交通以及部分工商企业的建设投资。中国财政年鉴中将地方政府的各项财政支出归结为经济建设支出、科教文卫等保障性支出、行政管理费以及其他支出。如图7.16所示，1998—2016年我国地方政府主要肩负着经济建设职能和保障性职能。

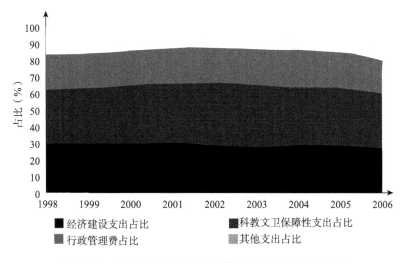

图 7.16   1998—2016 年中国地方政府财政支出所占比重

资料来源：Wind 经济数据库。

2. 城市建设与城镇化

城镇化伴随着中国地方城市的发展与建设，二者之间的内生逻辑是地方政府征用农村用土地然后将土地转让获得土地收益，在此过程中农村人口逐渐转变为城市人口，这是市民化和城镇化的过程，而农村转化为城区，城镇化是城市发展并向外扩张的结果。房地产业的发展直接带来了密布的商品房，存量市民入住与增量新市民购房后，往往会带动周围基础设施和公共服务项目的建设。

房地产业的发展催化中国城市城镇化建设并为之融通资金。伴随着经济发展与政府财政收入绝对值的不断增多，地方政府市政公共设施建设固定资产投资额随之增长（如图7.17所示）。这个前提是分税制改革明确了地方政府获得地方基础设施建设的投资决策权。对基础设施建设的投入比例，1991年之前中央拨款一直占到50%以上，到了1999年降至32%，而贷款与债券的来源占比不断上升，这说明地方政府投资资金和项目开发逐渐成为地方投资建设的主导力量。公共建设固定资产投资额不断增加的背后是城市设施的不断完善与城市职能的不断革新。

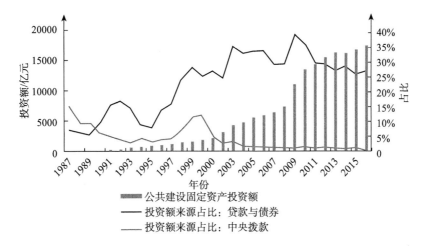

图 7.17 1987—2016 年城市市政公用设施建设固定资产投资及投资来源占比

资料来源：Wind 经济数据库。

3. 房地产业对经济的辐射与带动作用

房地产业在我国国民经济发展中占据重要地位，近十年间，狭义房地产业对我国 GDP 的贡献已由 4.61% 升至 6.87%，社会和学界对房地产业于经济的巨大影响已经达成共识，不少研究估算房地产业对我国经济发展的贡献度，常见有两种方式衡量贡献度的大小。第一种是测算房地产投资对 GDP 的贡献大小，或房地产投资占固定资产投资的比重。另一种是估算房地产增加值对 GDP 的贡献大小。第二种方式的测算中，由于发展阶段与统计口径问题，与其他国家相比，我国房地产增加值对 GDP 的贡献并不太大。房地产行业包括开发经营、物业管理、经纪与代理和居民自有住房四个部分。由于我国仍处于商品房增量时代，因此房地产业主要以房地产开发经营为主；另外，因为我国在房屋租赁方面的统计存在缺陷，评估居民自有住房是按照原值的折旧额计算产出的，而非市场价值，因此存在一定低估，这也是我国房地产增加值对 GDP 贡献较小的原因。但根据相关统计数据显示，尽管存在低估的现象，2008 年至今我国房地产行业增加值占 GDP 的比重累计上升了两个百分点，相比之下其他国家反而稳中有降。如果考虑广义房地产业，对我国宏观经济的影响则更为广阔，我国将房地产业计算在第三产业中，而建筑业计算在第二产业中，如果将建筑业与房地产业合计作为广义房地产业，则其对 GDP 的贡献是两倍于狭义房地产业。

7.3.2 房地产业对地方经济的隐含风险

1. 土地财政与地方政府债务风险

土地财政既是中国房地产业得以发展壮大的助推器，同时房地产业的发展也反作用于土地财政。土地财政是指地方政府通过经营出让土地使用权获得收入，其中包括土地出让金收入和与土地相关的各种税费以及以土地抵押为融资方式获得债务性收入。理解土地财政应理解地方政府财政的组成与来源。

2. 一、二线城市高房价与三、四线城市高库存

价格与供需是经济学模型的核心，在房地产开发行业商品房去化率是衡量商品房销售状况的指标，即销售率是指某一时期内某产品的销售量占总量的百分比。短期内去化率高代表商品房销售火爆，长期维持较高的去化率则代表商品房销售需求旺盛，相比之下需求差拉大推动房价上涨。

从宏观到微观、从全国到地方，对于房地产行业，尽管长期基本面有力支撑了中国房地产业保持活力发展势头，但纵向看中国不同城市与层级之间房地产业的发展呈现分化状态，不同城市之间的差异具体表现在房价、去化率和库存的不同。一方面以北上广深为代表的一线和热点二线城市房价高企，各种限售、限购政策用以平抑房市，而另一方面在"棚改"项目实施前我国三、四线城市房地产库存居高不下俨然成为制约房企发展的隐患。不同城市房地产业的差异化根源仍然是供给与需求问题。我国政府长期实施"控制大人口城市，积极发展中小城市和小城镇、区域均衡发展"的城镇化战略。20 世纪 50 年代，我国政府已经开始采取"控制大城市，发展小城镇"的政策。80 年代以来，提出的多种城市发展方案仍然是以"发展小城镇为主"，1980 年全国城市规划工作会议就已经提出"控制大城市规模"的要求，1990 年《城市规划法》提出"严格控制大城市规模，合理发展中等城市和小城市"的战略方案。从宏观上来看，该政策直接影响了中国城市的发展方向，"八五"期间，我国大城市和特大城市由59 个发展到 75 个，增长率为 29%。中等城市由 117 个发展到 192 个，增

长率为52%。小城市由291个发展到373个,增长率为34%。小城镇由2173个发展到19811个,增长率为811%。从微观上来看,由于严格限制大城市发展对一、二线城市的土地供给相对需求不足,人口方面却快速增长。三、四线城市人口增长缓慢,土地供给过多。如此供需错配是造成我国一、二线城市房价居高不下和三、四线城市库存较高的主要原因。

"地王"现象的出现正是我国一、二线城市高房价的推手,其传导逻辑是房地产开发企业竞价拿地的价格表现,是房企自身经营和开发成本上的高楼面价到商品房的高价格延续,对于房企而言只有房价与房价预期高于地价(楼面价格)才有利可图,也才会有更多的企业和投资者涌入房地产开发行业。

地方政府一般预算缺口可以表示为(一般预算支出-一般预算收入)/一般预算收入,它可以较为粗略地反映地方政府财政的自给程度。倘若一般预算缺口较大,则说明地方政府公共财政自给率较低,该地方政府则有更强的意愿增加其他收入。正如本书前面章节所述,地方政府财政收入分为一般预算收入、政府性基金收入、国有资本经营收入和社会保险基金收入。其中对于政府性基金收入,地方政府通过出让国有土地使用权获得土地出让收入从而掌握较大主动权,这样一般公共预算自给率越低的政府越有供地的倾向以弥补财政缺口。本文选取了一、二、三、四线各四个具有代表性的城市观测其自2009—2017年之间地方政府的一般公共预算缺口。

由表7.3可知,普遍而言一、二线城市的一般公共预算财政缺口少于三、四线城市。因此以三、四线为代表的地方政府更有意愿发展政府性基金收入,尤其是以出让土地为代表的政府行为。

表7.3 我国部分城市财政缺口情况测算

	一线城市				二线城市				三线城市				四线城市			
	北京	上海	深圳	广州	南京	厦门	合肥	杭州	石家庄	长春	太原	中山	唐山	洛阳	扬州	漳州
2009	5%	20%	14%	12%			-28%		88%	39%	36%	7%	68%	70%	24%	5%
2010	4%	18%	14%	12%		-42%	-33%	-8%	78%	33%	37%	5%	69%	63%	15%	5%
2011	-1%	17%	19%	-16%	3%	-40%	-24%	-5%	78%	23%	37%	5%	73%	66%	15%	4%
2012	19%	15%	6%	22%	5%	-37%	-18%	-9%	68%	9%	29%	7%	63%	64%	19%	8%
2013	2%	14%	-2%	22%	2%	-37%	-18%	-9%	66%	9%	29%	5%	56%	59%	17%	10%

	一线城市				二线城市				三线城市				四线城市			
	北京	上海	深圳	广州	南京	厦门	合肥	杭州	石家庄	长春	太原	中山	唐山	洛阳	扬州	漳州
2014	2%	7%	4%	16%	12%	−40%	−21%	−20%	64%	11%	25%	4%	62%	58%	27%	3%
2015	12%	12%	29%	28%	3%	−35%	−23%	−2%	82%	31%	53%	24%	77%	66%	29%	29%
2016	21%	8%	33%	39%	3%	−30%	−23%	0%	82%	20%	50%	26%	81%	70%	40%	28%
2017	20%	14%	38%	43%	6%	−32%	−23%	−2%	75%	10%	54%	46%	74%		56%	35%

房地产研究中经常用宅地累计购地销售比衡量市场土地供求状况，累计购地销售比＝宅地成交建筑面积累计值/同期新房成交面积，同时设置一个基期。宅地累计购地销售比越小，说明宅地库存越紧缺，市场缺地。反之说明市场土地供应充足。

3. 房地产泡沫虚化实体经济

房产具有商品属性，在这种商品交换过程中存在价差有利可图，这是房产兼备的投资属性。土地一级市场上土地使用权是商品，地方政府是供给方，各大小房企是需求方（大多数情况）。对于供给方而言，地方政府以计划经济的方式低价征收土地，然后以市场经济的方式比如"招、拍、挂"方式高价出让土地，期间价差即是地方政府"卖地"收入。因此在高收益高溢价的"卖地"交易中地方政府在财权萎缩事权扩大的矛盾下有极强的动力参与到土地经营与房地产业规划之中。土地二级市场中商品房是主要商品，各大小房企是供给方，普通民众是需求方。各大房企在房产销售时利润来自楼面价到房价的差额，在长期基本面良好的状况下房产销售始终有利可图。普通民众对房产的需求分为弹性需求与刚性需求，刚性需求是指首套自住房需求和改善性需求，弹性需求是指投资需求与投机需求。中国房地产市场化伴随着中国经济复苏、分享着中国人口红利。人均可支配收入不断增长、家庭结构组织不断简化、城镇化率逐渐提高的刚性需求下，中国房地产业长期基本面良好有力支撑房地产需求，这是一段时间内中国房地产业一路高涨的根源所在。

房产、股票、债券都属于资产类别，实业（以制造业为代表）与房地产业属于不同的产业，风险与收益是衡量资产是否值得投资或是进入某行业的直观体现，盈利状况与产业发展前景是企业家经营的动力。人们在资产配置时往往会受到收入的预算约束、风险偏好、宏观经济因素以及金融知识等方方面面因素影响。过去十几年中，中国房市的确在整个资产市场中脱颖而出，以收益高、门槛低著称，尤其是在与其他类别资产的收益率对比下，房市领跑整个市场。在巨额利润的引导下，无论是政府、企业、居民部门等不同主体，在资产配置时和进行投资选择时往往会选择利润高、风险小、门槛低的资产。对于政府部门，房地产业兴亡会带动地方政府土地出让的发展，地方财政得以源源不断地充实和提高；对于企业部门，在经营实体经济的过程中不仅需要背负微薄的制造业回报率，还要面对不断高企的以土地要素为代表的生产成本，因此与其不断经营扩充生产发展制造业（代表实体经济），不如转向稳赚不赔且价格连年暴涨的房地产开发行业。同时银行企业部门由于房地产行业信贷需求旺盛、回报率高、风险小，也更倾向于将信贷投放于房地产行业，实体经济汲取资金能力变弱。对于居民部门，在整个社会都热衷于投资房地产行业的同时，人们更倾向于将存款转换为真实可见的房产。因此，整个经济围绕从生产、消费、投资三个环节都以房地产开发为核心，在这个过程中房地产行业的超速发展带来的挤出效应压缩了实体经济的生存空间，在一定程度上中国经济发展的真实写照其实是水泥钢筋和一排排高耸的商品房。然而，只有实体经济部门生产出的产品才是可以在全球贸易中真实可交易的商品，依靠楼房中国无法更有竞争力地参与全球竞争与国际贸易，更无法完成生产效率的不断提高，也无法跨越中等收入国家阶段。

无论从宏观基本面抑或微观企业数据看，房地产业相比于实业经济在盈利和体量上具有比较优势。本书在中国 A 股市场上选取 2015 年以后营业收入超过 100 亿以上的 7 家房企，在选取实业中农业中的米业和制造业中的造纸业作为比较对象各选取了 5 家，它们在规模（营业收入）和盈利上均属于同行业内领先且颇具有竞争能力的。筛选完标的股票后，我们对比了它们 2010—2017 年在 A 股市场上的盈利能力，通过净利率和净资产收益率两个指标进行比较，其中净利率是指净利润与营业收入的比值，净利率也可理解为企业竞争力的一种间接表现。而净资产收益率又称股东权益报酬率/权益报酬率/权益利润率/净资产利润率，它是净利润与平均股东权益的比值，是公司税后利润除以净资产得到的百分比，该指标反映股东权益的收益水平，用以衡量公司运用自有资本的效率。指标值越高，说明投资带来的收益越高。该指标体现了自有资本获得净收益的能力。从图 7.18 和图 7.19 所示平均值上看，房地产行业的净利润率超过 10%，远高于造纸业和米业，同样地，房地产业的净资产收益率均高于同期另外两个行业的表现。净资产收益率意味着投资人投入资本收益的高低，必须指出的是，由于房地产业具有资金密集的特点，因此房地产业 ROE 较高很大一部分源自高杠杆的影响。但举债经营收益率抢眼仍然会在资本市场和民间舆论上引人注目。

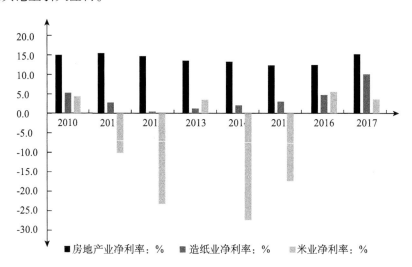

图 7.18　2010—2017 年 A 股房地产开发企业、造纸业、米业净利润率对比

资料来源：Wind 经济数据库。

通过在 A 股市场上不同行业的财务数据的对比可以看出：整体而言，近年来资本市场的回报率高于以造纸业和米业为代表的实体经济。房地产业的高回报率会吸引社会资本更多地流向房地产业，而对实体经济形成"挤出"效应。

本章重点关注"招、拍、挂"的土地出让制度及其相关制度、房地产税以及房地产业对经济发展的作用，其中来源于"招、拍、挂"制度为代表的国有土地出让收入与房地产税税收收入是地方政府财政收入的主要来源，房地产业的发展带动了相关产业的进步与地方财政收入的增长，尤其是地方财政与房地产业在一定程度上形成了共赢共生的关系，这是中国二

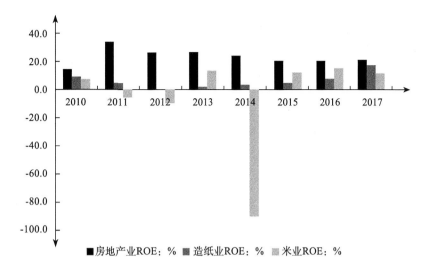

图 7.19　2010—2017 年 A 股房地产开发企业、造纸业、米业 ROE 对比

资料来源：Wind 经济数据库。

十余年城市飞速发展的主要原因。同时应该辩证看待房地产业的发展，在某种程度上房产税的出台标志着中国房地产业由增量转向存量时代，地方政府以土地为生的方式难以维系，地方政府迫切需要新的财政出水口。土地与金融在新的时代背景下结合不同主体将焕发新的生机。

第8章 基于土地的可持续财政投融资

地方政府土地财政的形成与发展同地方政府基于土地的债务融资密不可分，可以说，地方政府土地财政是地方政府土地型融资发展到极致的结果。因此，解决地方政府土地财政，就必须改变地方政府以债务为主的土地型融资结构，使地方政府通过其他方式获得稳定可观的融资收入。

8.1 地方政府土地型融资与土地财政的形成

地方政府土地型融资包括地方政府土地型权益融资和地方政府土地型债务融资两大类，它们都是基于地方政府在事实上享有的土地产权。其中，地方政府土地型权益融资是地方政府通过作为用益物权一种的广义土地使用权出让获得的融资收入，其主要表现形式是土地使用权出让收入；地方政府土地型债务融资是地方政府通过抵押土地使用权特别是其中的收益权，获得融资收入，其主要表现形式是地方政府存量债务。地方政府土地型权益融资收入和地方政府债务融资收入在地方政府财政收入和支出中，都占有十分重要的地位，地方政府财政运转离不开土地型融资收入，由此形成了土地财政。

8.1.1 基于土地产权理论的地方政府土地型融资

融资需求日益增长的地方政府，却因为法律和制度的限制而缺失正常融资渠道。但是，土地所有权由国务院代表国家行使，地方政府在获得国务院授权后代表国务院行使土地所有权的土地国家所有制，使地方政府可以基于土地产权，在快速城镇化发展的过程中实现土地型融资。在事实上享有土地所有权的地方政府，自然也获得了土地所有权派生出的广义土地使用权和土地抵押权，这使其得以通过作为广义土地使用权一种的建设用地使用权出让，获得出让金收入；又得以土地使用权中的收益权作为抵押实现信贷融资和融资平台公司债券融资，获得债务融资收入。由此形成了地方政府土地融资。

作为用益物权一种的广义土地使用权是土地产权的一种，它是土地所有权的一种派生权利。作为土地所有权人代表的地方政府，在事实上享有土地所有权及其派生权利，广义土地使用权自然也是地方政府的一项财产权利。土地之所以具有价值，就在于其使用可以产生经济收益。在土地所有权和其派生权利可以分离的制度环境中，作为土地所有权派生权利的广义土地使用权具有一定的经济价值，土地所有权人可以通过其市场交易，获得权益融资收入。

建设用地使用权是一种广义土地使用权，获得这种权利，就可以实际使用土地，获得土地产生的经济收益。因此，作为广义土地使用权一种的建设用地使用权，可以通过市场交易转为权益融资收入。同时，快速城镇化发展过程中形成的高度繁荣的房地产市场，带动了土地价格的急剧增长，使得地方政府可以通过出让作为广义土地使用权的建设用地使用权，获得大量权益融资收入。

2005 年以来房地产市场发展进入黄金十年，即使是全国范围内的平均住房销售价格，也在最近十年稳步上升，如图 8.1 所示。特别是 2010 年下半年以来，城市商品住房价格上涨进一步加快，从最近五年全国百城住宅均价数据看，这一趋势更为显著，如图 8.2 所示。

商品住房价格快速上涨，极大地刺激了房地产开发企业购置土地的积极性，全国土地市场高度活跃，土地价格持续攀升，如图 8.3 所示。

正是土地市场持续繁荣所带来的作为广义土地使用权的建设用地使用权交易价格的长期快速上涨，使作为土地所有权代表的地方通过出让作为广义土地使用权的建设用地使用权这项权益，获得稳定可观的权益融资收入即土地使用权出让收入成为现实。稳定可观的地方政府土地型权益融资收入，为地方政府提供了较为稳定的融资收入来源，在一定程度上满足了地方政府融资需要。

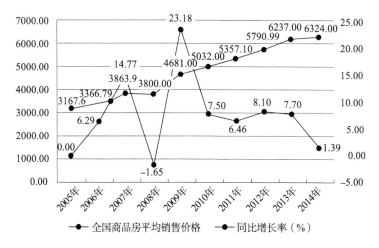

图 8.1 2005—2014 年全国商品房平均销售价格变化

资料来源：根据国家统计局年度数据中商品住房分类销售情况统计数据整理。

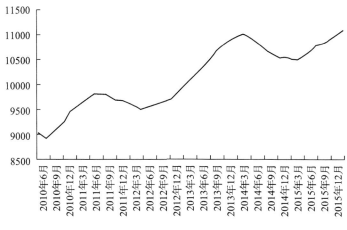

图 8.2 2010 年 6 月—2015 年 12 月百城住宅均价走势

资料来源：根据中国指数研究院百城住宅均价月度数据整理。

8.1.2 基于土地抵押权的地方政府土地债务融资

地方政府土地出让收入的长期持续稳定增长，使土地使用权的价值及其增长预期稳定强化，土地使用权开始成为一种稳定可靠、易于被市场主体接受的抵押品。作为担保物权一种的土地抵押权也开始登上地方政府融

图 8.3 2010—2015 年全国 105 个重点监测城市商业用地和住宅用地价格走势

资料来源：根据 2010—2014 年《中国国土资源公报》和《2015 年国土资源主要统计数据》整理。

资的舞台。为规避法律和制度关于禁止地方政府举债融资的限制，地方政府纷纷成立融资平台公司，并将大量土地资产注入融资平台公司，这样，原本属于作为土地所有权人代表的地方政府的土地抵押权，就自然而然地归属了地方政府融资平台公司。地方政府融资平台公司利用土地抵押权，将土地使用权或土地使用权预期收益抵押给以商业银行为主体的金融机构，获得信贷融资收入，或者，以土地使用权预期收益为抵押，向资本市场上的投资者发行公司债券，获得公司债券融资收入。地方政府融资平台公司获得的信贷融资收入和公司债券融资收入，最终都成为地方政府财政收入中融资收入的一部分。这就是地方政府土地型债务融资。

地方政府土地型债务融资的主要表现形式是地方政府存量债务。依据国家审计署 2013 年 12 月发布的《全国政府性债务审计结果》（2013 年 12 月 30 日公告），截至 2013 年 6 月底，地方政府负有偿还责任的债务 108859.17 亿元。如果加上已经还本付息的部分，该项收入的规模更是庞大。因此，地方政府土地型债务融资在地方政府财政中的地位也不容小觑。

8.1.3 土地出让收入在地方政府财政中的重要地位

以土地出让收入为主要形式的土地型权益融资收入与以信贷融资收

入、城投公司债券收入为主要形式的土地型债务融资收入共同构成的地方政府土地型融资收入，数额可观且稳定增长，迅速在地方政府财政收入中占据重要地位，并被安排支付多项财政支出，由此形成了地方政府土地财政。

土地出让收入持续稳定增长奠定了其在地方政府财政中的地位，这一方面表现为，土地出让收入规模庞大，占地方政府财政收入比重过高；另一方面表现为由土地出让收入安排的支出迅速增长，占地方政府财政支出比重较高。

1. 土地出让收入规模及其占地方政府财政收入的比重

从图8.4和图8.5中可以看出，2010—2014年，土地出让收入整体上处于上升趋势，仅在2012年略有下降；土地出让收入相对地方政府一般公共预算收入的比例在24%～42%之间波动，相对于包括政府性基金收入在内的地方政府财政收入的比例则在20%～29%之间波动。单项收入占到地方政府财政收入的两成到四成，足以说明，该项收入对地方政府财政的影响程度之深。在经济发达程度较低的三、四线城市政府中，这种影响更加深刻。

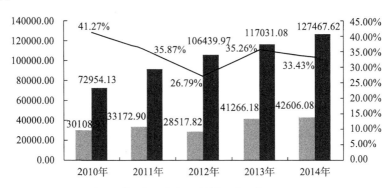

图8.4　2010—2014年国有土地使用权出让收入和地方政府一般公共预算收入变化

资料来源：根据2010—2014年地方政府财政决算数据整理。

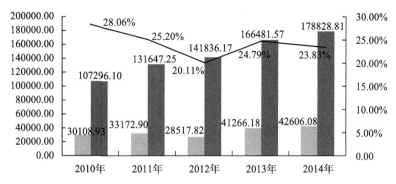

图 8.5　2010—2014 年土地出让收入和地方财政收入变化

资料来源：根据 2010—2014 年地方政府财政决算数据整理。

2. 由土地出让收入安排的支出及其占地方财政支出的比重

从图 8.6 和图 8.7 中可以看出，2010—2014 年，土地出让收入安排的支出整体上处于上升趋势，仅在 2012 年略有下降；土地出让收入安排的支出相对地方财政一般公共预算支出的比例在 26%～39% 之间波动，相对于包括政府基金支出在内的地方财政支出的比例则在 20%～27% 之间波动。单项收入安排的支出占到地方财政支出的两成到四成，且支出的相对比例在整体上稍高于收入的相对比例，这说明该项收入对地方财政支出的影响较大。综上所述，土地出让收入在地方财政收入与支出中都占有较大比例，保持在两成到四成之间，且支出的相对比例高于收入的相对比例，说明土地出让收入在地方财政中占有重要地位。

3. 土地型债务融资收入余额占当年地方财政收入的比重高

地方政府债务主要表现为地方政府土地型债务融资收入，可以将当年地方政府债务余额❶视为地方政府土地型债务融资收入余额。根据国家审计署《全国政府性债务审计结果》（2013 年 12 月 30 日公告），截至 2013 年 6 月底，地方政府负有偿还责任的债务为 108859.17 亿元。2015 年 8 月

---

❶　为保证数据口径的统一性，本研究中的地方政府债务仅指地方政府负有偿还责任的债务。

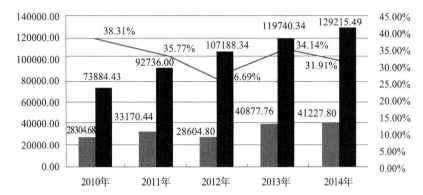

图 8.6　土地出让金支出与地方政府一般公共预算支出变化

资料来源：根据 2010—2014 年地方政府财政决算数据整理。

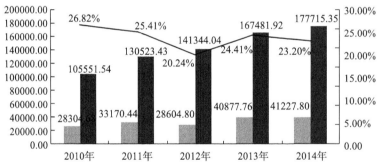

图 8.7　2010—2014 年土地出让收入支出与地方财政支出变化

资料来源：根据 2010—2014 年地方政府财政决算数据整理。

《国务院关于提请审议批准 2015 年地方政府债务限额的议案》，确认截至 2014 年年末地方政府债务余额达 154000 亿元，加上 2015 年 3 月全国人大批准的地方政府债务新增限额 6000 亿元，2015 年地方政府债务限额达 160000 亿元。根据 2016 年 3 月 6 日《关于 2015 年中央和地方预算执行情况与 2016 年中央和地方预算草案的报告》，2016 年地方政府负有偿还责任的债务限额就提升到 171874.3 亿元。假定没有地方政府债券融资制度的建立，这些融资收入的获取将全部依赖土地出让收入支撑的地方政府土地型债务融资。

地方政府负有偿还责任的债务余额规模占到当年地方政府一般公共预算收入的九成以上，甚至超过当年地方政府一般公共预算收入（详见图 8.8）；即使是相对于含政府基金的地方政府财政收入，也要占到八九成（详见图 8.9）。

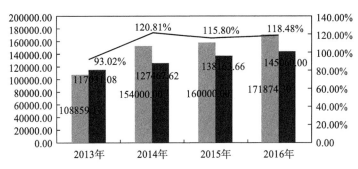

图 8.8 2013—2016 年地方政府债务余额与预算收入变化

资料来源：根据审计署《全国政府性债务审计结果》（2013 年 12 月 30 日公告）、2013—2014 年全国财政决算数据、《国务院关于提请审议批准 2015 年地方政府债务限额的议案》及《关于2015 年中央和地方预算执行情况与 2016 年中央和地方预算草案的报告》等相关资料整理。

由图 8.8 易知，2013—2016 年，地方政府负有偿还责任的债务余额规模已经接近甚至超过当年地方政府一般公共预算收入。这意味着如果没有现在以地方政府债务形式存在的地方政府土地型债务融资收入的先期投入，地方财政早就难以为继了。由图 8.9 可知，即使是相对于含地方政府基金的地方政府财政收入，地方政府负有偿还责任的债务余额规模也达到了八九成的水平。这说明，地方政府土地型债务融资收入对地方政府财政的影响远非其他收入所能比拟。

综上所述，以土地出让收入为主要形式的地方政府土地收入在地方政

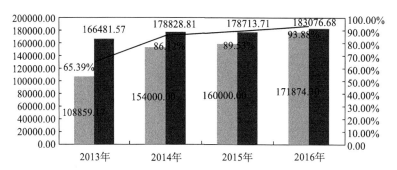

图 8.9　2013—2016 年地方政府债务余额与地方政府财政收入变化

资料来源：根据审计署《全国政府性债务审计结果》（2013 年 12 月 30 日公告）、2013—2014 年全国财政决算数据、《国务院关于提请审议批准 2015 年地方政府债务限额的议案》及《关于 2015 年中央和地方预算执行情况与 2016 年中央和地方预算草案的报告》等相关资料整理。

府财政收入中占据重要地位，多项地方政府支出都由该收入来安排，没有该项收入的支撑，地方政府财政势必面临巨大收支缺口，甚至出现财政危机；以地方政府债务为主要表现形式的地方政府土地型债务融资收入余额规模庞大，甚至超过地方政府当前财政收入，这些债务余额是地方政府一部分先期财政支出的积累，如果没有该项收入，地方政府财政早已入不敷出了。也就是说，不论是以土地出让收入为主要形式的地方政府土地收入，还是以地方政府债务为主要表现形式的地方政府土地型债务融资收入，都对地方政府财政产生过并继续产生着较强的支撑作用。因此，地方政府土地财政是地方政府土地型融资发展到较高程度的产物。

8.2　权衡理论下的地方政府融资结构

运用政府融资结构权衡理论分析，可以发现，地方政府土地型融资结构并不是最优的地方政府融资结构，它的直接经济成本与间接经济成本都不低，其社会成本和政治成本也不容小觑。地方政府土地型融资结构的种种弊端，以地方政府土地财政的面貌展现出来，因此，解决地方政府土地财政，必须将地方政府土地型融资结构转变为权益融资与债务融资并重、权益融资为主体的融资结构。

8.2.1 地方政府土地型融资结构权衡理论分析

由政府融资结构权衡理论可知，最优政府融资结构是能够使政府价值最大化的融资结构，衡量政府价值最大化的指标是最大化政府财政收入，其公式表示为 $R_{MAX} = R_G + [RE_{RFD} - (EC_{RFD} + SC_{RFD} + PC_{RFD})]_{MAX} + [RE_{RFE} - (EC_{RFE} + SC_{RFE} + PC_{RFE})]_{MAX}$。在这一理论中，当政府债务融资收益 RE_{RFD} 小于政府债务融资经济成本 EC_{RFD}、社会成本 SC_{RFD} 和政治成本 PC_{RFD} 的总和，且政府权益融资收益 RE_{RFE} 小于政府权益融资经济成本 EC_{RFE}、社会成本 SC_{RFE} 和政治成本 PC_{RFE} 总和时，政府债务融资收入和政府权益融资收入的增长，都将带来政府财政收入的增长，因此政府融资结构需要进行优化。

在地方政府土地型融资结构中，政府债务融资收益 RE_{RFD} 表现为地方政府债务存量，政府债务融资经济成本 EC_{RFD} 表现为地方政府存量债务的利息支出，政府债务融资的社会成本 SC_{RFD} 表现为社会融资主体因地方政府存量债务挤出效应而多支付的融资成本，政府债务融资政治成本 PC_{RFD} 表现为社会和公众因为地方政府存量债务的忧虑而产生的质疑对地方政府合法性和权威性的不利影响以及中央政府为预防和消弭地方政府存量债务潜在风险而支付的政治协调、政策制定与执行成本；政府权益融资收益 RE_{RFE} 表现为地方政府土地出让收入总和，政府权益融资经济成本 EC_{RFE} 表现为地方政府为获得土地出让收入而支出的各种费用的总和，政府权益融资的社会成本 SC_{RFE} 表现为社会和公众因畸高住房价格而支出的额外住房成本而产生的机会成本，政府权益融资的政治成本 PC_{RFE} 表现为社会和公众因畸高住房价格对地方政府产生怨怼以及对地方政府合法性的质疑。

在地方政府土地型融资结构中，尽管地方政府土地型权益融资和土地型债务融资的收益仍然大于其经济成本，但其长期可持续性已经十分脆弱。如果考虑难以量化的社会成本和政治成本，那么，地方政府债务融资收益 RE_{RFD} 已经处于小于政府债务融资经济成本 EC_{RFD}、社会成本 SC_{RFD} 和政治成本 PC_{RFD} 总和的状态，以土地出让收入为主要形式的政府权益融资

收益 RE_{RFE} 也已经小于政府权益融资经济成本 EC_{RFE}、社会成本 SC_{RFE} 和政治成本 PC_{RFE} 总和。在这一融资结构下，地方政府债务融资收入和政府权益融资收入的增长，都已经在形成地方政府财政收入负增长，这样的地方政府融资结构需要进行转型。

8.2.2 转变土地型融资结构的必然性

地方政府土地财政形成的直接原因是地方政府以土地型融资为主体的融资结构。这一融资结构使土地出让收入和土地型债务融资收入成为地方政府财政收入的重要组成部分，地方财政收入离不开以土地为基础的融资收入，由此形成了地方政府土地财政。时至今日，不论是从地方政府财政运作稳健安全的角度，还是从经济社会发展长期持续、提高人民生活质量的角度看，地方政府土地财政都到了必须根本解决的时候。地方政府土地财政的根本解决之道在于，建构合理稳健的地方政府融资结构。合理稳健的地方政府融资结构的建构，必须从转变当前地方政府以土地型融资为主体的融资结构开始。土地型融资结构的转变方向是权益融资与债务融资并重、权益融资为主体的融资结构。

只有建构合理稳健的地方政府融资结构，才能使地方政府获得稳定可观的融资收入，以满足其融资需要，从而根治地方政府土地财政"依赖症"。合理稳健的地方政府融资结构是能使地方政府以尽可能低的融资成本，获得稳定可观的融资收入，并且不对其财政稳健性和可持续性产生不可控制的不利影响的融资结构。

合理稳健的地方政府融资结构，应当是权益融资与债务融资并重、权益融资为主体的融资结构。转型中的地方政府融资结构已经具备这样的雏形。其中，债务融资以更低成本的地方政府债券为主要形式；权益融资包括 PPP 模式、以地方政府引导基金为主要形式的产业投资基金、以地方优质国有企业公开上市为主要形式的间接股权融资、基础设施资产证券化融资等。但鉴于以地方政府债券为主要形式的债务融资也有还款付息负担，仍需考虑通过重点发展地方政府权益融资，进一步优化地方政府融资结构。

8.3　转型中的地方政府融资结构

为积极应对并妥善处理地方政府土地财政潜在的财政金融风险和经济社会风险，以地方政府债务问题为主要切入点，以 2014 年 8 月《预算法》修订和 2014 年 9 月《国务院关于加强地方政府性债务管理的意见》（国发〔2014〕43 号）的出台为主要标志，权益融资与债务融资并重的地方政府融资结构建构已经全面展开。

8.3.1　以地方政府债券为主要形式的地方政府债务融资

在转型中的地方政府融资结构中，地方政府债务融资以地方政府债券为主要形式，地方政府债券包括地方政府一般债券和地方政府专项债券。

1. 地方政府债券制度建立的背景

2011 年 10 月，经国务院批准，上海市、浙江省、广东省、深圳市开展地方政府自行发债试点，在国务院批准的发债规模限额内，自行组织本省（市）政府债券发行机制，由财政部代办还本付息。2013 年，江苏省和山东省也进入试点范围。2014 年 5 月，试点进一步扩围，北京、青岛、宁夏、江西等省区市也进入试点范围。地方政府债券自发自还试点，为建立地方政府债券为主要形式的地方政府债务融资制度积累了丰富经验。

2014 年 8 月，《预算法》修订完成。修订后的《预算法》第三十五条第二款规定，"经国务院批准的省、自治区、直辖市的预算中必需的建设投资的部分资金，可以在国务院确定的限额内，通过发行地方政府债券举借债务的方式筹措"。2014 年 9 月，《国务院关于加强地方政府性债务管理的意见》（国发〔2014〕43 号）提出"建立规范的地方政府举债融资机制"，其中，"没有收益的公益性事业发展确需政府举借一般债务的，由地方政府发行一般债券融资，主要以一般公共预算收入偿还。有一定收益的公益性事业发展确需政府举借专项债务的，由地方政府通过发行专项债券融资，以对应的政府性基金或专项收入偿还"。

2. 地方政府一般债券与专项债券

2015 年 3—4 月，财政部先后印发了《地方政府一般债券发行管理暂行办法》《2015 年地方政府一般债券预算管理办法》《地方政府专项债券发行管理暂行办法》和《2015 年地方政府专项债券预算管理办法》，对地方政府一般债券和地方政府专项债券的发行和预算管理工作，做出了详细而明确的规定，奠定了我国地方政府一般债券和专项债券融资的制度框架。

地方政府一般债券是指省、自治区、直辖市政府为没有收益的公益性项目发行的、约定一定期限内主要以一般公共预算收入还本付息的政府债券。2015 年地方政府一般债券，包括为 2015 年 1 月 1 日起新增一般债务发行的新增一般债券、为置换截至 2014 年 12 月 31 日存量一般债务发行的置换一般债券。一般债券期限为 1 年、3 年、5 年、7 年和 10 年，但单一期限债券的发行规模不超过一般债券当年发行规模的 30%。地方政府专项债券是指省、自治区、直辖市政府为有一定收益的公益性项目发行的、约定一定期限内以公益性项目对应的政府性基金或专项收入还本付息的政府债券。2015 年地方政府专项债券，包括为 2015 年 1 月 1 日起新增专项债务发行的新增专项债券、为置换截至 2014 年 12 月 31 日存量专项债务发行的置换专项债券。单只专项债券应以单项政府性基金或专项收入为偿债来源，既可以对应单一项目发行，也可以对应多个项目集合发行。专项债券期限为 1 年、2 年、3 年、5 年、7 年和 10 年，但 7 年和 10 年期债券的合计发行规模不超过专项债券全年发行规模的 50%。

一般债券和专项债券的其他发行制度和预算管理制度基本一致，主要包括：开展信用评级，并及时发布信用评级报告；严格信息披露，投资者独立判断，自行承担投资风险；采用承销团承销方式或招标方式；积极培育投资者群体；省、自治区、直辖市政府为发行主体，具体发行工作由省级财政部门负责；市县级政府确需发行的，应纳入本省、自治区、直辖市规模内管理，由省级财政部门代办发行，并统一办理还本付息；省级政府批准，计划单列市政府可以自办发行，其收入、安排的支出、还本付息、发行费用纳入预算管理。

3. 地方政府债券融资现状

根据 2015 年 12 月 22 日《国务院关于规范地方政府债务管理工作情况的报告》，地方政府债券融资情况如下：

（1）地方政府债务置换

2015 年，经国务院批准，财政部向地方下达置换债券额度 3.2 万亿元。截至 12 月 11 日，各地发行置换债券 3.18 万亿元，完成下达额度的 99%，实现了对当年到期债务的全覆盖，将被置换的存量债务成本从平均约 10% 降至 3.5% 左右，预计将为地方每年节省利息 2000 亿元。

（2）地方政府新增债券融资

2015 年，新增地方政府债券 6000 亿元，其中，一般债券 5000 亿元，专项债券 1000 亿元。截至 12 月 11 日，各地已发行新增债券 5912 亿元，完成下达额度的 99%。

根据 2016 年政府工作报告和 2016 年 3 月 7 日财政部长楼继伟在十二届全国人大四次会议记者会答问，2016 年，财政部在经国务院批准后，会向地方下达置换债券额度 5 万亿元，以置换今年到期的地方政府债务；同时，新增地方政府债券 11800 亿元，其中一般债券 7800 亿元，专项债券 4000 亿元。

综上所述，在转型中的地方政府融资结构中，包括地方政府一般债券和地方政府专项债券在内的地方政府债券占据主体地位。其中，一般债券融资收入用于弥补没有收益的公益性项目资金不足，专项债券融资收入用于支付能够产生收益的公益性项目的地方政府资金缺口。这是地方政府以地方政府债券为主要形式的债务融资基本结构。针对先期已经形成的地方政府债务余额，则主要采用发行地方政府置换债券的形式，逐步将其替换为地方政府债券融资，同时辅以稳健偏宽松的货币政策，降低地方政府利息负担，从而以时间换空间，逐步化解存量债务。

8.3.2　方式多样的地方政府权益融资

以地方政府债券为主要形式的地方政府债务融资依然存在不可持续性。但也只能逐步调整转化。因此，在今后的时间里，还要注重发展权益融资，以逐步压缩地方政府债务融资，缓解偿债压力。从密集出台的政策来看，地方政府权益融资初步形成了 PPP 模式、以地方政府引导基金为主要形式的产业投资基金融资、以地方国有企业集团整体上市为主要形式的间接股权融资模式和以基础设施资产证券化为主的资产证券化融资四位一体的融资结构体系。

PPP 模式是理论研究与制度建设相对成熟、地方政府运作经验比较丰富的权益融资方式，在转型中的地方政府权益融资体系中占有重要地位。

1. 我国地方政府 PPP 模式整体制度架构基本形成

2014 年 9 月 21 日，《国务院关于加强地方政府性债务管理的意见》（国发〔2014〕43 号）提出推广使用政府与社会资本合作模式，也就是 PPP 融资模式。2014 年 9 月 23 日，财政部印发《关于推广运用政府和社会资本合作模式有关问题的通知》（财金〔2014〕76 号），指出"政府通过政府和社会资本合作模式向社会资本开放基础设施和公共服务项目，可以拓宽城镇化建设融资渠道，形成多元化、可持续的资金投入机制"；并要求"在明确项目收益与风险分担机制时，要综合考虑政府风险转移意向、支付方式和市场风险管理能力等要素，量力而行，减少政府不必要的财政负担"。2014 年 11 月 16 日，《国务院关于创新重点领域投融资机制鼓励社会投资的指导意见》（国发〔2014〕60 号），提出要创新投资运营机制，扩大社会资本投资途径，在公共服务、资源环境、生态保护、基础设施等领域，积极推广 PPP 模式，引入社会资本，增强公共产品供给能力。2015 年财政部《关于实施政府和社会资本合作项目以奖代补政策的通知》（财金〔2015〕158 号），明确提出"引导和鼓励地方融资平台公司存量公共服务项目转型为 PPP 项目，化解地方政府存量债务"。综上所述，为地方政府筹集更多可以有效利用的资金，以使其更好地履行职能和提供公共物品，并逐步化解存量债务，是 PPP 模式的重要目标。

2014 年 11 月 29 日，财政部印发《政府和社会资本合作模式操作指南（试行）》，对 PPP 模式项目识别、准备、采购、执行、移交各环节操作流程，进行指引和规范。2014 年 12 月 2 日，《国家发展改革委关于开展政府和社会资本合作的指导意见》（发改投资〔2014〕2724 号），对 PPP 模式融资的主要原则、范围和模式、项目管理、政策保障等问题，提出了详细的意见。2014 年 12 月 30 日，财政部《关于规范政府和社会资本合作合同

中国土地金融的理论与实践研究

228

管理工作的通知》（财金〔2014〕156号），发布了《PPP项目合同指南（试行)》。2014年12月31日，财政部印发了《政府和社会资本合作项目政府采购管理办法》，对PPP项目中的政府采购程序、争议处理和监督检查等问题，提出了规范性意见。至此，PPP融资模式整体制度框架基本建立，地方政府PPP模式融资开始进入实施阶段。

2015年3—6月，财政部、国家发展改革委等多部门，先后发布了一系列政府和社会资本合作模式实施意见，PPP模式在重大水利工程建设运营、水污染防治、收费公路、公共租赁住房投资建设和运营管理、基础设施和公用事业特许经营管理、公共服务、城镇棚户区和城乡危房改造等领域，全面铺开。PPP模式开始在地方政府融资，特别是地方政府权益融资方面，日益发挥更大的作用。

为了更好地激励民营资本参与地方政府公共物品和服务的生产和提供，2015年12月8日，财政部发布《关于实施政府和社会资本合作项目以奖代补政策的通知》（财金〔2015〕158号），决定自2016年起，对PPP项目实行为期3年的以奖代补政策；12月18日，财政部印发《PPP物有所值评价指引》，指导开展对PPP项目的绩效评价工作。至此，PPP模式融资制度体系已经基本形成。

归结起来，PPP模式，就是鼓励民营资本参与公共物品和服务的生产和提供，并自行筹资、自负盈亏，从而使地方政府在不需要承受巨大偿债压力和财政风险的基础上，获得充足的资金用于地方经济社会发展，同时也使民营资本可以分享地方经济社会发展和改革成果。这可以在一定程度上减轻地方政府财政支出压力，并将部分因地方政府融资方式单一可能产生的财政金融风险转移和分散给民营资本负担和消化，以空间换时间，从而既使地方政府获得充分的融资收入以更好地提供公共物品和服务，又逐步缓解和消弭潜在的财政和金融风险。

2. 以引导基金为主要形式的地方政府产业投资基金融资

进入21世纪以来，我国地方政府产业投资基金快速发展，并日益在地方政府融资体系中占有重要地位。产业投资基金在我国地方政府融资体系中，主要以政府引导基金的形式存在，地方政府通过引导基金汇集和引导民间风险投资支持特定区域、特定产业发展，以更好地履行促进经济发展与转型升级的职能。

（1）地方政府产业投资基金发展概况

2006 年 12 月 30 日，经国务院同意、国家发展改革委批准，我国第一只人民币产业投资基金——渤海产业投资基金，在天津正式设立，总规模 200 亿元，首期规模 60.8 亿元，首期封闭存续期 15 年。2007 年，广东核电新能源基金、上海金融产业投资基金、山西能源基金、四川绵阳高科基金、中新高科产业投资基金等 5 只地方产业投资基金先后成立。2008 年 10 月 18 日，国务院办公厅转发了发展改革委、财政部、商务部三部门联合发布的《关于创业投资引导基金规范设立与运作的指导意见》，地方政府产业投资引导基金进入蓬勃发展阶段。

经济参考报 3 月 16 日（2016 年 3 月 16 日）消息称，依据清科集团旗下私募通数据显示，2015 年新设政府引导基金 297 只，基金规模 15089.96 亿元，分别是 2013 年引导基金数量和规模的 2.83 倍和 5.24 倍。可以说，以地方政府引导基金为主要形式的地方政府产业投资基金已经具有相当规模，如果能够保持良好发展，其在地方政府融资体系中前途光明。

（2）地方政府产业投资基金的基础制度架构初步形成

2015 年 11 月 12 日，财政部印发《政府投资基金暂行管理办法》（财预〔2015〕210 号），对政府投资基金的含义、应用领域、风险收益分配进行了详细规定，标志着产业投资基金正式成为政府，特别是地方政府权益融资的重要方式之一。12 月 25 日，财政部印发《关于财政资金注资政府投资基金支持产业发展的指导意见》（财建〔2015〕1062 号），针对政府投资基金设立运作过程中存在的问题，提出了规范意见。

根据上述文件，政府投资基金，是指由各级政府通过预算安排，以单独出资或与社会资本共同出资设立，采用股权投资等市场化方式，引导社会各类资本投资经济社会发展的重点领域和薄弱环节，支持相关产业和领域发展的资金。政府出资，是指财政部门通过一般公共预算、政府性基金预算、国有资本经营预算等安排的资金。政府投资基金的应用领域是支持创新创业、支持中小企业发展、支持产业转型升级和发展、支持基础设施和公共服务。投资基金各出资方应当按照"利益共享、风险共担"的原则，明确约定收益处理和亏损负担方式。投资基金的亏损应由出资方共同承担，政府应以出资额为限承担有限责任。为更好地发挥政府出资的引导作用，政府可适当让利，但不得向其他出资人承诺投资本金不受损失，不得承诺最低收益。

规范设立运作支持产业的政府投资基金的要求，包括设立市场化的基金实体，建立多元化的出资结构，坚持专业化投资运营，建立实施退出机制等。切实履行出资人职责，包括深入研究基金设立方案、选定绩优基金管理公司或团队、合理确定财政出资让利措施、依法行使出资人权利、适时进行考核评价等。

综上所述，我国地方政府产业投资基金发展迅速，其基本制度框架也已经初步形成，地方政府产业投资基金的资金来源、使用范围、风险收益分配、运作与管理、监督与考核等主要问题，都有了政策依据。在此基础上，资本市场的深入发展，持续稳健略偏宽松的货币环境，都将为地方政府产业投资基金的进一步发展，提供难得的机遇。地方政府以引导基金为主要形式的产业投资基金融资，势必将在未来地方政府权益融资体系中占有一席之地。

3. 以地方国有企业公开上市为主要形式的地方政府间接股权融资

（1）地方政府间接股权融资的可行性

从公共管理理论和伦理上讲，地方政府是地方公共利益的代表，其存在的合法性和目标，都是更好地实现地方公共利益，地方政府不能公司化或企业化，因此，其不存在股权融资问题。现行法律制度也不允许地方政府或任何一级政府直接进行股权融资，甚至也没有政府股权融资的提法。但是，各级地方政府都拥有不少大中型企业或企业集团，它们在相当程度上承担着地方政府职能范围内的事务，比如基础设施建设，产业投资，包括诸如供水、供气等在内的基本公共服务生产和提供等。这些企业则是可以进行股权融资的。由此，地方政府得以借助所属国有企业，间接进行股权融资。

党的十八届三中全会《关于全面深化改革若干重大问题的决定》（以下称《决定》），也提出"组建若干国有资本运营公司，支持有条件的国有企业改组为国有资本投资公司"，国有资本投资运营要服务于国家战略目标，更多投向关系国家安全、国民经济命脉的重要行业和关键领域，重点提供公共服务、发展重要前瞻性战略性产业、保护生态环境、支持科技进步、保障国家安全。这也说明，国有企业是政府履行职能、提供公共物品和服务的重要载体。因此，各级地方政府所属的大中型企业或企业集团自有资金和外源融资收入，很大部分都可以成为地方政府履行职能和提供公共物品的资金来源，它们的股权融资，从一定程度上，可以视为作为其股东的各级地方政府的间接股权融资。

（2）我国地方政府间接股权融资概况

党的十八届三中全会《决定》，提出要积极发展混合所有制经济，鼓励非公有制企业参与国有企业改革。也就是让民间资本参与国有企业生产经营，使有限的国有资本能够在与民间资本的合作中，为生产和提供公共资源做出更大的贡献。2015年9月23日，《国务院关于国有企业发展混合所有制经济的意见》（国发〔2015〕54号）提出，充分运用整体上市等方式，积极引入其他国有资本或各类非国有资本实现股权多元化，以推进主业处于充分竞争行业和领域的商业类国有企业混合所有制改革；对主业处于重要行业和关键领域的商业类国有企业，在保持国有资本控股地位的基础上，支持非国有资本参股；通过购买服务、特许经营、委托代理等方式，鼓励非国有企业参与公益类国有企业生产经营等。在此前后，二十多个省区市先后出台本地国有企业改革方案，目标无一例外地都是发展混合所有制经济，但在多种实现方式中，整体上市和整合重组成为大家的共识。从目前情况来看，在短期内，通过整体上市到股票市场上公开发行股票，在股票市场上对已上市国有企业进行整合重组，仍然将是地方国有企业权益融资的主要方式。截至2015年12月末，地方国有企业（不含国有金融类企业）资产总额达549557亿元，即使推动实现三分之一的地方国有企业整体上市，也可以获得数十万亿元现金流。这对盘活国有资产，获得更多资金，投入基础设施建设和公共服务供给，从而缓解地方财政在这些领域的支出压力，具有重要意义。

综上所述，通过地方政府所属的优质国有企业整体上市，到股票市场进行股票融资，是目前各级地方政府通过国有企业间接进行股权融资最为有效的方式。

4. 以基础设施资产证券化为主要形式的地方政府资产证券化融资

广义的资产证券化包括现金资产证券化、实体资产证券化、证券资产证券化和信贷资产证券化四种类型。狭义的资产证券化主要是指信贷资产证券化。理论界提出了我国信贷资产证券化的 8 种模式：按照基础资产的不同划分的不良资产模式、住房抵押贷款模式、基础设施收费模式和出口应收款模式；按照交易模式的不同划分的离岸模式、表外模式、表内模式和准表外模式。● 从现实角度来看，地方政府资产证券化融资主要是基础设施收费模式，因为长期持续的地方政府投资在形成地方政府债务的同时，也使地方政府拥有了以基础设施为主要形式的大量优质资产，这些资产可以产生相对稳定的收益。

2014 年 5 月 8 日，《国务院关于进一步促进资本市场健康发展的若干意见》（国发〔2014〕17 号）提出，"统筹推进符合条件的资产证券化发展"。2015 年 1 月，资产证券化备案制实质性启动；4 月，资产证券化注册制落地。2015 年 5 月 13 日，国务院常务会议决定，"新增 5000 亿元信贷资产证券化试点规模，支持证券化产品在交易所上市交易"。2015 年 7 月开始，两融债权资产证券化业务放开。8 月，保险业务资产证券化管理制度进一步完善。到 9 月和 11 月，住房公积金信贷资产证券化也开始启动。根据中国国债登记结算有限责任公司证券化研究组《2015 年资产证券化发展报告》，2015 年，全国共发行 1386 只资产证券化产品，总金额达 5930. 39 亿元，同比增长 79% ，市场存量为 7178. 89 亿元，同比增长 128% 。总的来说，现阶段，我国资产证券化还处于初步发展阶段，主要集中在金融机构资产证券化，尚不能为地方政府融资提供有效支持。但是，资产证券化盘活存量资产，为发起人提供新的流动性支持，分散和转移风险等功能，是可以在地方政府融资领域得到充分发挥的。逐步扩大资产证券化基础资产的范围，将地方政府拥有的优质资产通过证券化方式盘活，为地方政府提供更多流动性，也是地方政府权益融资的重要发展方向。

2016 年政府工作报告提出，"深化投融资体制改革，继续以市场化方式筹集专项建设基金，推动地方融资平台转型改制进行市场化融资，探索基础设施等资产证券化，扩大债券融资规模"。可以想见，在"十三五"

● 何小锋，等. 资本市场理论与运作 ［M］. 北京：中国发展出版社，2007.

期间，地方政府有望通过基础设施资产证券化的方式，盘活业已形成的大量优质资产，获得更多流动性，用于地方经济建设和社会发展，同时缓解债务融资压力，分散和转移地方政府债务和地方政府土地财政潜在的财政金融风险。

8.3.3 转型中的地方政府融资结构体系

目前来看，总体的政策思路可能是，在暂时保留地方政府土地型权益融资的基础上，先逐步替代地方政府土地型债务融资，并逐步化解存量地方政府债务，同时通过权益融资与债务融资并重的融资结构，为地方政府提供稳定可观的融资收入，最终使地方政府土地型权益融资逐步退出，从而完成地方政府融资结构转型。经过近三年的逐步搭建，我国地方政府融资结构框架已经初步形成，这一融资结构的特点是权益融资与债务融资并重。这一融资结构的基本架构是权益融资包括PPP模式融资、引导基金为主的产业投资基金融资、间接股权融资、基础设施资产证券化融资；债券融资包括一般债券融资、专项债券融资，一般债券融资又包括新增一般债券融资与置换一般债券融资，专项债券融资也包括新增专项债券融资和置换专项债券融资，如图8.10所示。

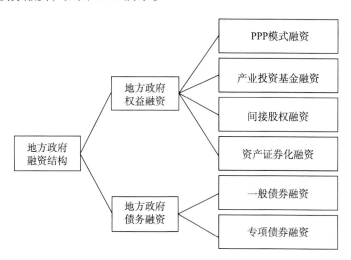

图8.10　地方政府融资结构

8.4 转型中的地方政府融资结构存在的问题和挑战

转型中的地方政府融资结构仍然存在着许多问题，面临着许多挑战。本书首先运用政府融资结构权衡理论，对转型中的地方政府融资结构进行了整体分析，然后又具体分析了转型中的地方政府融资结构存在的问题与挑战。

8.4.1 转型中的地方政府融资结构权衡理论分析

由前 8.2.1 节政府融资结构权衡理论可知，最优政府融资结构是能够使政府价值最大化的融资结构，衡量政府价值最大化的指标是最大化政府财政收入，政府财政收入负增长时，政府融资结构需要进行转型。

在转型中的地方政府融资结构中，政府债务融资收益 RE_{RFD} 表现为地方政府债券发行总量以及因债务置换所节约的利息支出，政府债务融资经济成本 EC_{RFD} 表现为地方政府债券利息支出，政府债务融资的社会成本 SC_{RFD} 表现为社会融资主体因地方政府债券融资挤出效应而多支付的融资成本，政府债务融资政治成本 PC_{RFD} 表现为中央政府为建立和完善地方政府债券融资制度而支付的政治协调、政策制定与执行成本；政府权益融资收益 RE_{RFE} 表现为地方政府通过 PPP 模式、引导基金为主要形式的产业投资基金、地方国有企业整体上市为主要形式的间接股权融资、地方政府基础设施资产证券化等融资方式获得的融资收入总和，政府权益融资经济成本 EC_{RFE} 表现为地方政府为上述权益融资收入而支出的各种费用的总和，政府权益融资的社会成本 SC_{RFE} 表现为社会和公众因使用自有资金投资于政府公共服务项目而付出的机会成本，政府权益融资的政治成本 PC_{RFE} 表现为中央政府为建立和完善地方政府多样化权益融资制度而支付的政治协调、政策制定与执行成本。

以地方政府债券为主要形式的地方政府债务融资所得融资收入和节约的利息支出，远远超过年息 2% 左右的地方政府债券利息支出，社会融资主体因地方政府债券融资挤出效应而多支付的融资成本也会因为有了地方政府债券这一风险收益水平相对可观的投资渠道而有所降低，中央政府的政治协调、政策执行与执行成本相对于地方政府融资体系和资本市场完善的政策收益来说，也是微不足道的。多样化的地方政府权益融资的融资潜力依然十分巨大，有待进一步挖掘；其经济成本也将由民间资本参与公共服务项目所获收益带来的税收收入，以及因减少债务融资所带来的资金偿付压力的减小而得到有效补偿；在当前整体经济形势严峻、投资渠道不足的背景下，社会和公众因使用自有资金投资于政府公共服务项目而付出的机会成本十分有限；相对于可能带来的稳定可观的地方政府融资收入，以及社会和公众对改革和发展成果贡献的政策红利来说，中央政府为建立和完善地方政府多样化权益融资制度而支付的政治协调、政策制定与执行成本，就显得十分微小了。综上所述，在转型中的地方政府融资结构中，政府债务融资收益 RE_{RFD} 大于政府债务融资经济成本 EC_{RFD}、社会成本 SC_{RFD} 和政治成本 PC_{RFD} 的总和，且政府权益融资收益 RE_{RFE} 大于政府权益融资经济成本 EC_{RFE}、社会成本 SC_{RFE} 和政治成本 PC_{RFE} 总和，政府债务融资收入和政府权益融资收入的增长，都将带来政府财政收入的增长，其中地方政府权益融资的贡献和潜力都十分巨大。因此，转型中的地方政府融资结构有待进一步优化，优化的方向是大力发展地方政府权益融资。

8.4.2　转型中的地方政府融资结构存在的具体问题

转型中的地方政府融资结构存在的具体问题有，债务融资仍在地方政府融资结构中占据主体地位，多样化的地方政府权益融资尚不成熟，其作用远未得到充分发挥。

1. 债务融资的不可持续

在转型中的地方政府融资结构中，债务融资仍然占有十分重要的地位。尽管地方政府债务融资的主要形式已经转变为融资成本更低的地方政府债券，但从世界主要经济体的经验来看，地方政府债券融资依然负担沉重。何况我国地方政府债务融资存量已达 17 万亿元，即使在未来两年，通过债务置换全部转换为成本更低的地方政府债券，也仅仅只是降低利息负担和实现兑付期限后延而已。因此，在转型中的地方政府融资结构中占主体地位的，以地方政府债券为主要形式的地方政府债务融资依然不可持续。

（1）债务融资在地方政府融资结构中的主体地位

2015 年，全国地方政府发行新增地方政府债券 6000 亿元，置换地方政府债券 32000 亿元；2016 年，还将发行新增地方政府债券 11800 亿元，置换地方政府债券 50000 亿元，两个年度合计地方政府债券发行量为 99800 亿元。这是截至 2015 年 11 月底，签约项目金额仅 7300 亿元的 PPP 模式难以匹敌的，何况 PPP 模式融资收入只能用于既定项目，不能自由支配，也无法满足地方政府对于可以自由使用资金的需求。在规模 15000 多亿元的地方政府产业投资基金中，相当一部分都是地方政府财政资金注入，撬动的民间资本还够多，而且产业投资基金的使用方向主要是产业投资，不能用公共服务供给和社会建设支出，也具有灵活性不足的特点。因此，在较长一段时间内，以地方政府债券为主要形式的地方政府债务融资，仍将在地方政府融资结构中占有主体地位。

（2）以地方政府债券为主要形式的地方政府债务融资不可持续

以地方政府债券为主要形式的地方政府债务融资，依然会造成地方政府债务规模日益扩大和利息支出不断增长，形成滚雪球效应，使地方政府随着时间的推移面临越来越大的偿债压力，甚至导致地方财政随着赤字率，特别是债务负担率的不断上升，终将无力负担而爆发债务危机，对社会产生巨大冲击。

根据 2016 年 3 月 6 日《关于 2015 年中央和地方预算执行情况与 2016 年中央和地方预算草案的报告》，2016 年地方政府负有偿还责任的债务限额就提升到 171874.3 亿元，其中，一般债务余额限额 107072.4 亿元，专项债务余额限额 64801.9 亿元，增幅达到 7.4%。在该报告中，一般债务收入归属于一般公共预算收入，专项债务收入归属于政府性基金收入。因此，我们可以近似地以地方政府一般公共预算收入和地方政府性基金收入的总和，作为地方政府可以用于偿还当年到期债务的全部财政收入。依据财政部长楼继伟在十二届全国人大四次会议记者会上问答，在 2016 年地方政府负有偿还责任的债务限额 171874.3 亿元中，有 50000 亿元将于今年到期，而 2016 年地方一般公共预算收入为 145060 亿元，再加上地方政府性基金相关收入 38016.68 亿元，2016 年地方政府自由使用的全部财政收入总和为 183076.68 亿元。依据财政偿债率 $= \dfrac{\text{当年到期债务还本付息额}}{\text{当年财政收入总和}}$ 的通用公式，使用前述两个数据计算，可以得到 2016 年地方政府财政偿债率为 27.31% （$\frac{50000}{183076.68}$），已经超过 20% 的国际警戒线。尽管通过发行更低利率的地方政府置换债券，可以将到期债务兑付期延后，并降低利息支出，但这也只是将风险延后，并不能消弭风险，长期来看，仍然是不可持续的。

从世界主要经济体政府融资情况看，政府融资以债务融资为主，且以政府债券为主要形式，地方政府融资则以地方政府债券为主要融资工具。尽管在这些经济体中，地方政府债券融资成本已经降低到 1% 以下，但它们还是几乎无一例外地在多年之后面临巨大偿债压力而不得不大幅缩减政府开支，却又引起相关利益群体的强烈抗议，甚至陷入近乎导致政府破产的债务危机中。

综上所述，在地方政府融资结构中占主体地位的、以地方政府债券为主要形式的地方政府债务融资依然不可持续。但在地方政府债务融资领域内，所能做的也只有在坚持现行以地方政府债券为主要形式的地方政府债务融资制度的基础上，将以时间换空间与以空间换时间结合起来，逐步腾挪和消化。因此，在今后的时间里，要更加注重发展权益融资，以逐步压缩地方政府债务融资，缓解偿债压力。

2. 方式多样的地方政府权益融资潜力巨大但困难不小

地方政府权益融资方式多样，风险分散与转移能力强，发展潜力巨大，有望成为合理稳健的地方政府融资结构的主体组成部分。但相对于地方政府债务融资的成熟有效运作，地方政府权益融资的发展还处于初级阶段，还有许多需要完善的地方。

（1）地方政府 PPP 融资的不足

2014 年 9 月至今，国务院、财政部和国家发展改革委先后出台了一系列关于政府和社会资本合作（PPP）模式的政策文件，地方政府 PPP 融资制度架构已经基本完成。同时，在中央部委和地方政府共同推介下，已经推出的 PPP 项目签约情况良好。但仍有一些亟待解决的问题：

1）PPP 项目民间资本投资者群体有待进一步培育和壮大。从国家发展改革委 PPP 项目库截至 2015 年 11 月底的签约情况看，签约项目在 10 亿元以下的项目在70%以上，且主要集中在基础设施建设、交通建设等工程建设领域。这一方面说明，参与PPP项目的民间资本投资者资金实力有限；另一方面，也说明资金实力更为雄厚的民间资本投资者对PPP项目持谨慎态度。

2）政府资本和民间资本利益与风险分担机制亟待完善。政府资本和民间资本在PPP项目合作中，利益与风险公平合理地分担，是双方持久合作的基础和关键。中央对此提出的基本原则是，政府资本可以适当让利，但不得承诺收益，不得不合理地承担应该由民间资本承担的损失。但是，当PPP项目成为政绩考核的一部分时，地方政府为了数据好看，难免会私下对民间资本违规承诺收益或者承担损失，以激励民间资本积极参与，甚至可能产生建立在寻租基础之上的利益输送。当然，也不排除个别地方在PPP项目合作中，不合理地损害民间资本合法合理的权益的可能性。仅有原则性规定，远不足以实现政府资本与民间资本之间的利益平衡。没有双方长期持续的利益均衡，合作也无法持续。

3）部分地方政府可能以PPP项目为幌子变相举债。财政部长楼继伟在十二届全国人大四次会议记者会问答中表示，目前最担心的就是个别地方政府以PPP项目合作为幌子变相举债，使部分地方政府债务游离在监管范围之外，积累债务风险。从理论上说，以PPP项目合作为外衣，以借款举债为实质，PPP项目签约率可以有效提高，资金出借人也会因为不必承担项目风险而乐于参与。在PPP项目签约率还不是很高，且已签约项目中的民间资本合作方还有不少属于国资背景的情况下，以PPP项目合作为幌子变相举债的情况更有发生的可能。

4）PPP项目中政府资金供应保障机制不健全。在PPP项目中，必须有一部分政府自有资金，民间资本才能积极参与其中。根据2016年3月17日大公财经消息，财政部主导设立，建设银行、中国邮政储蓄银行、农业银行、光大银行、交通银行、工商银行、中信集团、全国社保基金和中国人寿等十家金融机构认缴出资的，政府和社会资本合作（PPP）融资支持基金，将于3月底前挂牌。这说明，金融中介机构仍然是PPP项目中政府资金的重要来源，来源结构单一，抗风险能力不强，容易出现政府资金不能及时到位的情况。

（2）地方政府引导基金融资中存在的问题

地方政府产业投资基金以政府引导基金为主要形式，包括创业投资引导基金、产业投资引导基金等不同投资方向的引导基金类型，主要引导社会资金投向战略性新兴产业、创业期小微企业、重点支柱产业以及企业整合重组等领域。地方政府引导基金存在的主要问题有：

1）地方政府引导基金设立和发展缺乏整体规划，存在数量和种类过多、彼此交叉重叠，资金使用效率低下等突出问题。各级地方政府在相同产业领域各自设立引导基金，投资方向和范围彼此交叉重叠，而在部分薄弱环节和重点领域却没有引导基金，导致引导基金资金过于集中与严重缺乏现象并存。

2）地方政府引导基金运作和管理的市场化程度严重不足，行政干预过多，极大地限制了其作用的发挥。部分地方政府引导基金限制投资范围为本市县区域，在产业发展水平不高的地区，就不能有效引导社会资金投入。同时，地方政府与引导基金管理机构之间，会与基金使用方向和范围产生冲突，使得引导基金最终成为准财政支持性质。

3）地方政府引导基金没有完善的绩效考核体系。大部分地方政府引导基金仅仅规定了投资方向和范围，对运作流程、绩效考核等方面，都没有明确详细的规定，导致其实际绩效不高。

（3）地方政府间接股权融资存在的问题

地方政府以所属的地方国有企业为载体进行的间接股权融资存在以下问题：

1）高度依赖以部分或整体上市为主要形式的股票融资方式。国有企业发展混合所有制经济的方式和途径多种多样，但是由于种种原因，地方政府也已出台的地方政府国有企业发展混合所有制经济的政策方案，都将整体上市作为主要方式，甚至是事实上的唯一方式。这一方面是民间资本参与国有企业混合所有制改革的积极性不够；另一方面，引入民间资本作为战略投资者，参股国有企业，可能引起诸多不便，导致地方政府不愿意采取这种方式。

2）股票融资程序烦琐复杂，耗时长久，对于渴求资金的地方政府来说并非最佳选择。国内 A 股市场上市艰难是公认的，排队数年，都未必见得能够成功，时间成本和机会成本都很高。再加上当前股票市场持续低迷，经过多次"千股跌停"的股灾洗礼后，股票市场的机构和个人投资者风险偏好都明显降低，在最近一年中，出现了多次股票"破发"的案例。部分私募人士认为，新股发行失败或破发，在未来可能成为常态。另一方面，因历史遗留问题、主业分布范围与经营限制、公司内部治理水平等原因，地方国有企业整体质量不高，在总资产近55万亿元的地方国有企业中，资产质量达到主板上市要求的并不多，符合中小创条件的也比较少，在传统行业转型升级困难重重、新兴产业快速崛起的新常态背景下，主业多处在传统行业的地方国有企业在整体上市中的竞争优势并不明显。因此，大量国有企业整体上市，在当前的市场环境和制度约束下并不现实。

（4）地方政府基础设施资产证券化融资的困难与挑战

地方政府基础设施资产证券化是指地方政府通过将其拥有的基础设施等能够产生持续稳定可预测的现金流的资产，经过结构性重组后转化为资产支持证券，在资本市场上出售，获得大量现金收入和服务费收入，从而盘活存量资产，将更多的资金用于提供地方性公共物品的一种权益融资方式。地方政府基础设施资产证券化融资存在以下困难和挑战：

1）地方政府基础设施资产证券化顶层设计和整体制度架构尚未完成。总体来说，我国资产证券化还处在积累经验阶段，规模不大，且主要集中在金融机构的信贷资产证券化，地方政府基础设施资产证券化，只是在最近一两年才开始逐步探索。尽管先前金融机构信贷资产证券化的经验积累，可以为地方政府基础设施资产证券化提供很多参考和借鉴，特别是在操作流程等方面，但二者仍然存在一定差异，专门的地方政府基础设施资产证券化法律法规和政策体系亟待完善。

2）地方政府基础设施资产证券化理论和实践性人才储备都严重不足。资产证券化属于金融学科的一部分，但并不是主体部分，且因为其在我国的发展十分缓慢，并未受到足够的重视，专门修习资产证券化理论的并不多，实践性人才更是奇缺。考虑资产证券化流程烦琐、操作复杂、专业难度高，以及地方政府所属基础设施运营状况复杂等因素，专门人才的缺乏，更会使地方政府基础设施资产证券化，尤其是其大规模推广应用，困难重重。

3）地方政府资产证券化产品的投资者群体尚不成熟，甚至还处在需要培育阶段。地方政府基础设施资产证券化产品作为一种金融衍生品，其投资风险和复杂程度，远高于股票和债券这类一般证券，且该产品至今尚未真正有在我国证券市场交易和流通的先例，投资者特别是个人投资者，对其完全没有认识，更谈不上成为合格投资者了。即便是公私募基金、券商、保险等机构投资者，其资产证券化产品投研能力都有待培养和提高。这势必造成地方政府基础设施资产证券化产品缺失合格投资者。

8.4.3 地方政府融资结构向权益融资为主体转变

从长期来看，在转型中的地方政府融资结构中占主体地位的、以地方政府债券为主要形式的地方政府债务融资，依然是不可持续的。这也意味着，以地方政府债务融资为主体的地方政府融资结构的不可持续，使得地方政府稳定可观的融资收入难以得到保证。但地方政府权益融资方式多样，分散与转移风险能力强，无偿债压力，而且发展潜力巨大，是保证地方政府融资收入持续稳定的有效融资类型。因此，全力做好地方政府权益融资，将当前地方政府以债务融资为主体的融资结构，逐步转变为权益融资与债务融资并重、权益融资为主体的融资结构，是优化地方政府融资结构的较好选择。

8.5 用权益融资优化地方政府融资结构

优化地方政府融资结构应当以做好地方政府权益融资为主要方向。做好地方政府权益融资主要有四个方面：一是做优 PPP 融资，使其成为地方政府权益融资主体方式；二是全面提升地方政府引导基金管理水平；三是促进地方政府间接股权融资多样化发展；四是重点发展地方政府基础设施资产证券化，创造涓涓不绝的流动性。地方政府权益融资发展壮大，可以优化地方政府以债务融资为主体的融资结构，促进地方政府权益融资与债务融资并重、以权益融资为主体的，合理稳健的融资结构的形成，从而保证地方政府融资收入持续稳定。

8.5.1　做优 PPP 融资

针对当前我国地方政府 PPP 融资中存在的民间资本投资者群体发育不完善、利益和风险分担机制不健全、可能演变成地方政府变相举债的风险、政府资本融资机制不成熟等问题，应当从以下方面着力解决：

一是大力培育 PPP 项目民间资本投资者，并做好投资者教育。鼓励和引导民间资本投资者积极参与 PPP 项目，对其从 PPP 项目中取得的投资收益给予税收优惠；大力发展以 PPP 项目为投资对象的公募产业投资基金，使普通民众也能够通过公募产业投资基金分享 PPP 项目收益，这既是普惠金融的题中之意，也是改革和发展成果全民共享的体现。同时，由于 PPP 项目投资收益取决于项目自身建设和运营情况，投资当然是有风险的，地方政府发展 PPP 项目主要获得权益性资金，并分散和转移部分风险，项目投资损失不可能由地方政府一力承担，参与项目的民间资本也应当按照出资额承担相应风险和可能的损失。这就需要加强投资者教育，使民间资本投资者，特别是通过公募产业投资基金参与 PPP 项目的普通民众，全面、清晰地了解认识 PPP 项目，培养他们"投资有风险、决定需谨慎"的风险意识和损失自担的责任意识。

二是构建公平合理、高度透明的利益分享和风险共担机制。收益与风险如影相随，要获得更高的投资收益，必须承担更高的投资风险。在 PPP 项目合作中，只有双方单位资本的风险收益相等的分配机制才是公平合理的，这样的合作才能持久存续并日益紧密。在公司法理论中，公司股东收益分配通常都是按照各自出资比例进行，有约定的从其约定。这是为了保证各方单位资本的风险收益相等，同时也尊重各方真实意愿。在地方政府和民间资本投资者共同参与的 PPP 项目中，也应当按照各自出资比例分配收益、承担损失，当然为了更好地激励民间资本投资者参与的积极性，地方政府可以适当让利，比如地方政府收益份额的 10%～15% 或民间资本投资者应担损失份额的 10%～20%。鉴于 PPP 项目中有大量财政性资金参与，项目收益分配和损失分担过程必须全程公开，接受社会各界监督，以避免利益输送、寻租腐败行为的产生。

三是建立全过程监督机制，依法严格落实行政问责，坚决杜绝地方政府变相举债。为防止 PPP 项目的权益融资演变为变相举债的债务融资，造成地方政府债务风险隐性化累积，脱离监控，甚至形成财政金融风险，必须建立全过程、高度透明的监督机制，将 PPP 合作的全过程放在阳光下。法律的权威在于执行。依法依规应该进行的处罚得不到执行，那就等于在鼓励违法违规行为。因此，应当将 PPP 项目中可能出现的变相举债行为的处罚，与地方政府主要领导人员政绩考核、职位晋升挂钩，纳入行政问责制范围，并切实落实，绝不手软，以震慑和消弭可能出现的变相举债行为。

四是建立健全持续稳定、畅通高效的 PPP 项目政府资金保障机制。当前，PPP 项目中政府资金来源结构单一，持续性和稳定性不足，存在政府资金难以及时足额到位的风险，可能影响民间资本投资者对项目的信心，导致项目迟滞甚至搁浅。因此，必须建立健全持续稳定、畅通高效的 PPP 项目政府资金保障机制，政府资金中的财政性资金部分设立专项基金并纳入预算管理，以保证其持续性和稳定性；来自金融中介机构的资金，应当有年度授信总额度、主要分配方向，以及主要金融机构名录、额度、比例等信息汇总报备。

8.5.2　全面提升地方政府引导基金管理水平

我国地方政府引导基金，还存在设立和发展缺乏规划、市场化运作水平偏低、绩效考核体系不完善等问题。全面提升地方政府引导基金管理水平，可以从以下三个方面做起：

一是鼓励和引导地方政府制定本地方的政府引导基金发展规划，促进地方政府引导基金设立和发展科学化、规范化、标准化。鼓励和引导地方政府，特别是省市级政府制定并完善本级政府引导基金设立和发展规划，对引导基金设立目的、设立主体、资金来源、投资方向、运作机制、绩效考核、监督管理等问题，进行科学合理翔实的整体规划，指导和促进政府引导基金持续健康稳步发展，并鼓励有条件的地方制定政府引导基金发展规划的地方性法规。经过经验积累，待时机成熟时，制定和出台国家层面的政府引导基金发展规划，并适时考虑制定政府引导基金法或相关行政法规，以进一步增强政府引导基金发展规划的权威性。

二是强化地方政府引导基金市场化运作与管理，减少不适当的行政干预。不断提高地方政府引导基金运作与管理的市场化水平，依法合理、公开公正地遴选高水平产业投资基金管理公司或团队，政府引导基金日常运作与管理由获得授权的产业投资基金管理公司或团队全权负责，由其根据地方经济社会发展实际需要，特别是产业迈向中高端水平、经济结构战略性调整等方面的需要，自主决策，作为引导基金所有人和委托人的地方政府只负责监督管理与绩效考核。

三是建立和完善科学合理、公开透明的地方政府引导基金绩效考核体系。地方政府引导基金作为政府资金，其使用必须满足地方发展的战略性和公益性需要，这是单纯的市场化运作与管理难以实现的。为此，必须建立并逐步完善科学合理、公开透明的地方政府引导基金绩效考核体系。地方政府引导基金战略性目标、公益性目标、资金使用率目标、单位风险收益目标、撬动的社会资金量目标等，都应该成为地方政府引导基金绩效考核体系的组成部分。同时，地方政府引导基金绩效考核，还必须建立第三方评估制度，且尽可能由区域外第三方评估机构进行，以提高考核的独立性和客观性。

8.5.3　促进地方政府间接股权融资多样化发展

我国地方政府以所属国有企业为载体的间接股权融资，还存在过于依赖整体上市股票融资、国内资本市场不发达且上市等待时间过长和发行风险增加等问题。为此，应当推动地方政府间接股权融资方式多样化，加快发展多层次资本市场，大力提高地方政府间接股权融资水平：

一是切实保护民间资本投资者在参股地方国有企业中的合法权益，建立并完善改革容错机制，促进民间资本战略参股地方国有企业，改变地方国有企业股权融资过度依赖整体上市的股票融资的现状。民间资本投资者的疑虑在于投资资本和收益没有公平透明的安全保障。为此，应当严格落实《公司法》关于公司利润与亏损分配的规定，按照国有资本与民间资本各自比例分享利润、承担损失；对在利润分配与亏损承担中损害民间资本投资者合法权益的行为，要纳入行政问责范畴，依法依规追究主管领导人员与直接责任人员的行政责任，涉及犯罪的，依法追究刑事责任。同时，利润分配和亏损承担、责任追究等要全程公开透明，让民间资本投资者和社会公众实实在在地看到、真真切切地放心。

地方政府中混合所有制改革方案开发者与执行者的疑虑在于，改革历程呕心沥血，一朝受挫，前途坎坷。因此，在民间资本投资者战略参股地方国有企业的混合所有制改革中，非政策方案制定者与执行者故意或者重大过失造成国有资产损失或者改革受挫的，应当豁免其相关责任，也不应以此作为其日后晋升、调动、薪酬调整时的不利证据使用。让改革者放得开步子，甩得开膀子，放得下心来。

二是积极稳妥推进股票发行注册制改革，严格落实退市制度，优化资本市场投资者群体结构，为地方政府借助地方国有企业股票融资进行的间接股权融资创造良好市场环境。苛刻的制度约束和低迷的市场环境，是当前地方国有企业整体上市不能有效顺利推进的主要障碍，同时也是市场主体直接股票融资的最大限制。在资本市场容量既定的情况下，股票发行审核制、有进无出的退市难，对新增上市企业形成了严苛的制度约束，必须积极稳妥地完成股票发行注册制改革，并严格执行退市制度，使市场主体在资本市场上公平竞争、优胜劣汰。资本市场低迷时间长、稳步向上时间短，与以个人投资者为主体的投资者群体结构不无关系，长期资金的缺乏也造成资本市场投机过重、暴涨暴跌频现、系统性风险不断，必须更加注重机构投资者发展、持续提高机构投资者比重，使资本市场具有持续稳定的长期资金。只有从两个主攻方向同时入手，才能创造优良的资本市场环境，为地方政府通过地方国有企业整体上市方式进行间接股权融资提供有效途径。

8.5.4 重点发展证券化来创造流动性

地方政府基础设施资产证券化，是盘活地方政府优质资产，为地方政府创造涓涓不绝的流动性的有效工具。当前，我国地方政府基础设施资产证券化还处于探索阶段，面临着顶层设计与整体制度架构不完善、理论与实践人才匮乏、合格的投资者群体尚未形成等困难，应当积极应对、稳妥推进，尽早将地方政府基础设施资产证券化有效地运作起来：

一是在总结近十年我国资产证券化发展经验的基础上，参考发达经济体资产证券化发展经验，构建和完善我国地方政府基础设施资产证券化的制度架构。我国资产证券化操作流程、会计制度、监管制度等方面的规范性文件体系基本形成，这些制度和政策体系，有望在最近两年通过《证券法》《公司法》等基础法律法规的修订而上升为法律，从而为资产证券化的进一步发展，特别是地方政府基础设施资产证券化的试点和发展，提供法律和制度的保障。但地方政府基础设施资产证券化仍有其特殊性，主要是作为基础资产的地方政府基础设施的准公共物品性质，以及证券化产品出现违约时对地方政府产生的财政金融风险冲击等问题。因此，在出台地方政府基础设施资产证券化专门政策时，应当在资产证券化基础法律和政策的基础上，对地方政府基础设施资产证券化中基础产品处置、违约事件处理等问题，制定专门办法和预案。

二是鼓励高等院校、大型投资银行机构、政府金融监管部门，增加投入、创新方式，着力培养具备完善的资产证券化理论素养和较强实践能力的综合型经济金融人才。鼓励高等院校改革经济金融类专业课程设置，在部分经济金融类专业中，增加两到三门资产证券化课程，同时加强与大型投资银行机构、政府金融监管部门的合作互动，使学生在掌握扎实的资产证券化专业理论的基础上，更多参与到资产证券化市场运作与监管实践中去，着力培养资产证券化理论素养完善、实践应用能力强的综合型经济金融人才。遴选治理结构完善、市场运作能力强、风险控制体系可靠、已有资产证券化运作经验的大型投资银行机构，开展政府基础设施资产证券化试点，通过不断的实践摸索，总结经验、形成与提升理论，用实战培养人才。政府金融监管部门应当加强与高等院校、大型投资银行机构在地方政府基础设施资产证券化方面的合作与交流，可以通过彼此职员交流兼职工作的方式，培养高级复合型地方政府基础设施资产证券化人才队伍。

三是以有序渐次参与的方式，通过市场实战，逐步培养和壮大以机构投资者为主体的地方政府基础设施资产证券化产品投资者群体。首先，遴选若干治理结构完善、市场运作能力强、风险控制体系可靠、资产证券化运作经验丰富的机构投资者，以做市商的形式进行市场交易，形成地方政府基础设施资产证券化产品的投资群体骨干；其次，在首批机构投资者经过两年左右的成长基本成熟以后，用三年左右的时间，逐步放开机构投资者投资地方政府基础设施资产证券化产品的限制，形成机构投资者为主体的投资者群体；再次，鼓励部分机构投资者试点发行，以地方政府基础设施资产证券化产品为投资对象的公募证券投资基金产品，使普通公众能够通过公募证券投资基金参与到地方政府基础设施资产证券化中来。

第9章 公共不动产金融的创新尝试

随着我国城镇化和工业化步伐加快,这使得对公共基础设施建设和提高公共服务效率的需求不断提升,另一方面由于传统投融资模式在公共服务领域的限制和不足,政府部门又面临负债率高企与土地财政困境,2015年的中央经济工作会议定下了包含"去杠杆"在内的供给侧结构性改革主要任务。2016年实体经济杠杆率上升了12.4个百分点,2017年政府总杠杆率从上年的36.6%下降到36.2%,回落0.4个百分点。其中,中央政府杠杆率从2016年的16.1%上升至16.2%,上升了0.1个百分点;地方政府杠杆率由2016年的20.6%下降到19.9%,下降了0.6个百分点。显性债务状况好转是地方政府对表内约束的妥协,事权负担依旧的前提下,隐性债务成为替代选择。PPP融资模式重新回到公众视野用以解决这一难题,2017年PPP投融资模式开始结合资产证券化这一金融工具在以地方政府为代表的公共部门资金筹集领域发挥作用。PPP模式被中央所大力推广正是为了规范地方政府表内账务、缓解财政与债务压力。本章将结合上述发展趋势对公共资产和PPP模式以及资产证券化的理论和实践进行讨论总结。

9.1 以公共资产为基础资产

公共基础设施是指为公共大众设置的,公众都可以共享具有非排他性性质的,不允许某个人独占或排他的一些基础性设施,它作为公有资产是我国国有资产的重要组成部分。同时在PPP项目中大多都是以公共基础设施为主,比如公路建设、桥梁铺设等。PPP模式指的是政府与社会资本合作,即公私合营的经营模式,通常运用在公共基础设施建设中,用以提升项目运营效率和解决政府融资和建设上的不足。随着新时代中国资本市场和金融体系的进一步发展与完善，资产证券化又为 PPP 项目给予了更好的流动性和融资支持，将金融工具引入公共资产领域是一项创新尝试，有利于盘活公共资产。但由于公共资产的公共性特点使得其再资产证券化过程区别于传统资产证券化。

9.1.1　公共资产的主要特点

资产（assets）是指企业过去的交易或者事项形成的、由企业拥有或者控制的，预期会给企业带来经济利益的资源。它是企业从事生产经营活动的物质基础。在会计恒等式中：资产 = 负债 + 所有者权益。

公共资产与以追求最大经济收益的企业资产有很大不同，可以从以下角度进行定义和分类：

1. 从来源角度

公共资产指由财政性资金直接、转化和孳生形成的资产。凡是使用财政性资金的单位，以财政性资金形成的资产都属于公共资产。需要特别强调的是，它不包含非财政性资金形成的资产，比如合伙制企业的资产；但它包含财政性资金转化形成的资产，比如国有企业的资产。由于财政性资金包含以公共部门（单位）的名义取得的各种收入，因此凡以公权名义取得的资产，都属于公共资产。

根据我国"政府支出经济分类科目"所列的公共部门支出项目划分为拨入式资产、自收式资产和孳息式资产。拨入式资产是指由财政部门通过拨款方式拨入的资金形成的资产。自收式资产是指有自有收入的部门通过自身经营收入形成的资产。孳息式资产是指当年部门的资产额外收益形成的资产，包括投资分红、存款利息。另一种方式是以运营目的进行划分，分为经营性资产和非经营性资产。经营性资产是指通过经营活动取得的资产。包括允许有经营活动的事业单位、社会团体的经营活动取得的收入和资产，公共财产中最具活力的部分，具有运动性、增值性和经营方式多样性的特征。经营性资产又可以有不同的细分类：一是按产业部门划分，可分为第一产业、第二产业、第三产业；二是按企业资产经营活动的性质，可划分为金融资产和非金融性资产；三是按所处领域的不同，可划分为境内经营性资产和境外经营性资产等。非经营性资产是指全部由财政拨入的资金及形成的资产，主要指行政事业性资产和资源性资产。行政事业性资产是指由行政单位、事业单位占有、使用，能以货币计量的各种经济资源。它具有配置领域的非生产性、使用目的服务性和消耗补偿的非直接性等。资源性资产是指在人们现有的科技水平条件下，能给人类带来收益与财富的国有资源。它具有品种的有限性、数量的稀缺性和占有的垄断性等特点。还有将公有资产划分为过路式资产和终点式资产的。其中过路式资产是指按照制度规定公共部门收到的应该转付给别的部门和单位的资金支出。包括收到财政或上级部门拨来并需拨付下级或其他部门、单位的资金，收到下级和相关单位缴来需上划上级部门或缴入财政的资金。终点式资产是指按照制度规定收到的仅用于本部门的资金。

2. 从公共资产负债表的角度

公共资产作为其中一个重要科目，内容既包括货币当局持有的外汇储备、黄金、特别提款权 SDR 资产，也包括政府部门持有或管理的主权财富基金、国有企业、养老金资产及不动产等其他公共资产，此外还包括一国公共部门预期未来财政税费收入。对应的公共负债包括央行发行的基础货币、政府的本外币债务、养老金债务以及对银行或其他私人部门的潜在担保等或有负债，此外还包括预期未来公共支出的折现值；公共资产与公共负债的差额为公共部门净资产，也是能够留给子孙后代的财富净值（见表9.1）。

资产不仅指事物的自在状态（资源形态）和所有权，也包含各种应用价值（生产、消费或福利）以及由法律、习俗和惯例来执行的各种权利、义务和责任。埃德拉·施拉格和埃莉诺·奥斯特罗姆说明了与公共池塘资源关系最密切的 5 种权利，即接近（进入特定地理区域和享用非减少利益的权利，如旅行、晒太阳）、提取（获得某一资源系统的资源单元或产品的权利，如钓鱼、取水）、管理（制定使用规则和改善资源结构的权利）、免除（决定哪些人有接近权和接近条件的权利）和转让（出售或出租管理权和免除权的权利）。而对所有者、经营者、使用者等不同身份的人来说，他们所拥有的具体权利是不同的。物品所有者可拥有接近、提取、管理、免除和转让等所有权利，而使用者只有前一种或前两种权利。

表 9.1 公共资产负债表

公共资产	公共负债及权益
外汇储备、黄金、SDR	基础货币（现金＋银行储备存款）
养老金资产	本币债务
主权财富基金	外币债务
国有企业	养老金债务
其他公共资产（不动产、对私人部门货款等）	或有负债：如对银行部门的潜在担保
未来财政税费收入、铸币税的现值	未来公共支出的现值
	留给子孙后代的公共资产净现值

资料来源：Bodie 和 Briere（2011），李稻葵等翻译整理。

现代公共政策和管理领域，公共资产问题是不同学科共同关注的选题。公共资产与公共物品、公共消费、公共服务之间具有密切联系。公共物品的形态一般包括：公共设施，如图书馆、绿地、广场、社区服务中心等；劳务服务，如咨询、诊疗、照顾、护理等；普通公共消费品，如信息资料、免费药品、救济品（金）等一次性消费品。

在现实社会中，公共资产可以转化为社会公众可以共享的消费物品，或者说公共资产本质上属于公共物品。但两者之间也有基本的区别，公共资产本义上是一种"资源管理方法"或机制，而"公共物品是一类物品或服务"。公共物品有三种类型：第一是纯公共物品（如阳光、空气或社会福利），具有完全的可接近性和非竞争性；第二是公共池塘物品（湖泊、公园、运动场地），具有可接近性和竞争的消费性，即某个人的消费意味着其他人将减少消费或使用；第三是俱乐部/收费物品，消费有竞争性，可限制对其接近。

9.1.2 公共资产的功能定位以及存在的问题

公共资产在国民经济发展中具有不可替代的作用。这体现在公共资产的功能除了保证社会公共产品的供给、投资私人资本不愿投资或无力投资的领域、实现政府的宏观经济目标（诸如就业、税收等）和作为实施国家产业政策的有效手段外，还有促进区域内公有资本重组、为区域内产业发展实施战略控制，促进产业向科技创新转型升级、为提供公共产品进行投融资、推动企业改制等功能。

1. 促进区域内公有资本重组

作为公有资本运作重要载体的国有企业，首要的功能是推进区域内国有资本的"运动"——流动和重组，调整和优化区域经济结构。

2. 为区域内产业发展实施战略控制，促进产业向科技创新转型升级

伴随着区域经济一体化、特色化趋势的日益明显，公有资本营运机构将打破过去分部门、分行业管理公有资产的框框，对公有资本实行综合性营运，这就要求公有资本营运机构具备为区域内产业发展实施战略控制的功能。在新形势下，分析某些产业，由于前景不明朗、投资回收期长，或是存在外部效应，可能民间不愿进行投资，而这些产业的投资对于国家的长期经济发展又存在重要的意义，如一些高科技的导向性产业、园区建设等，需要公有资本的进入。特别是对于区域经济而言，一些特色产业、主导产业对城市经济发展的重要性不言而喻，国有经济在城市产业发展中的导向作用就显得尤为重要。

3. 为提供公共产品进行投融资

城市经济的发展需要改善基础设施、文化教育等条件，改善人们的居住、工作环境。目前，我国一些城市如上海、南京等将推进投融资体制改革作为公有资产管理体制改革的重点，在能源、交通、公用设施等领域组建了一批投融资平台，其目的也正在于此。

4. 推动企业改制

从国有企业本身来讲，它的构建基本上借鉴了市场经济国家的经验，建立了较为规范的公司制，国有企业与持股企业的关系由公司法规范，即资本营运机构依据出资额对持股企业行使股东权力，但持股企业不接受政府部门的行政权力，政府与企业实际上是在这一层次上分开的。国有资本营运机构多数情况下对企业同时有"管资产"与"管人"的权利，可以资本为纽带把国有企业改制成全资公司、控股公司、参股公司等，并按照现代企业制度的要求，建立企业内部法人治理结构，使企业成为"自主经营、自负盈亏、自我约束、自我发展"的法人实体和市场主体，实现出资人代表权与企业生产经营权分离，最终达到国有资产所有权与企业生产经营权的分离。

长期以来，各级政府在资产管理方面往往更重视经营性公有资产管理，对于非经营性公共资产的管理重视不够，管理观念陈旧，手段落后，没能实现与时俱进。目前我国行政性资产的管理不容乐观，宏观管理方面：产权不明晰，法律、制度缺失；没有一个有效的管理模式，资源配置不科学；存在委托—代理人问题，监督管理制度不完善。微观管理方面：使用效率不高；账务管理与实物资产管理脱节，账实不符；固定资产管理机构不健全、岗位职责不明确；资产处置有漏洞，流失严重。因此有必要借鉴其他国家的较先进和成功的公有资产管理的经验。

9.1.3 国外公共资产经营管理的经验借鉴

1. 建立完备的政府资产管理模式和法律体系

从各国政府资产管理的法制化来看，各国都有完备的资产管理基本法和相关的普适性法律，各个环节管理规范。如韩国的政府机构需要配置和处置财产时，各主管部门要制定处置计划和预算，报财政经济部；财政经济部再根据各部门的情况制订统一的计划和预算，直至报国务会议审议，最后由总统批准。巴西联邦政府各部门不动产的购置，均须报经联邦资产秘书处审核、批准。美国对公共资产则实行严格的预算管理及绩效考核，美国财政部及总统行政预算管理办公室负责联邦政府资产的预算管理，办公用房新建、修缮、日常管理等预算费用，由总务署统一向财政部和总统预算办公室申请；房产以外的其他政府资产如计算机、汽车等，预算则体现在使用部门的预算当中，由各部门分别申请，上述预算都必须经国会批准才能执行。加拿大还上升到法律层次，法律条文明确规定，联邦政府及各部门闲置资产必须交由公共工程和政府服务部集中统一处理，其他任何部门不得擅自出售。

世界各国虽然没有统一的公共资产管理模式，但是却有一个共同的管理特点，那就是世界主要国家都是由财政部门（预算主管部门）主导政府公共资产管理，区别之处只是在不同的管理模式下，财政部门的职责范围有所差异。在政府干预型市场经济国家，财政的职责最强，如韩日模式中政府公共资产管理直接由财政部门负责。在自由经济型市场经济国家，财政的职责范围较小，如美加模式中，财政部门仅负责政府公共资产管理规章制度的制定和预算管理。但无论在哪种模式下，政府公共资产的管理都没有脱离财政部门的职能范围。

2006年5月30日，我国财政部公布了《行政单位国有资产管理暂行办法》和《事业单位国有资产管理暂行办法》。这标志着我国行政事业单位国有资产管理在向规范化、科学化、法制化迈进。但是，相比美国、加拿大等发达国家，我国的政府资产管理的法律层次还不够高，体系不完善，涉及的管理内容还不够充分和全面。

2. 成立高效的专门运营机构

日本和韩国分别是由财务省和财政经济部直接负责；德国成立了隶属于财政部的资产管理局；澳大利亚成立了隶属于财政部的资产采购局、资产管理局、资产出售局；美国和加拿大在财政部门外，分别成立了总务署、公共工程和政府服务部负责具体事务；巴西在预算管理部下成立了联邦资产秘书处。专门的机构为公共资产管理提供了组织保证，促进了公共资产管理水平的提高。通过建立中间层次的运营机构对行政单位资产实行集中统一职能化管理，使政府机构的行政管理职能与资产所有者职能分离。车辆及房产是政府公共资产中单位价值较大的主要资产，对其实行集中管理、专业化管理是这几个国家的共同做法。

3. 改革政府资产核算办法

从几个发达国家政府资产管理形式看，除对资产的实物形态进行管理外，更加注重其价值形态的管理。虽然各国由于国情不同，政府会计有的遵循权责发生制，有的实施收付实现制，但对政府资产管理都在逐步遵循权责发生制的财务核算原则，主要表现为对政府资产都作为固定资产来管理。在会计期间，对资产按规定的折旧率计提折旧。同时还披露资产及折旧的增加和减少，对于使用期不会缩短的资产，部门可以不计提折旧，但必须符合会计准则委员会中的规定。迄今为止，我国行政事业单位对资产都采取非成本和核算的财务方式，会计制度实行的是收付实现制。行政事业单位固定资产不计提折旧、不重估市场价值的做法，使得某些固定资产的账面价值与实际使用价值、市场价值严重脱离。根据我国国情，当前应制定合理的各类固定资产折旧标准，用以分析各单位所占用存量资产的实际价值情况。

4. 制定合理的资产配备标准和费用定额

合理配置资产及制定科学的费用定额标准是政府部门顺利和有效开展工作的重要保证，也是节约行政支出、降低行政成本、提高行政运行绩效的基础。各国政府都非常注重部门的资产配备及费用定额标准的制定。定额标准不仅具有权威性，而且具有法律性，其定额标准均经过独立测评机构进行测评，经专家机构审核，上交议会批准。

5. 构建完善的数据库系统和信息管理系统

从各国情况看，提供真实完整的信息是实现资产管理与部门预算相结合的关键点和难点。资产信息的提供至少应当包括两个方面：一是资产的配置状况，包括规模、结构与价值等；二是资产使用效率。目前，我国政府资产的管理还停留在手工或半手工的阶段，管理效率低，管理混乱，许多单位都存在账、卡、物不实的现象。同时，大多数数据是死数据，不能灵活利用。在这种情况下，对存量资产的分析就缺少依据和手段。因此，急需建立固定资产的绩效评价和信息管理系统，提高管理的水平和效率，保证为预算编制提供及时、可靠和全面的数据。

6. 实施政府资产绩效评价制度

虽然理论上可以认为相同的任务必然有相同的资产配置状况，但在实践中，不同部门由于历史原因或现实约束，资产使用能力与效率上都存在差别。为此，各国都建立了相应的政府资产使用效率评估体系，并由专业化管理机构负责评估。

9.2 不动产证券化在公共部门的应用

9.2.1 资产证券化的基础理论

资产证券化是一种迅速发展的金融工具，是金融衍生工具创新的重要成果。资产证券化有广义和狭义之分。广义的资产证券化是指资产采取证券的这一价值形态的过程和技术，它具体包括现金资产的证券化、实体资产的证券化、信贷资产的证券化和证券资产的证券化四种。狭义的资产证券化则主要是指信贷资产证券化。此外，Gardener（1991）为资产证券化提供了一个一般性的定义：它是使储蓄者与借款者通过金融市场得以部分或全部匹配的一个过程或工具。

一般来说，所谓资产证券化，就是将原始权益人（卖方）不流通的存量资产或可预见的未来收入构造和转变成为在资本市场上可销售和流通的金融产品的过程。这种证券有两种形式：抵押贷款证券化〔Mortgage-Backed Securities，MBS）和资产支撑证券化（Asset-Backed Securities，ABS）。一般来说，进行资产转化的公司称为资产证券化的发起人，发起人把持有的各种流动性较差的金融资产，如住房抵押贷款、基础设施收费等，分类整理为一批批资产组合，然后售给特定的交易机构（Special Purpose Vehicle，SPV），再由 SPV 根据购买下的金融资产为担保发行资产支撑证券，以收回购买资金，受托人管理的存量资产所发生的现金流入用于支付投资者回报，而发起人则得到了用以进一步发展业务的资金。资产抵押证券是以现存和未来可预见现金流量支撑的固定回报的投资票据，而不是以发起人信用支撑的票据。

1. 资产证券化的发展历史

就整个金融发展的历史进程看，资产证券化作为一大金融创新业务的诞生是很耐人寻味的。总体上看，世界金融体制的发展目前经历了三个阶段：银行本位时期、市场本位时期和强市场本位时期。在这三个阶段中，资本配置机制有着显著不同。

在银行本位时期，以经营存贷款业务为主的商业银行等金融机构充当了市场资金配置的主流工具，银行以中间人的身份将资金的提供者和资金的需求者联系起来，其主要作用是把对风险—收益组合千差万别的资金搜集起来，并重新组合成拥有规范化的风险—收益新组合特征的资金，并通过信贷手段发放给对风险—收益拥有特定需求的市场主体，从而完成了一种以银行为资金中介的间接资金的重新配置过程。

而进入市场本位时期后，资金的需求者可以通过货币或者资本市场直接运用一级证券化手段（如股票债券）来发放信用，也就是获得资金，而市场的投资者（也即资金提供者）也可以根据自己的风险—收益偏好灵活地选取资金投向，从而获得一定的盈利可能性。在这种资金的交易结构中，资金的提供者和资金的需求者通过市场直接匹配，从而使不同风险—

收益组合的资金也得到了重新匹配。很显然，这种市场本位是一次对历史的更高层次的回归。作为一种应对资金匹配交易成本过高现实需要的产物，在市场交易条件改善的情况下，资金配置效率更高的市场配置方式必然会对信用中介模式发起挑战，市场本位也必然在更高的层次上得以回归。

在以一级证券化为主要信用手段的市场本位成为主流融资体制后，伴随着市场竞争的加剧，风险—收益的选择重新摆在了人们面前。作为一种市场本位的资金配置方式，不同的"代际"是在不同的时点上参与市场资金配置的，这种市场交易方式的固有特点，导致了风险—收益对于市场投资主体而言依然是很难得以"平滑"把握的。资产价格的突然波动，收益曲线的突然间断，都会极大威胁到投资者的利益，在这种情况下，金融体制的演进就面临了两种选择：一是回归银行本位，利用金融中介的"跨期风险分担功能"在不同时期中均衡得失，以便防止资产价格的急剧波动，从而保证在不同的期限内投资收益的稳定；二是进入强市场本位，强市场本位的出现主要是为了弥补市场本位难以控制风险—收益波动的缺陷，其主要手段是二级证券化。二级证券化是金融资产的再次证券化。其主要金融工具有信贷资产的证券化（如 MBS 和 ABS）和证券资产证券化（如证券投资基金可转换债券认股权证等金融衍生工具）。通过二级证券化，金融市场的横向风险分担功能得以加强，投资者可以通过灵活的二级证券化工具来分配和组合自己的风险—收益组合，从而最大限度地规避金融资产价格波动，确保收益稳定。

因此，在收益一定的情况下，以最小风险实现资金优化配置的资金配置方式决定了资产证券化在金融体制的演进过程中逐渐占据主流地位。金融体制不断朝着有利于形成充分、真实、灵活的金融价格信号的方向发展；朝着使每一个资金配置参与主体的风险—收益间达成均衡的方向发展；朝着金融市场运作机制优化的方向发展。资产证券化作为一种风靡全球的创新性金融工具，其产生的外在驱动力和内在优势表现在其配置风险资产，对风险—收益的优化控制。这种优势使它战胜了其他资金配置方式成为主流。

国际清算银行将金融创新分为四类，即风险转移、提高流动性创新、信用创造创新和权益增加创新。资产证券化具有前三种创新的内容。第一，风险转移创新，证券化将发起人的信用风险与融资结构完全隔离，降低了融资风险；第二，提高流动性创新，通过证券化融资结构，发起人的应收款等流动性较差的沉淀资产被处置，发起人的资产负债表的流动性提高。第三，信用创造创新，发起人通过证券化处置沉淀资产实现融资，创造了新的资产融资的信用内容。如果是银行等金融机构进行资产证券化，银行处置了沉淀资产，增加发放新的信贷资产，资产规模随之扩大。因此资产证券化是一种转移风险、创造信用、提高流动性的金融创新技术。

2. 资产证券化融资的基本流程以及运作步骤

（1）资产证券化的基本流程

概括地讲，一次完整的证券化融资的基本流程是：发起人将证券化资产出售给一家特殊目的机构（SPV），或者由 SPV 主动购买可证券化的资产，然后将这些资产汇集成资产池，再以该资产池所产生的现金流为支撑在金融市场上发行有价证券融资，最后用资产池产生的现金流来补偿所发行的有价证券。资产证券化的基本运作流程图如图 9.1 所示。

（2）资产证券化的运作步骤

世界范围内资产证券化的方式较为统一且发展完备，完整的资产证券化交易通常需要以下九个步骤。

1）确定证券化资产并组建资产池。资产证券化的发起人（即资产的原始权益人）在分析自身融资需求的基础上，通过发起程序确定用来进行证券化的资产。尽管证券化是以资产所产生的现金流为基础，但并不是所有能产生现金流的资产都可以证券化。总结多年来资产证券化融资的经验可以发现，具有下列特征的资产比较容易实现证券化：其一，资产可以产生稳定的、可预测的现金流收入；其二，原始权益人持有该资产已有一段时间，且信用表现记录良好；其三，资产应具有标准化的合约文件，即资产具有很高的同质性；其四，资产抵押物易于变现，且变现价值较高；其五，债务人的地域和人口统计分布广泛；其六，资产的历史记录良好，即违约率和损失率较低；最后，资产的相关数据容易获得。

一般来说，那些现金流不稳定、同质性低、信用质量较差且很难获得相关统计数据的资产一般不易于被直接证券化。

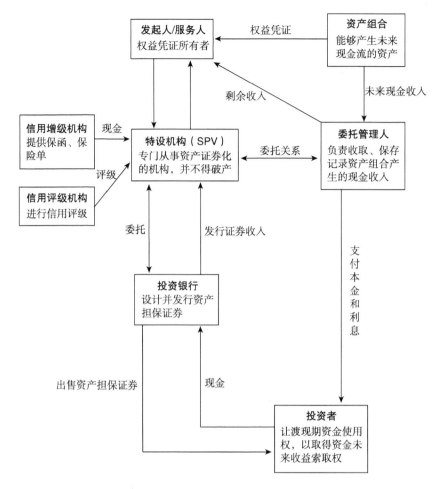

图 9.1　资产证券化的基本运作流程图

2）设立特殊目的机构（SPV）。特殊目的机构是专门为资产证券化设立的一个特殊实体，它是资产证券化运作的关键性主体。组建 SPV 的目的是最大限度地降低发行人的破产风险对证券化的影响，即实现被证券化资产与原始权益人（发起人）其他资产之间的"风险隔离"。SPV 被称为没有破产风险的实体，对这一点可以从两个方面理解：一是指 SPV 本身的不易破产性；二是指将证券化资产从原始权益人那里真实销售给 SPV，从而实现了破产隔离。

SPV 可以是由证券发起人设立的一个附属性机构，也可以是一个长期存在的专门进行资产证券化的机构。设立的形式可以是信托投资公司或者其他独立法人主体，具体如何组建 SPV 要考虑一个国家或地区的法律制度和现实需求。从已有的证券化实践来看，为了逃避法律制度的制约，有很多 SPV 是在有避税天堂之称的百慕大群岛、开曼群岛、英属维尔京群岛等地方注册。

3) 资产的真实出售。证券化资产从原始权益人向 SPV 的转移是证券化运作流程中非常重要的一个环节。这个环节会涉及很多法律、税收和会计处理问题，其中一个关键问题是：一般都要求这种转移是"真实销售"，其目的是实现证券化资产与原始权益人之间的"破产隔离"——原始权益的其他债权人在其破产时对已证券化资产没有追索权。

以真实出售的方式转移证券化资产要求做到以下两个方面：一方面证券化资产必须完全转移到 SPV 手中，这既保证了原始权益的债权人对已经转移的证券化资产没有追索权，也保证了 SPV 的债权人（即投资者）对原始权益人的其他资产没有追索权；另一方面，由于资产控制权已经由原始权益人转移到了 SPV，因此应当将这些资产从原始权益人的资产负债表上剔除，使资产证券化成为一种表外融资方式。

4) 信用增级。为吸引投资者并降低融资成本，必须对资产证券化产品进行信用增级，以提高发行证券的信用级别。信用增级可以使证券在信用质量、偿付的时间性与确定性方面更好地满足投资者的需要，同时满足发行人在会计、监管和融资目标等方面的需求，信用增级可以分为内部信用增级和外部信用增级两类，具体手段有很多种，如内部信用增级的方式有：划分优先/次级结构、建立利差账户、开立信用证、进行超额抵押等。外部信用增级主要通过金融担保来实现。

5) 信用评级。在资产证券化交易中，信用评级机构通常要进行两次评级：初评与发行评级。初评的目的是确定为了达到所需的信用级别必须进行的信用增级水平，在按评级机构的要求进行完信用增级之后，评级机构将进行正式的发行评级，并向投资者公布最终评级结果。信用评级机构通过审查各种合同和文件的合法性及有效性，给出评级结果。信用等级越高，表明证券的风险越低，从而使发行证券筹集资金的成本越低。

6) 发售证券。信用评级完成并公布结果后，SPV 将经过信用评级的证券交给证券承销商去承销，可以采取公开发售或私募的方式来进行。由于这些证券一般都具有高收益、低风险的特征，所以主要由机构投资者（如保险公司、投资基金和银行机构等）来购买。这也从一个角度说明，一个健全发达的资产证券化市场必须要有一个成熟的、达到相当规模的机构投资者队伍。

7）向发起人支付资产购买价款。SPV 从证券承销商那里获得发行现金收入，然后按事先约定的价格向发起人支付购买证券化资产的价款，此时要优先向其聘请的各专业机构支付相关费用。

8）管理资产池。SPV 要聘请专门的服务商来对资产池进行管理。服务商的作用主要包括：第一，收取债务人每月偿还的本息；第二，将收集的现金存入 SPV 在受托人处设立的特定账户；第三，对债务人履行债权债务协议的情况进行监督；第四，管理相关的税务和保险事宜；第五，在债务人违约的情况下实施有关补救措施。

一般地，发起人会担任服务商，这种安排有很重要的实践意义。因为发起人已经比较熟悉基础资产的情况，并与每个债务人建立了联系。而且，发起人一般都有管理基础资产的专门技术和充足人力。当然，服务商也可以是独立于发起人的第三方。这时，发起人必须把与基础资产相关的全部文件移交给新服务商，以便新服务商掌握资产池的全部资料。

9）清偿证券。按照证券发行时说明书的约定，在证券偿付日，SPV 将委托受托人按时足额地向投资者偿付本息。利息通常是定期支付的，而本金的偿还日期及顺序就要因基础资产和所发行证券的偿还安排的不同而异了。当证券全部被偿付完毕后，如果资产池产生的现金流还有剩余，那么这些剩余的现金流将被返还给交易发起人，资产证券化交易的全部过程也随即结束。

由上可见，整个资产证券化的运作流程都是围绕着 SPV 这个核心来展开的。SPV 进行证券化运作的目标是：在风险最小化、利润最大化的约束下，使基础资产所产生的现金流与投资者的需求最恰当地匹配。需要特别说明的是，这里只阐述了资产证券化运作的最一般或者说最规范的流程，实践中每次运作都会不同。尤其是在制度框架不同的国家或地区，这种不同会更明显。因此，在设计和运作一个具体的证券化过程时，应以既存的制度框架为基础。

9.2.2 资产证券化的影响

资产证券化作为一种投融资工具，能够对投资者、发起人和金融体系产生重大影响。

1. 商业投融资应用

（1）为投资者提供了合规投资和多样化的投资品种

一般地，由于组成资产池的是优质资产，且有完善的信用增级，因此所发行证券的风险通常很小（多数能获得 AA 以上的评级），而收益却相对比较高，且在二级市场上具有很高的流动性，所以资产支撑证券越来越受到投资者的欢迎，尤其是那些在投资品种上受到诸多限制的机构投资者（如养老基金、保险公司、货币市场基金）的欢迎，成为它们投资组合中的合规投资。

资产证券化操作后，与原始权益人的信用进行了隔离，以公共资产证券化为例：由于公共资产的原始权益人是政府或政府性投资公司，支持证券化的资产的信用风险即坏账风险较小。所以，对于战略投资者，如保险公司、社保基金、医保基金、住房公积金等，公共项目资产证券是理想的投资对象。例如，对于个人投资者，传统的基础设施项目虽然是收益稳定、风险小的投资品种，但需要大量资金，投资周期长，使得个人投资者虽然向往但无法涉足。证券化操作后，资产证券化证券将成为个人投资者的新选择。

为投资者提供多样化的投资品种表现在：现代证券化交易中的证券一般不是单一品种，而是通过对现金流的分割和组合，可以设计出具有不同档级的证券，不同档证券具有不同的优次偿付次序，以"熨平"现金流的波动。甚至可以将不同种类的证券组合在一起，形成合成证券，从而可以更好地满足不同投资者对期限、风险和利率的不同偏好。多样化的证券化品种吸引了越来越多投资者的参与，并推动着证券化市场不断向前发展。

（2）资产证券化对发起人的益处

开展资产证券化能为发起人带来很多好处，最主要的好处有以下几点：其一，可以降低资金成本。传统融资方式一般均是以借款方的综合信用为担保，而资产证券则是一种收入导向型的融资方式。它一般要求被证券化的基础资产具有稳定的、可预测的现金流，且历史的信用记录良好，通过真实出售和破产隔离的证券化结构设计，再辅以信用增级等手段，使得要发行证券的信用级别大大提高，而信用级别的提高则必然会带来融资成本的降低。通过资产证券化，非投资级公司可以以投资级利率筹集资金，从而降低融资成本。这一点对于难于直接进入资本市场发行证券筹资而拥有优质资产的中小企业来说，具有更加重要的意义；其二，有效改善资本结构。多数证券化都采用了表外融资的处理方法，发起人通过真实销售而不是担保融资的形式，将证券化资产和负债转移到资产负债表外，从而达到改善资产负债表结构的目的。证券化的这一优势对于银行等金融机构具有特殊意义：银行为达到资本充足率要求不得不保有与其所持资产相对应的资本。如果银行开展资产证券化交易，不但可以提前收回现金，从而可相应缩减负债，同时由于将证券化资产移到表外，银行可以释放相应的资本，资产证券化的这种双重释放功能是其越来越受到银行青睐的主要原因；其三，有利于资产负债管理。金融机构普遍面临的一个问题就是资产和负债在期限上的匹配失当，从而给资产负债管理带来了很大困难，而资产证券化则可以有效地减少这种风险。通过资产证券化，金融机构所持有的长期资产提前变现，长期资产和短期负债匹配失当的问题得以化解；另外，原本要由金融机构承担的早偿风险也转移给了投资者。事实上，资产证券化在美国兴起的一个主要原因就是储贷协会为减少资产负债的不匹配带来的损失而纷纷将大量的长期住房抵押贷款证券化。其四，优化财务状况。由于资产在证券化后是以很高的信用级别出售的，所以成本较低。这样在基础资产的收益和资产支撑证券的收益之间就会有一个差额收益，而这个收益一般都是属于发起人所得。无疑，既能获得收益，又能留住客户对发起人是一个很大的吸引。这种赚取差额收益的能力常常能够提高发行人在资产上的收益。最后，发起人还可以凭借其在资产管理方面具有的优势充当中介服务商的角色来赚取服务费。此外，资产证券化还可以使公司把未来的服务费收入流提前兑现为现期盈利，如果不进行证券化，通常这种收入就要在贷款的整个期限内才能逐步实现。总之，利用资产证券化的优势增加收益并最终优化财务状况，是实现股东价值最大化的战略性选择。

（3）资产证券化对原始权益人的融资方式创新

例如在基础设施投资中，存量资产的证券化操作中的原始权益人是地方政府或政府性的投资公司。除了有降低融资成本、改善资产负债结构、增强流动性的益处外，还可以增强地方政府的信用等级和对经济的宏观调控能力。

（4）资产证券化对金融体系的影响

资产证券化促进了金融体系结构效率的提高。结构效率反映金融资产按其特点（期限、利率、信贷品种）分解后重新进行结构组合（包括重新定价、重新分配风险收益）的效率，它实质上反映的是金融产品由初级向高级进行深加工的完整性和可行性。资产证券化作为资本市场上一项严谨复杂、融合了高超金融技术的金融系统工程，核心创造在于实现了结构性的变革，因此具有显著的结构效率。

2. 公共部门投融资应用的影响

随着我国市场化改革逐渐深化，公共部门的投融资需求逐渐由从财政出资和各种类型债务融资逐渐发展壮大到政府投融资与市场化投融资并存，且二者共同服务和作用于我国现代化建设中。在市场化转型的窗口下，公共部门为履行各种职能亟须扩大各种口径的融资渠道以满足日益凸显的融资需求，而以资产证券化为代表的投融资方式随着我国金融体系的完善与健全越来越被广泛地应用于公共部门，为公共部门履行经济、建设、民生市政工程等各种职能起到了盘活存量资金、优化资源配置和提高政府工作效率等作用。

（1）盘活存量资产，提高债务有效容量

政府手中拥有大量资质良好、预期产生稳定收益但相对欠缺流动性的基础资产，尤其是在基础设施建设和民生市政工程领域，公共部门往往掌握着大量可带来收益的准公共品，但这类资产同时兼具投资周期长、投资规模大的缺点，因此此类资产双向迎合了资产证券化的特点。政府作为手中持有大量优质资产且信用状况良好的主体先天具备成为资产证券化发起人的优良性状，也就意味着只要找到相应合格的金融机构、中介机构和投资者，在一定的法律框架下得以运行，资产便成了资产证券化中的底层优质资产而非带来负债的增加。

（2）双向调动民间资本和国外资本，提高政府资金周转效率

市场化改革之前公共部门投融资需求往往被具有"准财政"特色的贷款或拨款满足，由于准财政行为一般仅通过简单的行政决定施行，因此并不记录在预算或预算报告中，也就意味着很难受到立法机构和公众舆论监督。而资产证券化形式的投融资方式具备整合资金盈余方、资金需求方以及管理、托管、增信评级多方于一体的融资结构，并通过特殊目的载体实现风险隔离。通过市场机制对产品定价使得风险与收益同向变动，最大化提高政府的融资效率，并减少由准财政带来的资源浪费和效率损失。另外由于资产证券化要求政府部门不断进入资本市场也就起到了让市场不断约束地方政府的作用，迫使公共部门规范运作和提高资产负债表透明度。

民间资本和国外资本面对公共事业领域时资金进入仍然存在各种障碍和困难，市场准入壁垒和中间通道匮乏，而资产证券化方式可以较为便利地在国内和国外资本市场筹措资金，作为普通民众投资的中介渠道。

（3）降低政府融资成本和不确定性

特殊的结构设计使得资产证券化实现风险隔离，也就意味着产品评级与原始权益人评级分离，通过内外部增信措施大幅提高最终评级实现增信，而增信评级与利率定价密切相关，一般而言，更高的信用评级对应相对更低的利率水平；另外，SPV 和政府相互独立，证券以资产收益进行偿还，无须以财政资金作为偿还的信用担保，同时由于资产证券化中资产池规模较大，有利于分散风险、降低不确定性，而对合格投资者的限制又为公共部门融资排除了不具备风险承担能力的中小投资者可能面临损失的社会负担。

（4）解决民生问题

政府行使行政权力、履行各种职能，其中民生问题是我国政府密切关注的。通过资产证券化方式为各种符合条件的民生市政工程筹措资金，一方面有利于缓解政府部门财政资金紧张的问题，另一方面可以增加相应的民生工程供给，提升工程进度，而项目市场化后又能提升资产运作效率，各种效用的提升最终服务和作用于人民生活上，使得更多的准公共物品同时发挥部分付费和改善民生的作用，实现公共部门效率和民生质量双赢的局面。

9.2.3 资产证券化在公共部门的应用

公共部门证券化是指将政府所有的资产以高级信用资产支持证券的形式在资本市场上出售。像由银行和公司完成的私人部门资产的证券化一样，这些资产首先转让给具有风险隔离功能的特殊目的机构，后者再发行这些债券。债券由资产支持的原因在于，利息和本金的偿付一般全部依赖于基础资产的现金流而不是转让这些资产的政府或政府部门。绝大多数证券化了的公共资产支持证券的信用级别是 AAA，该信用级别，通过一些信用增级的形式诸如超额担保（在特殊目的机构中，发行比待发行资产价值低的债券）和一级、次级债券偿付结构（现金流优先偿付 AAA 级债券）。正如私人部门资产的证券化一样，出售资产的政府部门可能会继续获得一笔对资产的管理费收入（例如，及时清收债权，对房地产组合的出售进行管理）。

公共资产证券的基础资产包括房地产、拖欠的社会保障应收款、彩票应收款及其他多方面的资产。由于这些资产的基础现金流非常不同，债券结构各有特点。为使债券的本金和利息偿还与基础资产的现金流相适应，不同的资产有必要有相应的具体的交易结构。在一个典型的公共资产证券化组合中，信用级别为 AAA 级的占很大的比重（最高达 15 亿欧元），获得高水平信用的途径是超额担保和一级、次级偿付结构。几乎所有的公共资产证券的利率是浮动的且典型地具有一次还本的特征。由于不同证券的交易机构和基础资产的业绩（如信用、预付）的差异较大，所以应对每一只公共资产证券进行具体分析，特别是应重点关注交易的担保和管理层面。图 9.2 给出了一个分析公共部门资产证券化的良好视角。

1. 高速公路收费权的证券化

我国幅员辽阔，基础设施建设基础薄弱，在轰轰烈烈的城市化建设与经济发展过程中，基建投资巨大且保持一定增长速度，并已经成为中国经济压舱石之一。基础设施建设主要包括交通运输、机场、港口、桥梁、通信、水利、城市供排水及供气等，在公共部门资产证券化应用领域中，与高速公路、轨道交通等交通建设相关的领域由于其具有可以预期且稳定的现金流收入优点，因此基础设施收费证券化往往更广泛地应用于项目盘活存量资产并提升资金运行效率上。

高速公路资产证券化（Expressway-Backed Securitization）是公共部门资产证券化最常见的形式之一。它是指原始权益人将高速公路产生的、未来一段时期内稳定的可预期的现金流转让给专业的公司，专业公司将预期现金流收入证券化再在资本市场上进行融资。收费权由于需要原始权益人继续维持经营因而无法真实出售、也无法实现完全的资产隔离而在资产证券化中独具魅力。在我国，高速公路资产证券化发展较好，其已经成为公共部门典型基础设施建设的证券化形式，原因在于以基础设施建设为底层资产的证券化形式顺应了我国现代化建设潮流。第一，以高速公路为代表的基础设施建设属于国家重点基础设施建设行业，具备高成长性。第二，高速公路收费带来的可预期现金流稳定，业绩含金量较高。

广东省是我国高速公路收费权资产证券化起步较早的地区，早在1996年珠海市政府已经成功在境外发行了高速公路收费权证券。1997年广深高速公路也同样进行了离岸的高速公路资产证券化融资。2005年莞深高速成功设立了莞深高速公路收费收益权专项资产管理计划是较为成功的案例，它是全国第一条由地级市筹建的高速公路。东莞控股为实现高速公路滚动式开发莞深计划，以莞深高速一期和二期未来18个月收益作为基础资产，发行总额为5.8亿元的资产证券化产品，并将5.8亿元用于收购莞深高速三期东城段高速公路。莞深高速收益专项计划原始权益人为东莞控股，同时莞深控股也承担收益计划资产的管理者职能。发起人以基础资产即其所持有的莞深高速一期和二期未来现金流作为基础资产，通过广发证券设立资产专项计划，因此广发证券是专项管理计划的管理人将其委托人自愿委托的合法资金通过专项计划在托管人（中国工商银行）处开设资金账户，形成了由托管人（中国工商银行）履行托管职能的专项计划资金账户，而该专项资金正是投资于莞深高速一期和二期高速公路收费权的18个月的收益权，该收益权是持有专项资产计划份额投资者获取未来稳定收益的来源。为降低利率风险和降低交易成本，"莞深计划"由中国工商银行进行增信，通过不可撤销的连带信担保，而外部信用增级则是由大公国际即金融机构担保的外部增信方式。通过资产证券化的方式，"莞深计划"以市场化的方式解决高速公路建设的债务压力和未来的发展融资问题。

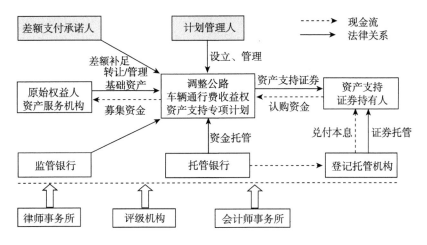

图 9.2 高速公路收费权的证券化基本运作流程图

2. 城市轨道交通

与高速公路收费权相类似，地下交通和有轨交通等城市轨道交通在建成后同样具备可预期且稳定的现金流收入，另外其同时具备较强的外部效应如通过广告付费、招租等方式产生额外收益，因此具备了更强的市场化特征。城市轨道交通资产证券化在我国发展较快，2007 年 1 月，重庆市为轨道交通建设发行债券筹资 50 亿元，这是我国首例资产证券化型的准市政债。它将轨道交通总公司和重庆市城市建设投资公司对重庆市政府的债权进行证券化，以该债权所产生的未来现金流对债券还本付息，这笔现金流由重庆市财政独立划拨，带有极强的市政债券性质，此外，证券发行过程中还引进了信托方式。具体发行过程包括债权债务形成、财产信托设立、资产证券化以及债券销售和后续管理。重庆市政府承诺以"政府采购、分期付款"方式购买"特定的市政资产"：重庆市轨道公司所有的轻轨二号线扣除日元贷款后的资产 27 亿元，和轻轨三号线已建成部分的资产 3 亿元，以及城投公司所有的部分主城区市政道路资产 20 亿元，共计 50 亿元。由此，重庆市政府对轨道公司和城投公司形成 50 亿元的债务，轨道公司和城投公司对重庆市政府拥有 50 亿元债权。轨道公司和城投公司将该 50 亿元债权委托给同一家信托公司进行管理，该信托公司将该债权打包并设立财产信托。信托公司对该 50 亿元资产池进行操作和信用增级，委托信用评级机构评级后，打包成债券发行支持资产。资产证券化后，信托公司委托中国国际金融公司（以下简称"中金"）进行债券承销工作，在银行间市场发行，获得融资 50 亿元，中金扣除承销费用后将其全额支付给轨道公司和城投公司，用于建设重庆市轨道交通。债券发行后，信托公司委托服务商和托管银行，向重庆市政府收集分期付款，支付给投资者为债券还本付息。

3. 住房公积金信贷资产证券化

不同于基础设施收费权的资产证券化，信贷资产证券化是将不流通的金融资产转换为可以流通的资本市场证券的过程。以信贷资产作为基础资产最常有的种类为住房抵押贷款、汽车贷款和消费贷款等贷款的证券化，因此信贷资产证券化已经多次出现并应用于住房金融领域，而住房公积金信贷证券化是具有住房金融与公共性质的信贷资产证券化方式。2015 年住建部相关文件表示，通过住房公积金信贷资产证券置换出的信贷额度，主要将用于棚户区改造和稳定住房消费。截至 2018 年年底，住房公积金缴存总额 145899.77 亿元，提取总额 87964.89 亿元，其中个人住房贷款余额 49845.78 亿元，住房公积金实缴单位 291.59 万个，实缴职工 14436.41 万人，分别比上年增长 11.15% 和 5.09%；再从提取方面来看，2018 年住房公积金提取人数 5195.58 万人，占实缴职工人数的 35.99%；提取额 14740.51 亿元，比上年增长 15.80%；提取率达到 70.01%，比上年增加 2.03 个百分点。住房公积金贷款受众群体广泛、贷款偿还能力较强，违约风险较小，除了由于公积金贷款福利性质导致的贷款利率较低外，住房公积金作为信贷证券化的基础资产具有较为良好的性状。公积金账上余额较多，将资金沉淀于账户内不利于提高公积金资金使用效率，造成资金浪费。因此将公积金信贷证券化可以置换出更多信贷额度，再将这些被置换出的信贷额度投入稳定民生与住房保障等领域中，可以更好地发挥公积金制度对稳定住房消费的促进作用。但是由于住房公积金利率实行的是"平存低贷"的利率政策，也就意味着公积金贷款利率与市场利率并不一致，因此在资产证券化的过程中如何将成本与收益相平衡需要更多的设计和衡量。

21 世纪 10 年代以后，我国住房公积金信贷证券化提上日程。2015 年

6月30日，"汇富武汉住房公积金贷款1号资产支持专项计划"在上海证券交易所完成发行，为国内市场上首笔住房公积金贷款证券化产品，后续又陆续包括盐城公积金中心、常州公积金中心等众多单位开展了此类业务。"武汉公积金2016年第一期个人住房贷款资产支持证券"是典型的住房公积金证券化典例。武汉住房公积金中心作为发起机构将住房公积金贷款资产委托给方正东亚信托，受托人东亚方正信托发行以信托财产为支持的资产支持证券，由光大银行和中信证券联席承销，认购后的金额交由光大银行武汉分行作为资金保管机构，再认购后的金额付给武汉住房公积金中心。

公积金信贷资产证券化基础资产即公积金贷款资产具有公共物品的特点，这使得基础资产收益较低，再考虑到相关中介机构的间接费用，基础资产的超额利差较低，因此需要通过超额抵押或是提高次级比例等方式进行增信。在"汇富武汉住房公积金贷款1号资产支持专项计划"的应用中，其优先级收益率为5.01%，每半年增加0.5%，然而资产池收益率仅为4.25%，为此该项计划专门设置了1.99亿元的超额抵押，占整个资产池比例为28.47%。"武汉公积金2016年第一期个人住房贷款资产支持证券"的应用中没有采用设定超额抵押的方式，而是将次级档占比达到13.75%，对比其他风险较低基础资产，"武汉公积金2016年第一期个人住房贷款资产支持证券"次级档占比较高。

总体而言，住房公积金信贷证券化呈现出基础资产期限长、资产池分散性强、基础资产收益率偏低、违约率低、基础资产区域集中性高的特点，不同特征的基础资产在保证风险收益比的前提下对证券化结构和方案设计各有要求。因此要考虑如何更好地提升住房公积金资金使用效率，在公共部门领域将资产证券化更合理地应用于住房公积金领域以缓解公积金资金沉淀浪费问题并改善住房保障。

4. 国外及新近公共部门资产证券化的应用

国外资产证券化在公共部门的应用更为广泛，基础资产除了基础设施收费权、轨道交通以及公共部门信贷资产外，还包括森林资源等。森林资源资产证券化在我国尚是空白，而世界范围内美国、芬兰等国政府部门为开发森林资源，已经广泛吸引各种社会资本进入林业资源。森林资源证券化指的是将缺乏流动性的森林资源转变为可交易的债券。但是纵观美国等国的森林资源资产证券化，采用模式并非传统的基础资产现金流证券化模式，而是将证券和对森林资源的管理进行结合。

对公共部门资产证券化——特别是因拖欠而致的资产和缺乏支持性管理机构的交易——对管理的功能分析是信用评估的一个基础性环节。管理功能常常由各个政府机构转让给高度专业化的债务清收机构（如在关于意大利的案例中）或者按照具体的业务计划或协议重新进行界定。如，在房地产证券化中，出售房地产资产的过程（无论是对企业的或是对私人的）在详细的业务计划指导下进行。在这样的计划下，政府机构必须以市场方式营销产权并按照具体的时间表将其出售。这些机构的出售业绩和报酬将根据业务计划的实施情况进行考核和确定。

政府发行公共资产证券给投资者提供的机会是：多元化其资产从而达成一项结构优、规模大、流动性好的交易。特别是，这些交易使投资者所持有的一般的欧洲消费者贷款 ABS 和意大利公共资产支持债券日益多元化。在一些案例中，政府资产支持债券的相对价格持续提升，例如，意大利 AAA 级公共资产证券的价格从 3 个月的欧洲银行同业拆借利率 +7 个基本点提高到 3 个月的欧洲银行同业拆借利率 +32 个基本点❶。一般而言，投资于特殊的 ABS 的弊端是流动性水平相对低，但是在欧洲结构金融市场上，意大利公共资产支持证券的历史交易额却高于大多数 AAA 级证券。其中的原因在于规模大和投资者分布范围广。对于信用级别为 AAA 级、以欧元计值、利率浮动的 ABS，主要的购买者来自全欧洲大陆和英国的银行和基金公司。我们相信，在将来，随着发行规模的扩大和投资者认识的提高，公共资产证券的流动性将会进一步得到改善。再过一段时间，我们期望看到类似于意大利的其他更多欧洲国家公共资产证券的发行计划，公共资产支持证券也同时成为全欧洲投资者重要的流动性来源和资产多元化工具。

---

❶ 王松奇，高广春，史文胜. 结构金融产品系列讲座（摘登）——欧洲公共部门资产证券化 [J]. 银行家，2007（7）：126 - 128.

事实上，在公共部门领域引入资产证券化的实质是拓宽政府部门融通资金渠道、提升资金使用效率，并以更为市场化的手段运营和监督相关项目。只要底层资产满足资产证券化的要求，在收益和风险匹配的前提下，资产证券化无异于一种资源优化配置的金融手段以促进公共部门的建设与服务。国外资产证券化起步早、发展水平高、相关配套措施完善，因此在公共部门领域也能发挥更积极的作用。随着我国金融体系不断完善与发展，金融市场开放程度不断提高，公共部门应用对资产证券化应用更加灵活多样，比如棚户区改造领域的资产证券化已经逐渐形成了成体系的三种方式，比如棚改贷款资产支持债券等。

9.3 地方政府 PPP 模式

毋庸置疑，PPP 模式由于其具有的公私合营、风险利益共担的优越性而成为当前地方政务债务压力下缓解危机的救命稻草，另外 PPP 项目等形式的"新马甲"成为地方隐性负债的主要形态。这些隐性负债具有模糊性、复杂性与隐蔽性，不利于宏观管理部门掌握地方债务的真实情况和防范、应对风险。

9.3.1 发展良好的中国 PPP 业务概况

根据财政部政府和社会资本合作中心网站数据披露，截至 2018 年 7 月，全国范围内 PPP 入库项目共计 7775 个，涉及入库项目金额 115657.01 亿元。从项目落地状况看，截至 2018 年上半年，累计落地数目为 3668 个、投资额为 6.0 万亿元，落地率为 47.3%。从地区分布上看，PPP 项目累计总数前三名是山东省 693 个、河南省 580 个、湖南省 497 个。行业分布看，管理库累计数目前三位是市政工程、交通运输、生态建设和环境保护，前三位占项目库总数的 62.1%；累计投资额前三位则是市政工程、交通运输和城镇综合开发，合计占落地项目总投资额的 74.1%。从回报机制上看，管理库累计使用者付费类项目 715 个、投资额 1.1 万亿元；累计可行性缺口补助类项目 3898 个、投资额 7.5 万亿元；累计政府付费类项目 3136 个、投资额 3.4 万亿元。

真正狭义 PPP 模式的应用则是 2004 年开展的北京地铁 4 号线项目，它也是我国城市轨道交通行业第一个正式批复实施的特许经营项目。在投资融资方面，项目总投资额为 153 亿元，土建投资为 107 亿元，占 70%，机电运营管理投资为 46 亿元，占 30%。其中 107 亿元由北京市政府出资，46 亿元由通过 PPP 模式组成的特许经营公司出资。特许经营公司由多个主体构成，北京市政府及相关控股国企引入港铁公司，北京基投公司、首创集团以及港铁公司共同出资 46 亿元设立京港地铁，按照出资比例，港铁公司占股份的 49%、北京基投公司占 2%、首创集团占 49%。如此三家公司共同出资 46 亿元负责机电运营管理部分的投资额，并且负责项目建成后的运营管理。地铁建成后由特许经营公司特许经营 30 年后无偿移交给北京市政府。2008 年后应对金融危机出台的"四万亿"投资计划下使得债务融资成为地方政府的主要基建融资方式，PPP 模式为人所淡忘。直接近些年地方政府债务危机逐渐浮出水面，为了应对土地财政与债务危机，PPP 模式重新回到政府和公众视野。

2013 年下半年，PPP 模式重新回到大众视野，此后财政部、发改委等部门颁发或联合颁发多部支持 PPP 模式发展的法律文件，PPP 在我国的发展进入新时代。2016 年 12 月，国家发改委和证监会联合发布《关于推进传统基础设施领域政府和社会资本合作（PPP）项目资产证券化相关工作的通知》，明确提出适合资产证券化 PPP 项目的四点要求。2017 年财政部、中国人民银行、中国证监会发布《关于规范开展政府和社会资本合作项目资产证券化有关事宜的通知》（财金〔2017〕55 号文），强调要分类稳妥地推动 PPP 项目资产证券化，完善 PPP 项目资产证券化工作程序，营造良好发展环境。同年 10 月，上交所、深交所、机构间私募产品报价与服务系统（简称报价系统）三部门共同发布了实施 PPP 项目资产支持证券挂牌条件确认及信息披露指南，使 PPP 项目资产证券化业务更加规范、更具可操作性。2019 年 3 月，财政部印发了《财政部关于推进 PPP 规范发展的实施意见》，意见明确了 PPP 规范发展的一系列要求和标准，也对以前模糊的政府性基金预算能否列入 PPP 财承等内容进行了明确（见表 9.2）。

表 9.2　PPP 模式相关法律法规一览

部门	时间	法律/文件名称
国务院	2013.9.26	《国务院办公厅关于政府向社会力量购买服务的指导意见》
国家发改委	2014.5.18	《国家发展和改革委员会关于发布首批基础设施等领域鼓励社会投资项目的通知》
全国人大	2014.8.31	《中华人民共和国预算法》
全国人大	2014.8.31	《中华人民共和国采购法》
财政部	2014.9.23	《财政部关于推广运用政府和社会资本合作模式有关问题的通知》
国务院	2014.11.6	《国务院关于创新重点领域投融资机制鼓励社会投资的指导意见》
国家发改委	2014.12.2	《国家发展和改革委员会关于开展政府和社会资本合作的指导意见》
国家发改委、国家开发银行	2015.3.17	《关于推进开发性金融支持政府和社会资本合作有关工作的通知》
国家发改委、住建部、财政部、交通部、水利部、中国人民银行	2015.4.21	《基础设施和公用事业特许经营管理办法》
国务院、国家发改委	2015.5.8	国务院批转发改委关于2015年深化经济体制改革重点工作意见的通知
国家发改委、证监会	2016.12	《关于推进传统基础设施领域政府和社会资本合作（PPP）项目资产证券化相关工作的通知》
国家发改委	2017.5.4	《政府和社会资本合作（PPP）项目专项债券发行指引》
财政部	2017.6	《关于规范开展政府和社会资本合作项目资产证券化有关事宜的通知》
上交所	2017.10	实施PPP项目资产支持证券挂牌条件确认及信息披露指南
财政部	2019.3	《财政部关于推进PPP规范发展的实施意见》

资料来源：相关政府部门、机构等网站。

回顾 PPP 模式在我国的发展历程可知，我国 PPP 模式发展起步晚、发展快、范围大，政府在不断试错的过程中重新调整和规范 PPP 项目的运作和发展。不仅从行政上为 PPP 发展提供便利并且在立法与金融上不断提供相应的配套设施。但 PPP 项目的发展始终不宜贪多贪大，应该因时制宜、因地制宜，真正发挥政府和市场两只手的作用，使政府和社会资本广泛参与其中真正造福社会。

我国地方政府公私合营 PPP 模式发展良好。2015 年 5 月中旬，国家发展改革委以各地已公布的项目为基础，经认真审核后建立了 PPP 项目库，并向社会发布了首批 PPP 项目。首次发布的 PPP 项目共计 1043 个，总投资 19700 亿元，项目范围涵盖水利设施、市政设施、交通设施、公共服务、资源环境等多个领域。截至 11 月底，已签约 329 个项目，占推介项目数量的 31.5%。签约项目主要集中在市政设施、公共服务、交通设施等领域，10 亿元以下项目占 73.5%。2015 年 12 月，国家发改委发布第二批 PPP 推介项目，共计 1488 个项目，总投资 22600 亿元，涵盖农业、水利、交通设施、市政设施、公共服务、生态环境等多个领域；同时，又对第一批 PPP 项目进行了更新，保留了继续推介的 PPP 项目 637 个、总投资 12400 亿元。目前，发改委 PPP 项目库总计包含 2125 个项目，总投资 35000 亿元。

根据财政部政府和社会资本合作中心于 2016 年 2 月 29 日公布的 "全国 PPP 综合信息平台项目库" 的公开信息，全国 PPP 项目共 7110 个，项目金额共 82777.29 亿元，涵盖市政工程、生态建设和环境保护、交通运输建设等 18 个领域（详见图 9.3）。其中，处于识别阶段的项目 5517 个，处于准备阶段的项目 984 个，处于采购阶段的项目 254 个，处于执行阶段的项目 355 个，处于移交阶段的项目 0 个。投资金额在 1 亿元以下的项目 1445 个，占项目总数的 20.32%；1~3 亿元的项目 1970 个，占项目总数的 27.71%；3~10 亿元的项目 2034 个，占项目总数的 28.61%；10 亿元以上的项目 1661 个，占项目总数的 23.36%（详见图 9.4）。处于执行阶段的 355 个项目中，1 亿元以下的项目 29 个，占总数的 8.17%；1~3 亿元的项目 81 个，占总数的 22.82%；3~10 亿元的项目 150 个，占总数的 42.25%；10 亿元以上的项目 95 个，占总数的 26.76%（详见图 9.5）。

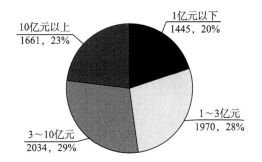

图 9.3　项目分布

资料来源：财政部政府和社会资本合作中心于 2016 年 2 月 29 日公布的"全国 PPP 综合信息平台项目库"公开信息。

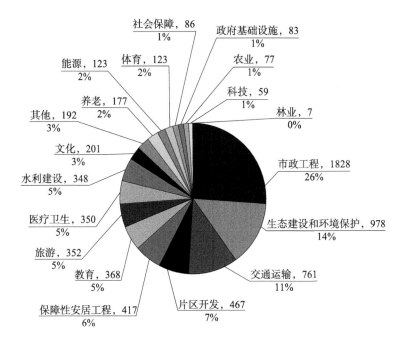

图 9.4　"全国 PPP 综合信息平台项目库"项目规模构成

资料来源：财政部政府和社会资本合作中心于 2016 年 2 月 29 日公布的"全国 PPP 综合信息平台项目库"公开信息。

从上述情况看，PPP 项目整体进展良好，在半年的时间里，国家发改委 PPP 项目库中，项目签约金额已达到 7300 亿元，基本上相当于 2016 年拟安排发行的地方政府一般债券额度；财政部政府和社会资本合作中心

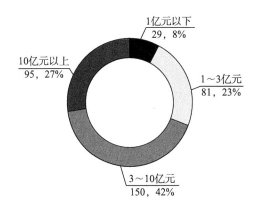

图 9.5　处于执行阶段项目的规模构成

资料来源：财政部政府和社会资本合作中心于 2016 年 2 月 29 日公布的"全国 PPP 综合信息平台项目库"公开信息。

"全国 PPP 综合信息平台项目库"中处于执行阶段的项目数量已达到 355个。这将在一定程度上缓解地方政府财政支出压力，同时减少地方政府新增债务规模。但在已签约和处于执行阶段的项目中，中小项目所占比例超过 7 成，大型项目所占比例相对偏低；且签约项目主要集中在投资回报率较高的市政基础设施、交通设施等领域。这显示出民营资本在参与 PPP 项目上，仍然比较谨慎，在初期的试探性投资比较多，PPP 模式的融资方式有进一步扩展的空间。

9.3.2　含义覆盖广泛灵活的 PPP 模式理论

PPP 融资即政府和社会资本合作运作基础设施建设。在运作过程中政府通过公开竞争的方式引入具有投融资和运营管理能力的社会资本方，由社会资本方成立相关项目公司，并在建成后负责项目的运行、维护和管理，合作期满后无偿转让并退出项目。政府负责基础设施及公共服务价格和质量监督，以保证公共利益最大化。财政部研究院主任王彩泽概括 PPP 模式为契约精神之下的风险共担、利益共享和筹资共治。因此显而易见的是，PPP 有三大特征：第一是公私合作，政府与社会资本形成合作伙伴关系，存在共同目标——利润效益最大化，其中企业实现利润最大化而政府实现对公共福利的谋求；第二是风险共担；第三是利益共享。

PPP 定义有广义和狭义之分。广义的 PPP 模式泛指各种政府部门与私人部门合作的公共基础设施建设。广义的 PPP 涵盖所有公私合作的方式，三大模式分别为外包类、特许经营❶类、私有化类，在运行过程中又有 BOT（Build-Operate-Transfer）、TOT（Transfer-Operate-Transfer）、DBFO（Design-Build-Finance-Operate）、BOO（Build-Own-Operate）、BT（Build-Transfer）。值得注意的是，TOT 一般从属于 BOT 模式，TOT 只涉及移交与运行无关的出资与建设，因此 TOT 模式往往是在 BOT 模式顺利进行下，政府将 BOT 和 TOT 两个资产打包一起运作。以上模式的共同之处在于政府和企业共同参与基础设施建设，细微差异在于出资方和各方参与程度、资产最终归属不同（见表9.3）。

根据 2014 年国家发改委出台的《国家发展改革委员会关于开展政府和社会资本合作的指导意见》，其指出 PPP 模式通过特许经营、购买服务、股权合作等方式建立起双方利益共享、风险共担机制。广义 PPP 的不同模式对应发改委文件中所提的不同合作方式，这取决于基础设施建设的项目种类。根据基础设施的盈利状况可以分为经营性项目、准经营性项目和非经营性项目。经营性项目拥有明确的收费基础，并且是经营收费能够完全覆盖投资成本的项目，其可以通过政府授予特许经营权后参与建设。准经营性项目是指经营收费不足以覆盖投资成本、需要政府补贴部分资金或者资源的项目，因此在运营过程中需要建立投资、补贴与价格的协同机制，为投资者获得合理回报积极创造条件。非经营性项目是缺乏"使用者付费"基础，主要依靠政府付费收回投资成本的项目。由此可见，参建基础设施项目经营性质差异会对公私合营的合伙方式产生重大影响。

同样地，狭义的 PPP 模式也具有公私合作的因素，其突出特点为政府对项目中后期建设管理运营和参与程度更深、企业对前期立项和建设方案等参与程度更深。也就是说，在狭义范围内政府和私人企业双方全程参与、共享信息与风险收益。

---

❶ 特许经营：通过签订合同，特许人将有权授予他人使用的商标、商号、经营模式等经营资源，授予被特许人使用；被特许人按照合同约定在统一经营体系下从事经营活动，并向特许人支付特许经营费。而在 PPP 项目中，特许人就是政府方，被特许人就是社会资本一方。

中国土地金融的理论与实践研究

表 9.3　广义 PPP 模式与狭义 PPP 模式对比

模式	出资方	政府参与程度	社会方风险	资产归属
BOT	政府和企业	低	较高	政府
BOO	企业	非常低	高	企业
DBFO	政府	低	高	企业
BT	企业	低	较高	政府
狭义 PPP	政府和企业	高	较低	政府

资料来源：作者整理。

如前所述，20 世纪 80 年代 PPP 模式已在我国有迹可循。社会普遍认为 1984 年深圳沙角发电厂是中国有记录可查的第一个项目融资 BOT 模式（广义 PPP 模式之一）案例。简而言之，BOT 模式运作主要是建设、经营、无偿转让。具体来看，它采取中外合营方式建设，中方为深圳特区电力开发公司，外方为合和电力（中国）有限公司。其融资金额共计 53960 万美元，具体运作模式为外方提供项目外汇资金组建项目建设并运作电厂 10 年，同时获得扣除成本和三费之后 100% 的项目收益，合约期届满时将电厂资产所有权和控制权无偿转让给中方并退出该项目。中方在项目期间提供项目使用过的土地、工厂和操作人员以及为该项目安排税收优惠。此外还有提供若干供应和特殊条件下的贷款协议。除了有电厂运作收益作为还款来源和取得物权担保外，还有第三方提供担保。形式上该融资和建设模式是合资双方根据合作协议各若干商业合约为基础组织而成的。事实上该项目的合作协议和商业合约明显带有政府特许经营权的性质。

与狭义 PPP 模式最为相似的是如上所述的 BOT 模式，两种模式都是通过签订特许权协议使公共部门和私人企业发生契约关系，具体运作过程中政府通过签订特许经营协议由私人企业建设、经营、维护和管理，并由私人企业负责成立的项目公司作为特许人承担合同规定的责任和偿还义务，两种模式都以项目本身的经营收益偿还债务、以项目资产本身作为担保。简单概括狭义 PPP 与以 BOT 为代表广义 PPP 模式的区别，二者在于"垂直管理"和"平行合作"。PPP 模式中私人企业从项目论证阶段就开始参与项目，而 BOT 模式则是从项目招标阶段才开始参与项目。另外更重要的是，在 PPP 模式中，政府始终参与其中，而在 BOT 模式中，在特许协议签订之后，政府对项目的影响力通常较弱。

当然 PPP 模式就其本质而言是政府和企业合作共赢、效益最大化。广义与狭义的区别不过是两个主体参与程度深浅与风险、收益再平衡的考量。历史纵深回眸，我国基建之路由全权政府主导转向公私合作是两条路径的升华。其一从投融资角度看，是从政府出资，企业施工—政府出资，企业总承包、施工—政府融资，企业出资 BT 模式—PPP 模式；其二从经营化主体角度看，是由政府控制—央企国企参与—私企参与—政府与企业联合经营建设的过程转变。两条路径的转变是我国政府转变政府职能、引进社会资本金融创新的突破创新，是经济新常态下全面深化改革的必由之路。

2019 年财政部下发财经 10 号通知，即《财政部关于推进政府和社会资本合作规范发展的实施意见》，对 PPP 模式的运作和发展提出了新的要求和规范。第一，通过明确 PPP 的"正负面"清单，厘清规范的 PPP 与隐性债务的界限，充分发挥 PPP 模式的积极作用；重点聚焦如何有效防控地方政府隐性债务的风险。针对无法整改并明确形成地方政府隐性债务的项目，以退库、问责处理。其中明确规定了 PPP 项目的基本条件，尤其是合作项目的合作期限原则上要在 10 年之上，这样可以更好地在政府和社会之间平衡风险与收益，并且一定程度上杜绝投机倒把的社会资本筛选出真正对社会有益的项目。另外对政府付费项目增加三条审慎性规定，财政支出责任占比超 5% 的地区，不得新上政府付费项目（污水、垃圾处理项目除外）；采用多种竞争性方式选择社会资本方，特地强调：通过打捆包装形式，将本来是政府付费伪装成所谓使用者付费的，同样不得入库。最后着重强化财政支出责任监管确保每年 PPP 项目财政支出不超过当年本级一般公共预算支出的 10%，新签约项目不得从政府性基金预算、国有资本经营预算安排 PPP 项目运营补贴支出，建立 PPP 项目支出责任预警机制，新增加了 7% 的警戒线。第二，明确 PPP 的负面清单，对不合规的 PPP 进行精准定位、明确打击，其中划分为政府方或者政府出资代表不合规类、社会资本不合规类、PPP 项目程序不合规类、项目资本金不合规类、信息披露不合规类型等五种类型。第三，为营造 PPP 规范发展良好环境提出了推进 PPP 规范发展的措施，包括鼓励民资与外资参与、加大融资支持、聚焦重点领域、保障合理支出、加强信息披露、加强分类指导、强化 PPP 咨询机构库和专家库管理等建议。可以说财金 10 号对我国 PPP 项目进行了重新定义和调整。

9.3.3 PPP 模式在地方政府投融资中的必要性

PPP 融资模式最早诞生于 20 世纪 80 年代的英国，发展至今 PPP 模式已经广泛应用于各国基础设施建设中。PPP 模式的最大特点是公私合作，弱化政府主导，在具体实践中各国因国情不同对 PPP 模式的内涵和运行略有差异，但主旨大抵相同，都强调了"公私合营"。联合国培训研究院认为 PPP 模式涵盖了不同社会系统者之间的所有制合作方式，其目的是解决当地或区域内的某些复杂问题。英国财政部对 PPP 模式的定义是公共部门与私营部门共同协作的一种安排。美国 PPP 委员会则认为 PPP 模式是具有外包和私有化特点的一种公共服务的提供方式。加拿大 PPP 委员会认为 PPP 模式是为满足公共需求的公共部门和私营部门的一种合作关系。欧盟定义 PPP 模式为提供公共项目或服务而形成的公共部门与私营部门的一种伙伴关系。基础设施投资是固定资产投资中唯一由政府主导型的投资方式，基础设施建设大多由地方政府施行，财政用以补给，但基础设施建设中的公共服务领域很多都属于公益性质，这意味着非盈利性甚至是亏损。虽然政府是非盈利导向型的，但投资与收益差距过大且持续期较长仍会让政府处于债务压力之中。PPP 模式为化解这一难题提供新的思路，中国作为 PPP 模式施行的后发国家，学习和借鉴先发国家经验于我国 PPP 模式发展是必要的。根据相关文献统计显示，目前全世界共有 52 个国家拥有 PPP 法或者是特许经营权法抑或相应政策，强调公私合作的同时各国 PPP 模式各具特色，其中澳洲和加拿大是以市场为主导的 PPP 自发型模式，东南亚等发展中国家主要以政府为主导。

1. 英国

英国是最早采用 PPP 模式发展基础设施建设的国家。20 世纪 90 年代为了应对英国政府公共服务领域的两大难题：新基础设施建设投资不足、传统采购模式的时间和成本超支且效率较低。PPP 模式在英国应运而生，80 年代英国首相撒切尔夫人在水、电、天然气等领域大力推行私有化用以缓解财政压力。但是如何将社会资本的逐利性与公共服务领域的公益性更好结合成为一大难题。1992 年，英国财政大臣拉蒙特提出 PF1（Private Finance 1）模式。英国公共服务领域建设的 PPP 大门由此打开，根据运行模式和数量变化发展程度的不同，英国 PPP 模式的历史发展可以分为四个阶段：雏形期、发展期、矛盾期和转型期。

阶段一：雏形期（1992—1996 年）

1992 年英国真正意义上的 PPP 模式 PF1 诞生，在该模式下，公共部门与私营部门供应商签订长期的服务合同，核心服务仍由公共部门提供，但可获得私营部门的管理技术优势和财力支持，具体运作全部由私营部门完成。此阶段 PPP 模式运作处于试验期，实践证明 PF1 的确有助于缓解财政紧张与改善基建，但由于并不具备完全成熟运作的条件，此阶段英国全国 PF1 项目总额仅 70 亿元，单项投资额资金占用率较高。

阶段二：发展期（1997—2008 年）

PF1 模式逐步扩张发展，整体呈上升趋势，2006 年英国 PPP 模式发展达到顶峰，2007 年英国 PF1 项目高达 870 个，涉及投资额达 655 亿英镑。

阶段三：矛盾期（2009—2011 年）

PF1 虽然具有种种优越性，尤其是在项目前期大大缓解了政府财政压力，但在后期运行与结果上看，PF1 在工程控制与成本控制上并没有显著优越于传统模式。2008 年，英国审计署对 PF1 和传统模式的绩效和成本控制等方面做出比对。虽然 PF1 在时间和成本控制上看具有优势，但优势较小。从工程控制上看，PF1 的按时完工度为 69%，传统模式为 63%；成本控制上看，预算内占比 PF1 为 54%，传统模式为 65%。审计署还比对了 2003 年与 2008 年 PF1 的绩效，发现 2008 年显著退步于 2003 年，很大一部分原因是受到金融危机外部环境因素的干扰。金融危机后社会资本融资问题严峻，PF1 项目资金困难。为了挽救金融危机后的巨大财政漏洞和经济危机，英国财政部着手对 PF1 进行改革。

阶段四：转型期（2012 年至今）

2012 年之后英国 PF1 模式升级改革为 PF2（Private Finance 2），与 PF1 相比，PF2 模式中政府参与力度较低，整个运营几乎全由社会资本承担，政府以少量参股方式进行，主动参与 PPP 项目的建设、运营、管理，并将项目的融资限额从之前的 90% 降到 80%，以抑制过度投机行为，推动形成风险共担、收益共享、长期稳定的公私合作关系。此外还通过修改项目评估机制，提高项目透明度，扩大利益相关方如公众、服务对象的参与，以更好照顾各方关切。同时，政府和私营合作伙伴会定期对合同和效率进行评审，以持续改进服务。截至 2015 年，英国 PPP 项目共计 722 个，相关投资额达 577 亿英镑。

2. 加拿大

加拿大作为 PPP 模式运行的成功典范为世界范围内学习和借鉴。PPP 在加拿大的发展始于 20 世纪 90 年代初，由于基础设施老化，公共服务滞后，加拿大联邦政府大力推动私营资本进入该领域。1991—2014 年之间加拿大政府共启动 PPP 项目 206 个，项目总价值超过 630 亿美元，涵盖全加拿大 10 个省，涉及交通、医疗、司法、教育、文化、住房、环境和国防等行业，目前加拿大以 PPP 模式进行的项目占所有公共服务领域项目的 15% ~ 20%。从顶层制度设计上看，加拿大政府对 PPP 模式的发展和重视程度可见一斑。加拿大联邦政府投入资金与推行相关政策专门设置了"PPP 中心"用以负责 PPP 项目宣传、PPP 基金的协调以及共同实施 PPP 项目的国有公司合作方的开发。其中于 2003 年成立的"加拿大 PPP 中心基金"能够提供 25% 的资金予 PPP 项目，加拿大地方政府都可以按照相关程序进行申请。从投融资角度看，加拿大养老基金作为资金源引入 PPP 基建投资中是加拿大政府最为大胆和创新的举措。对比其他引入养老基金的国家，加拿大养老金投资比例为 5%，其他国家平均水平为 1%。

与英国明显经过"挫折期"的 PPP 模式相比，加拿大 PPP 发展一直保持增长活力。原因如下：第一，私人部门参与 PPP 项目并非单纯地为基础设施项目融资，项目的最终目的是提供公共服务；第二，具有专业技术和经验优势，加拿大成立了专业的组织机构负责审核 PPP 项目复杂的交易结构等；第三，引入竞争，加拿大鼓励国内外的私人投资者参与到 PPP 项目的竞标中，以鼓励创新、降低成本；第四，资本市场融资，加拿大建立了为 PPP 项目提供资金的项目债券融资市场；第五，注重推广和创新，加拿大 PPP 中心与国内各省同行分享交流经验，同时借鉴 PPP 经验，根据不断变化的外部环境做出相应调整。

3. 日本

日本引入 PPP 模式已有二十余年，开端始于中曾根内阁时期日本政府推动的"民活"运动，"民活"政策直接拉开了日本 PPP 模式的序幕。民活政策包含多个维度，其一是在扩大内需的情况下活用民间资本，将私人企业纳入地方自治与管理之中。日本 PPP 模式发展与日本国内经济发展变化密切相关。1982 年，日本召开了第三次临时调查答辩会后开始了 PPP 模式构建与筹备的十年时期。1985 年，日本国土厅出台了大量由私人部门承建的大型开发项目，这是 PPP 模式在日本的雏形阶段。进入 20 世纪 90 年代后，日本企业对社会的贡献受到公共重视，PPP 模式在日本进入崭新的发展时代。1999 年，日本借鉴英国的 PF1（私人融资计划，下同）模式颁布了民间融资社会资本整备（PF1）法，核心是通过活用民间资金促进公共设施建设。进入 21 世纪，制定了活用社会资本促进公共设施完善项目实施基本方针，但不做技术上的相关规定。2013 年 6 月是日本第六次也是最近一次修订 PF1 法。

从数量上看，日本 PPP 模式数量较小、增长较慢。1999—2015 年间 PPP 项目数量从 3 个增长至 527 个（对比我国一个季度约平均增长 300 个项目数量）。1999—2015 年项目金额由 1 亿日元增长至 48965 亿日元。从行业分布上看，排在前三位的分别是教育和文化领域、健康和环境领域、城市建设，这与我国市政和交通为主的行业分布有所差异。

由以上日本 PPP 模式的发展历史与经验来看，有几点值得我国学习和借鉴。其一，从 PPP 模式立法上看，日本 PPP 立法是从实践中逐步修订完善并在实践中形成公私合作的社会共识。从 20 世纪 80 年代开始日本便已经进入 PPP 立法和制度筹备的十年期，1999 年便已经出台完备的 PF1 法案，此后经过 6 次修正。健全且符合经济社会发展的法律是 PPP 模式顺利发展的土壤，反观我国，截至目前都未有与 PPP 模式直接相关的法律文件。其二，从 PPP 数量与增速上看，日本 PPP 项目少而精，失败数量较少。反观我国，截至 2018 年 3 月，我国 PPP 项目数为 7420 个，累计清退项目为 1160 个，退库率高达 15.6%。累计投资额为 11.5 万亿元，累计清退投资额为 1.2 万亿元，退库金额占比高达 10.4%，社会资源和效率浪费严重。其三，从行业分布上看，日本以教育和文化领域以及环境健康领域为主，而我国以市政建设和交通运输为主。市政建设和交通运输往往工程量大且涉及金额巨大，因此可以说日本的 PPP 项目是从小项目做起的，再逐渐扩大到市政建设、交通等大型项目上。日本的 PPP 模式发展由小到大、由微到广、稳步推进，这对我国发展高质量的 PPP 而言意义非凡。

PPP 模式回归必要性有二：其一，正如本书前面所述，重启基建的优点诸多，基础设施建设投资资金不足，迫切需要新的资源被引入，因此政府引入社会资本参与基础设施建设正是源于资金需求。地方政府债务问题的严峻性使得早日引入新的充满活力的资金和提高项目运营效率成为解决困境的关键。其二，PPP 融资的成本并不会显著高于地方政府发债成本，同时也需要满足社会资本回报要求。

PPP 模式相比以往的 BT、BOT，更强调公私部门全过程合作，利益共享，风险共担。通过引入市场竞争和激励约束机制，发挥双方优势，提高公共产品或服务的质量和供给效率，达到多方共赢的效果。PPP 模式的推广，将对政府和私人企业参与基础设施建设产生较大的影响，未来有望成为公共基础设施建设领域里主流的商业模式。从政府层面看，创新融资途径，缓解资金压力：PPP 模式鼓励更多的社会资本进入基建项目中，为政府基础设施建设提供新的融资途径，可以有效解决部分资金问题，减轻地方还债压力；控制项目建设和运营，保证项目质量：政府部门与民营企业以特许权协议进行全程合作，双方共同对项目运行的整个周期负责，可以将民营企业的管理方法与技术引入项目中来，有效地实现对项目建设与运行的控制，降低投资风险，保证项目建设和服务质量。从私营企业层面看，风险共担，收益率有保障：PPP 模式建立的风险共担机制，在项目建成运营后，政府可以给予私人投资者相应的政策扶持作为补偿，如税收优惠、贷款担保、给予民营企业沿线土地优先开发权等，一定程度上保证民营资本"有利可图"且盈利相对稳定，企业进入的积极性将会提高；项目需求增加，业务领域将有所扩大：PPP 模式作为新的融资手段在加大推广后有望在较大程度上缓解地方债务对基建投资需求的约束，项目需求将增加；同时 PPP 模式通过特许经营权的授予，其所应用的业务领域，可从传统的基建、城市公共事业及公共交通领域逐步扩展到电力、医院医疗、文化、旅游等基础设施领域，企业的业务发展有望大幅扩大。对建筑公司而言，作为资金驱动型的建筑公司，将首先受益于 PPP 模式的推广。PPP 模式下，通过引入社会资本参与项目建设和运营，作为承包方的建筑公司其自身垫资和融资的压力降得到缓解，资产负债表和现金流量表有望改善；作为项目参与方的建筑公司，全过程参与项目建设和运营，政府补贴和公共项目运营提供的稳定现金流，将使企业收益获得更多保障，企业盈利能力的稳定性和可持续性也有望加强。

从实践出发，PPP 模式的好处毋庸置疑，这里以北京地铁 4 号线 PPP 模式为例。正如所述狭义 PPP 与广义 PPP 的根本区别在于强调政府是否出资、政府是否有经营行为。政府出资多少、经营程度深浅直接决定项目的效率与收益。其一，解决地方政府财政资金压力。地铁 4 号线总投资额共计 153 亿元，原本都应当由政府承担，引入 PPP 后北京市政府可以少出资 46 亿元，少出资的比例约为 30%，融资难度与财政压力双向缓解。其二，效率性提升。之所以未加以强调收益本身，是因为基础设施建设等公共服务项目收益性与经营性较为特殊，这也是我们将项目本身分为经营性、准经营性和非经营性的原因所在。地铁项目属于准经营性项目，票价、物业和广告营销等方面是收入来源，但地铁票价又受到政策等方面因素影响具有公益性，因此综合来看，PPP 模式更强调总体效益最大化而非利润最大化。

9.4 将资产证券化与 PPP 模式相结合

伴随着 PPP 模式的持续推进，PPP 模式的创新与发展受到越来越多的关注，学界和市场普遍认为资产证券化是破解 PPP 项目融资困境的有效手段。

一般来说，PPP 项目资产证券化的基础资产主要有三种类型：收益权资产、债权资产和股权资产。其中收益权资产是目前 PPP 项目资产证券化最主要的基础资产类型，主要包括使用者付费模式下的收费收益权、政府付费模式下的财政补贴和可行性缺口模式下的收费权和财政补贴这三种类型的权利；债权资产主要包括银行贷款、金融租赁债券和企业应收账款或委托贷款；股权资产主要指的是 PPP 项目公司股权或基金份额所有权。

PPP 项目经过资产证券化后，将沉淀的资产转化为流动性较高的资本形态，增加了项目的流动性，缓解了政府的资金压力，同时也为社会资本的参与和退出提供了一条便捷的路径，社会资本方可以通过资产证券化途径提前收回投资，使资金使用效率大幅提升，进而使社会资本参与 PPP 项目的热情大幅提升。此外资产证券化融资兼有表外融资的特点，有独立的风险隔离功能，不会增加项目公司的负债，不会挤占项目公司的融资额度和空间。另外，证券化后的 PPP 项目资产可在资本市场自由交易，流动性较好，能够更好地发挥基础资产的融资作用，最大化融资效果，同时较好的流动性也能产生流动性溢价，提升资产支持证券自身的价值。

2016 年 12 月 26 日，国家发展改革委、中国证监会联合印发了《关于推进传统基础设施领域政府和社会资本合作（PPP）项目资产证券化相关工作的通知》（发改投资〔2016〕2698 号，以下简称《通知》），以进一步推动政府和社会资本合作（PPP）项目资产证券化融资[1]。

《通知》将资产证券化 PPP 项目的范围和标准予以明确。项目的具体标准如下：①严格履行审批、核准、备案手续和实施方案审查审批程序，签订规范有效的 PPP 项目合同；②工程建设质量符合相关标准，已建成并正常运营 2 年以上，投资回报机制合理，现金流持续、稳定；③原始权益人信用稳健，具有持续经营能力的传统基础设施领域 PPP 项目；④优先选取符合国家发展战略、主要社会资本参与方为行业龙头企业的 PPP 项目开展资产证券化。

《通知》要求各省级发改委同有关行业主管部门，积极推动符合条件的 PPP 项目进行证券化融资，并按职责分工加强监督管理，督促项目实施单位做好合约履行、资产移交与隔离等相关工作。与此同时，证监会系统相关单位负责建立绿色通道，由专人专岗负责专门的业务受理、审核及备案，以提高国家发改委优选的 PPP 项目相关的资产证券化产品审核、挂牌和备案的工作效率。《通知》还要求引导市场主体建立合规风控体系，鼓励券商、会计师事务所、律师事务所等中介机构合法合规开展 PPP 项目资产证券化业务，积极培育和引进多元化投资者。

---

❶ 叶钊. 浅论 PPP 模式中的资产证券化［J］. 产权导刊, 2017（5）：39 - 42.

这是国务院有关部门首次正式启动 PPP 项目资产证券化。《通知》的发布对盘活 PPP 项目的存量资产，提高 PPP 项目的资产流动性，更好地吸引社会资本参与 PPP 项目建设进程，推动 PPP 模式持续健康发展都有重要意义。

但是，目前 PPP 项目开展资产证券化仍存在一些困难，归纳如下：①资产证券化周期与 PPP 项目周期不匹配。PPP 项目的建设周期长，这意味着通常回款期也较长，一个典型的 PPP 项目周期通常在 20～30 年，项目建设期有时长达 5～10 年，而资产支持证券普遍按年付息，如何设计项目的回款现金流以填补项目建设期的现金流入是一个普遍面临的难题。同时，目前国内资产证券化产品期限大多在 7 年以内，资产支持证券的存续期限普遍小于 PPP 项目的存续期限，在这种情况下，如何保证资产支持证券持有人的到期兑付也是一个难题。②资产支持证券的流动性问题。在选择认购资产证券化产品时，二级市场的流动性是投资者十分关注的问题。虽然现有的资产证券化产品已存在二级市场交易以及质押式回购交易，但二级市场较为清淡。造成上述情况的主要原因是，目前我国的资产证券市场仅对合格投资者开放，本质上仍属于私募市场，二级市场的流动性不佳，大部分投资者买入资产支持证券的只能被动地选择持有至到期，资产支持证券的流动性有待提高。③社会资本的退出路径设计有难度。对 PPP 项目进行资产证券化的最主要意义就在于通过发行资产支持证券募集资金实现社会资本的退出，但如何设计社会资本的退出路径仍面临一些困难。出于风险隔离之目的，资产证券化需要进行基础资产的权利让渡，将基础资产转让给特殊目的载体（SPV）。资产转让的一大标准是资产的风险和报酬完全转移，只有如此才能实现破产隔离。但在 PPP 模式下，上述操作存在一定困难。

《通知》还明确提出适合资产证券化 PPP 项目的四项要求：一是项目已严格履行审批、核准、备案手续和实施方案审查审批程序，并签订规范有效的 PPP 项目合同，政府、社会资本及项目各参与方合作顺畅；二是项目工程建设质量符合相关标准，能持续安全稳定运营，项目履约能力较强；三是项目已建成并正常运营两年以上，已建立合理的投资回报机制，并已产生持续、稳定的现金流；四是原始权益人信用稳健，内部控制制度健全，具有持续经营能力，最近三年未发生重大违约或虚假信息披露，无不良信用记录。其中第三点要求意味着建设期的 PPP 项目无法参与。2017年 6 月，财政部、中国人民银行、中国证监会发布《关于规范开展政府和社会资本合作项目资产证券化有关事宜的通知》（财金〔2017〕55 号文），强调要分类稳妥地推动 PPP 项目资产证券化，完善 PPP 项目资产证券化工作程序，营造良好发展环境。2017 年 10 月，上交所、深交所、机构间私募产品报价与服务系统（简称报价系统）三部门共同发布了实施 PPP 项目资产支持证券挂牌条件确认及信息披露指南，使 PPP 项目资产证券化业务更加规范、更具可操作性。因此可以说，2016 年是我国 PPP 项目证券化的开元之年。PPP 项目资产证券化可以提高 PPP 项目的资产流动性，由于 PPP 项目存续时间过长，经营风险较大，资产证券化可以提高 PPP 项目的流动性，有助于提高社会资产参与公私合营项目的积极性。另外 PPP 项目资产证券化有利于提高 PPP 项目的规范性，因为资产证券化需要评级机构评级、管理人的尽职调查、律师事务所出具法律意见书、交易所的挂牌审核、基金业协会的备案等系列流程，这些都对 PPP 项目提出了更高的运营要求。最重要的是资产证券化能够规划 PPP 项目的收益率，使收益率保持在合理区间。由于 PPP 项目是以公共基础设施等公共资产为依托的项目，使得参与人员尤其是政府一方对 PPP 项目的盈利性鲜有追求，这会间接损害 PPP 项目的运营效率从而降低收益率/回报率，而较低的回报率则会损害社会资本参与 PPP 项目的热情和积极性。

从我国现有发行的 PPP 项目资产证券化项目看，可将 PPP 资产证券化定义为它是以 PPP 项目所产生的现金流为支撑，通过结构化方式进行产品设计和信用增级，在此基础上发行资产支持证券的业务活动。根据中国资产证券化网站对仍在存续期的 PPP 项目资产证券化进行分析，现存项目具有如下特点：第一，资产证券化发行主体大都为 PPP 项目公司；第二，PPP 项目证券化的基础资产多为项目的收益权，其中资产范围涵盖污水处理、园区开发、学校建设、综合管廊、道路建设、供热供暖、停车场等公用事业与基础设施，覆盖范围广泛；第三，发行场所主要集中在上交所；第四，证券评级多为 AA + 或 AAA，信用等级较高；第四，从 PPP 项目所在区域看，分布区域较为分散。

PPP 项目资产证券化与传统的资产证券化相比，主要区别在于底层基础资产。第一，PPP 项目资产证券化的基础资产与政府特许经营权密切相关，且运营权和收益权分离。PPP 项目的通常模式是由专业的社会资本负责设计、建设、运营和维护等环节，政府部门负责监督和管理，通过一定的政府付费原则在一定期限内使得社会资本收回成本获得盈利。由于基础资产与政府特许经营权紧密相关，而国内法律法规对特许经营权有相当严苛的限制，使得 PPP 项目资产证券化的经营权和收益权分离，也就是说运营管理权很难被转移，因此在具体操作中往往将收益权剥离作为基础资产。第二，PPP 项目资产证券化存续期更长，尤其是在 2019 年下发财经10 号文件后，PPP 项目的合作期限被严格规定在 10 年以上。由于更长的存续期限带来的更大的风险，这对 PPP 项目资产证券化的流动性提出了更高的要求，但现存的法律法规和政策还未有更好的支持。

我国 PPP 项目资产证券化起步时间晚，发展较不成熟，从已发行的项目中看的确暴露出诸多问题。第一，基础资产以收益权为主，较为单一。PPP 项目资产证券化的基础资产主要有三种类型：收益权资产、债权资产和股权资产，而目前发行的 PPP 项目资产证券化基本上都以收益权资产为主。第二，PPP 项目存续期限与资产证券化期限不匹配。PPP 项目期限明确规定在 10 年以上，一般为 10 ~ 30 年，而资产证券化产品存续期限一般为 7 年内，因此存在期限错配的问题。第三，针对 PPP 项目资产证券化的发行和交易机制不完善，交易成本较高。PPP 项目资产证券化的收益权来自于 PPP 项目，而 PPP 项目主要是公共基础设施和民生领域，这些领域的回报率本身不具备竞争力，因此为吸引投资者反而需要承诺更高的收益率，这与项目本身存在矛盾性。

PPP 项目中很多项目都是公路、铁路、公租房等建设周期长、前期投入资金巨大的项目。也有学者认为将 REITs 引入，只要选择那些现金流稳定、风险收益配比合适、运作已经成熟的项目，REITs 就可以更好地盘活PPP 项目资产。因为比起资产证券化，REITs 具有投资范围大、优化融资结构和更好解决 PPP 项目期限错配问题的能力。但由于法律、制度和税收等方面的制约，REITs 在我国几乎罕见，只有类 REITs 项目若干。但总体而言，虽然实践层面仍面临诸多问题，但 REITs 是解决不动产基础设施

PPP 项目资产证券化期限长、流动性弱、产品发行依赖增信机构的有效手段，因此 REITs 仍不失为整个市场努力的方向。

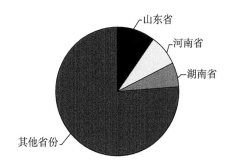

图 9.6　截至 2018 年 H1 PPP 数据库各省占比

资料来源：Wind 金融终端数据库。

　　我国 PPP 模式从默默无闻到百花齐放，短短数年，涉及项目数量与投资金额相当可观。然而另一方面我国 PPP 项目低落地率 47.3% 的数字触目惊心。2017 年 11 月 16 日，财政部发布财办金〔2017〕92 号文《关于规范政府和社会资本合作（PPP）综合信息平台项目库管理的通知》，明确了 PPP 的入库标准和负面清单，并要求在 2018 年 3 月底前完成对在库项目的集中清理。从 2017 年 11 月开始到 2018 年 4 月 1 日，共清退项目 2330 个，涉及投资金额 2.2 万亿元，总的项目数退库率为 15.9%，金额退库率为 12.4%。这正是 PPP 发展至今暴露诸多问题的具体表现。

　　第一，正如本书前面内容所述，PPP 模式在缓解地方政府财政负担的同时很可能被包装为新形式的隐性债务。这是因为发展迅速并不代表 PPP 项目拥有高于市场的收益率，因此地方政府为了满足投资者对回报的要求，有动力采取"明股实债"的方式吸收社会资本，也就是说项目本身经营优劣与企业无关，地方政府根据约定定期向投资者支付固定收益，这一行为的实质正是增加地方政府隐性债务。2017 年以来中央政府此轮对 PPP 规范的主要原因正是主管部门担心 PPP 不规范的操作会扩大地方政府隐性债务。

　　从图 9.7 的月度环比数据可知，在财政部出台相关清退和规范 PPP 文件后，PPP 项目月度环比一路下跌，并在集中清理 PPP 项目时限 2018 年 3 月 31 日之前形成新的峰谷，数值为 −6%，但从 PPP 项目整体数量上看，

PPP 项目数仍在增多，仅是增幅放缓。从退库地域分布上看，经济落后省份的退库率较高。2018 年初的数据显示，云南、内蒙古、甘肃和新疆四省退库率超过 10%。由此推测，由于客观财政条件制约，越是财政开支不足的省份，在 PPP 较为宽松的环境下越有动力申报 PPP 项目。

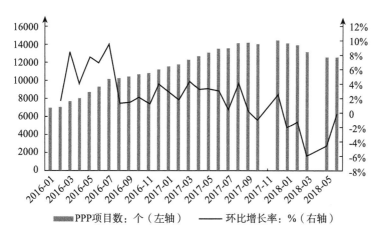

图 9.7　2016—2018 年 H1 月度新增 PPP 项目与环比数据

数据来源：Wind 金融终端数据库。

第二，地方政府的参与缺乏监督与约束，"重融资轻管理"问题突出。由于政企双方地位与实力很难匹配，在引入资金方后地方政府很可能在融资难题解决后疏忽参与项目建设或者甚至退出管理，无论从企业风险还是效率优化上均是利空因素。

第三，法治与契约精神相对匮乏。当前政府存在招商引资夸大、项目执行力弱、完成后不能履约支付等问题。社会资本在项目执行阶段也存在一定自主空间、违背契约精神的现象。从公共部门的角度看，PPP 项目运作尚缺乏法律法规层面支持；社会资本进入基建投资面临法律保障不完善导致的 PPP 吸引力、可行性不足的问题。

总的来说，以 PPP 基础资产为代表的公共资产是国有资产的重要组成部分。社会资本进入公共领域有利于盘活国有资产、提升基础设施建设的运营效率，同时实现企业部门、政府部门和居民部门的共赢。但由于 PPP 项目合作期限较长、底层基础流动性较差等因素的不利影响，而资产证券化正是解决 PPP 项目融资困难和良好运转的有效手段。新时代下习近平总书记对金融经济提出新的要求和定位，其中指出金融活，经济活；金融稳，经济稳；经济兴，金融兴；经济强，金融强；经济是肌体，金融是血脉。更高水平、更加开放的金融和资本市场的发展势必将会带动包括公共资产在内的行业的繁荣与创新，实现居民部门、企业部门与政府部门的共赢。

结　　语

　　地方政府土地财政的形成与发展，是我国政府间事权划分与财力分配不合理、政府融资渠道和结构不完善、地方政府土地型融资发展失序等多种因素共同作用的结果。土地财政的基础是，基于土地产权理论的地方政府土地型融资。其中，以土地出让收入为主要形式的地方政府土地型权益融资，潜藏着较大的财政金融风险和经济社会不良影响，突破地方政府土地财政困局，必须建构合理稳健的地方政府融资结构，改变地方政府以土地型融资为主体的融资结构，使其获得稳定可观的融资收入以弥补地方财政收支缺口。合理稳健的地方政府融资结构应该是权益融资与债务融资并重、权益融资为主体的融资结构，其中债务融资以地方政府债券为主要形式，权益融资则有 PPP 模式、以地方政府引导基金为主要形式的产业投资基金融资、以地方国有企业公开上市为主要形式的间接股权融资和以基础设施资产证券化为主要形式的资产证券化融资等多种形式。从长远来看，已经初步形成的以地方政府专项债券为主要形式的地方政府债务融资占主体地位的地方政府融资结构，仍然不可持续，正在稳步推进中的地方政府权益融资有巨大发展潜力，应该重点发展地方政府权益融资，用地方政府权益融资优化地方政府融资结构，增强地方政府融资收入可持续性。

参考文献

［1］毕宝德，等．土地经济学［M］．6 版．北京：中国人民大学出版社，2011．

［2］曹凤岐．关于发展投资基金的战略思考［J］．财贸经济，1999（2）：22－27．

［3］渤海产业投资基金课题组．渤海产业投资基金与中国转型期金融创新［J］．南开经济研究，2007（5）：144－封三页．

［4］白彦锋，等．中国地方政府自主发债历程问题研究［J］．中央财经大学学报，2012（5）：1－6．

［5］陈共．财政学［M］．7 版．北京：中国人民大学出版社，2012．

［6］财政部科研所课题．改进完善土地利用：财政体制与政策方面的建议［J］．财政研究，2006（8）：2－5．

［7］财政部预算司课题组．世界银行专家谈地方政府债务管理理论及国际经验［J］．经济研究参考，2009（43）：2－31．

［8］陈婉玲．公私合作制的源流、价值与政府责任［J］．上海财经大学学报：哲学社会科学版，2014（5）：75－83．

［9］蔡书凯，等．地方政府债务融资成本：现状与对策［J］．中央财经大学学报，2014（11）：10－15．

［10］戴天柱．论政府投融资的宏观调控功能［J］．财经论丛，2000（3）．

［11］邓晓兰，等．中央政府监管下的地方公债融资制度构想［J］．当代经济科学，2004（3）．

［12］邓子基，等．财政学［M］．3 版．北京：中国人民大学出版社，2014．

［13］伏润民，等．政府债务可持续性内涵与测度方法的文献综述——兼论我国地方政府债务可持续性［J］．经济学动态，2012（11）：86－93．

［14］范勇明，等．公共经济学［M］．2 版．上海：复旦大学出版社，2014．

［15］高鸿业．西方经济学（宏观部分）［M］．北京：中国人民大学出版社，2011．

［16］高培勇．公共经济学［M］．3 版．北京：中国人民大学出版社，2012．

[17] 郭树华．企业融资结构理论研究［M］．云南：云南大学出版社，2012．

[18] 郭玉清．化解地方政府债务的目标设计与制度选择［J］．天津社会科学，2009（6）：74－81，111．

[19] 黄达．金融学［M］．3版．北京：中国人民大学出版社，2012．

[20] 黄嵩，等．资产证券化理论与案例［M］．北京：中国发展出版社，2007．

[21] 黄新华．公共经济学［M］．北京：清华大学出版社，2014．

[22] 和宏明．论政府在城市基础设施投融资中的多元化角色［J］．广东社会科学，2003（4）：77－82．

[23] 何小锋，等．资本市场理论与运作［M］．北京：中国发展出版社，2007．

[24] 洪源，等．我国地方政府债务可持续性的一个综合分析框架［J］．2006（4）：96－103．

[25] 胡锋．转轨时期我国财政风险成因及控制研究［J］．经济研究参考，2011（72）：16－25．

[26] 贾康，等．关于发展中国地方政府公债融资的研究［J］．经济社会体制比较，2002（5）．

[27] 贾康，等．公私伙伴关系（PPP）的概念、起源、特征与功能［J］．财政研究，2009（10）．

[28] 贾康，等．公私合作伙伴机制：新型城镇化投融资的模式创新［J］．中共中央党校学报，2014（1）：64－71．

[29] 纪志宏．完善城镇化融资机制的改革视角［J］．中国金融，2013（4）：19－21．

[30] 孔荣．西方现代企业融资结构理论评述［J］．西北农林科技大学学报（社会科学版），2004（1）：47－50．

[31] 孔志峰，等．房地产开发中地方政府的动机、收益与风险［J］．财政与发展，2007（4）：11－17．

[32] 类承曜．我国地方政府债务增长的原因：制度性解释框架［J］．经济研究参考，2011（38）：23－32．

[33] 廖家勤，等．防范地方政府债务风险的预算平衡机制创新研究［J］．当代财经，2014（49）：28－35．

[34] 蓝虹，等．PPP创新模式：PPP环保产业基金［J］．环境保护，2015（2）：38－43．

[35] 刘健钧．建立我国产业投资基金问题的思考［J］．经济导刊，1999（3）：9－14．

[36] 刘立峰．地方政府建设性债务的可持续性［J］．宏观经济研究，2009（11）：46－50．

[37] 刘琪林，等．资产证券化与银行资产流动性、盈利水平及风险水平［J］．金融论坛，2013（5）：35－44．

[38] 李腊生，等．我国地方政府债务风险评价［J］．统计研究，2013（10）：30－39．

[39] 马俊，等．国家资产负债表研究成果及其应用［J］．科学发展，2013（12）：9－18．

[40] 孟兆辉，等．政府创业投资引导基金委托管理模式及激励约束机制比较分析［J］．科技进步与对策，2014（17）：11－15．

[41] 任新建．地方政府投融资平台机制创新［J］．科学发展，2012（4）：33－43．

[42] 孙国伟．债务期限结构、流动性与公共债务管理［J］．金融评论，2012（5）：78－89．

[43] 孙永祥．所有权、融资结构与公司治理机制［J］．经济研究，2001（1）：48．

[44] 汤林闽．中国政府资产负债表：理论框架与现实选择［J］．金融评论，2014（1）：94－109．

[45] 王乐夫，等．公共行政学［M］．北京：高等教育出版社，2012．

[46] 王丽娅．PPP在国外基础设施投资中的应用及对我国的启示［J］．海南金融，2003（11）．

[47] 王守智，等．土地法学［M］．北京：中国人民大学出版社，2011．

[48] 王元京，等．我国地方政府基本融资模式的反思与改革建议［J］．宏观经济管理，2010（4）：22－24．

[49] 王世成，等．基于审计结果的我国地方政府性债务问题原因分析和对策建议［J］．审计研究，2013（5）：40－45．

[50] 王剑锋，等．内生性土地财政扩张与产业结构失衡［J］．公共管理与政策评论，2014（1）．

[51] 王国刚，等．厘清债务关系，支持地方长期债券市场发展——兼析地方政府性债务的政策选择［J］．经济学动态，2014（9）：14－23．

[52] 汪利娜．政府土地收益主要来源、规模下的央地利益博弈［J］．改革，2014（4）：71－79．

[53] 魏加宁，等．我国政府性债务的测算框架和风险评估研究［J］．金融监管研究，2012（11）：43－59．

[54] 温来成，等．地方政府投融资平台整合前景及对策研究［J］．财贸经济，2013（5）：28－35．

[55] 吴炳辉，等．中国土地财政的发展脉络、影响效应及改革方向［J］．经济管理，2015（3）：1－11．

［56］吴凯.中国地方政府性债务形成机制的动态分析——基于审计报告的研究［J］.南京审计学院学报，2013（6）：34－41.

［57］吴盼文，等.我国政府性债务扩张对金融稳定的影响——基于隐性债务视角［J］.金融研究，2013（12）：57－71.

［58］吴涛.从国际经验视角探讨地方政府性债务管理［J］.经济研究参考，2013（19）：47－53.

［59］席月民.我国地方政府债券的发展及其立法跟进［J］.中国法律评论，2014（3）：233－240.

［60］徐东.基础设施资产证券化［M］.北京：中国社会科学出版社，2010.

［61］厦门市财政局、厦门市财政学会.厦门地方政府债务风险研究［C］.//第十六次全国财政理论讨论会论文集.2005：869－884.

［62］熊波.PPP模式：民营经济参与公用事业的新模式［J］.中国城市经济，2005（1）：44－47.

［63］谢贞发，等.地方投融资预算管理改革研究［J］.投资研究，2007（12）：30－36.

［64］席月民.我国地方政府债券的发展及其立法跟进［J］.中国法律评论，2014（3）：233－240.

［65］杨大凯，等.投融资学［M］.2版.上海：上海财经大学出版社，2008.

［66］张成福，等.公共管理学［M］.北京：中国人民大学出版社，2007.

［67］张海星.美、日地方公债及启示［J］.财经问题研究，2001（2）.

［68］张青，等.中国土地财政的起因于改革［J］.财贸经济，2009（9）：77－81.

［69］张晋莲.国外产业投资基金发展研究和对我国的启示［J］.金融与经济，2013（3）：57－59.

［70］张茉楠."土地财政"未来到底何去何从［J］.金融与经济，2013（8）：43－45.

［71］赵全厚.中国地方政府融资及其融资平台问题研究［J］.经济研究参考，2011（10）：2－9.

［72］Coe Charles K. Preventing local government fiscal crises: Emerging best practices［J］. Public Administration Review, 2008（4）：759－767.

［73］Ki Paik Sung. An analysis on the Land Finance Reliance Behavior of Chinese Local Government［J］. The Korean Journal of Local Government Studies, 2015（2）：199－225.

［74］Ma Jun. Hidden Fiscal Risks in Local China［J］. Australian Journal of Public Administration, 2013（3）：278－292.

[75] Rodriguez Bolivar, Manuel Pedro; Navarro Galera, Andres; Alcaide Munoz, Laura; Lopez Subires, Maria Deseada. Factors Influencing Local Government Financial Sustainability: An Empirical Study [J]. Lex Localis-Jouranl of Local Self-Government, 2014 (1): 31 – 54.

[76] Yan Wenli. The interactive effect of revenue diversification and economic base on US local government revenue stability [J]. Public Money & Management, 2011 (6): 419 – 426.

[77] Zheng Heran, Wang Xin, Cao Shixiong. The land finance model jeopardizes China's sustainable development [J]. Habitat International, 2014 (8): 130 – 136.